기독교문서선교회 (Christian Literature Center: 약칭 CLC)는 1941년 영국 콜체스터에서 켄 아담스에 의해 시작되었으며 국제 본부는 미국 필라델피아에 있습니다.
국제 CLC는 59개 나라에서 180개의 본부를 두고, 약 650여 명의 선교사들이 이동도서차량 40대를 이용하여 문서 보급에 힘쓰고 있으며 이메일 주문을 통해 130여 국으로 책을 공급하고 있습니다. 한국 CLC는 청교도적 복음주의 신학과 신앙서적을 출판하는 문서선교기관으로서, 한 영혼이라도 구원되길 소망하면서 주님이 오시는 그날까지 최선을 다할 것입니다.

추천사 1

조동선 박사
前, 사우스웨스턴침례신학교 조직신학 조교수
現, 한국침례신학대학교 조직신학 조교수

　최철영 목사는 21세기 복음주의 기독교계에서 가장 중요하며 논란이 되고 있는 이신칭의라는 주제를 신학적 통찰력과 목회자의 마음으로 쉽게 그러나 깊이 있게 풀어내었다. 바울의 칭의론에만 집중되어 있는 많은 저서와 달리, 최철영 목사는 구약에서부터 시작하여 신약 전반에 걸쳐 가르쳐진 칭의에 대한 포괄적인 성서신학을 정리하였다.
　특별히, 바울과 야고보의 칭의론을 비교하여 서로 상충되는 칭의론이 아니라 조화가 되는 칭의론임을 입증하였다. 대부분의 개신교 칭의론이 종교개혁가들에게 집중되어 있는 것과 달리, 교부들 가운데 칭의론의 전통이 있었음을 보여 주고 있다.
　루터와 칼뱅에 대하여 균형 잡힌 역사신학적 분석도 학습자들에게 큰 도움이 될 것이다. 종교개혁주의적인 칭의론에 관해 비판적 입장을 견지하는 김세윤 박사와 톰 라이트(Tom Wright)의 신학적 문제점을 적절하게 지적해 주었다.
　이 교재의 또 다른 장점은 이신칭의 신앙이 어떻게 실제적인 신앙 생활에 적용될 수 있는가를 보여 주었다는 것이다. 그동안 이신칭의가 개신교 구원론의 핵심 교리라는 것을 알고는 있었지만, 실제적으로 그 중요 내용을 이해하지 못했던 모든 기독교인에게 본서를 강력하게 추천한다. 본서는 복음주의 교회의 신학생뿐만 아니라 목회자와 성도들이 꼭 읽어야 할 작품이다.

추천사 2

김미현 집사
前, 네비게이토선교회 회원

본인은 20대에 네비게이토선교회의 전도를 통해 예수님을 만났다. 그 이후로 거의 7여 년 동안 그곳에서 성경 공부를 했고, 교회로 옮겨와 신앙 생활을 한 지 30여 년이 되어 간다. 그동안 성경 말씀 본래의 참된 의미를 알고 싶어 UBF, ESF를 기웃거리기도 하였고, 직장 생활을 하면서 IVF에서 성경 공부를 하기도 하였다.

처음 저자의 원고를 대했을 때는 익숙하지 않은 신학자, 신학 용어가 낯설기도 했지만, 신선하면서도 획기적인 접근과 짜임새로 인해 다음 장(章)에선 또 어떤 새로운 신비(神秘)가 펼쳐질 것인지 무척이나 기대가 되기도 하였다.

기독교가 우리나라에 전파된 이래 '믿음의 의미는 모른 채 믿기만 하면 천국에 갈 수 있다'라는 값싼 은혜를 강조하다 보니, 한국 교회가 개독교라 불리고, 크리스천이라는 신분을 드러내는 것이 그 어느 때보다 부끄러운 시대가 되어 버린 요즘이다.

그런데도 '이신칭의'(以信稱義)라는 한 가지 주제에 대한 성경 공부 교재는 여태껏 한국 교회 출판사를 통틀어 찾아볼 수 없었다. 그것도 구약과 신약을 아우르면서 초대 교부, 종교개혁가 루터와 칼뱅, 현대 신학자들의 관점, 가톨릭의 구원론까지 비교하며 언급할 수 있는 성경 공부 교재는 저자의 것이 최초라고 할 수 있다.

또한, 저자는 성경에서 진정으로 말씀하는 '복음'에 대한 근거와 주장을 체계적이면서도 논리적으로 전개하며, 각자 점검해 볼 수 있는 도구로 구체적인 질문과 적용까지 적확하게 수록하였다. 무엇보다 저자는 성경 문장의 맥락에 따라 '이신칭의'의 교리를 바르게 해석하고 이해하며 실천해야 할 것을 역설(力說)한다.

평소 '믿음'에 관한 애매모호한 지식을 가지고 있거나, 천국의 초대장에 관해 의구심을 가진 사람이라면 반드시 공부해야 할 도서로 강력히 추천하는 바이다. 아울러 이 교재를 통해 교회 안에 머물고 있는 비신자(非信者)에 관한 관심과 올바른 복음 전파의 필요성이 절실해지고, 한국 교회에 성령의 새바람이 불어 무너진 교회를 새롭게 세우는 데 귀하게 쓰임받기를 간절히 소원한다.

추천사 3

오 소 력 집사
델라웨어주립대학교 공학 박사
LGCMI 기술연구소 연구원

죄 사함의 은혜를 넘어 어떻게 하나님 앞에서 의로울 수 있을까?

이 질문은 내가 크리스천이 되고 가졌던 가장 이해하기 어려운 문제들 중 하나였다. 불행히도, 적지 않은 크리스천들이 성경적 칭의의 관점에 도전하는 여러 가지 혼란한 목소리 때문에, 이 기본적인 질문에 대한 적절한 답변을 가지고 있지 않은 듯하다.

이 교재는 복음과 관련하여 모호함이 있을 수 있는 칭의 교리에 관해 탁월하게 해설하고 있다. 가톨릭교회와 이단의 가르침에 직면한 현대 기독교인들에게 매우 드문 유형의 정확성으로 이신칭의 교리를 분명하게 설명하는 데 이 교재의 장점이 있다.

이 교재의 가장 두드러진 점은 이신칭의의 진리에 대한 자료들을 풍성하게 제공하고 있다는 것이다. 저자는 구약과 신약 시대를 관통하여 흐르는 이신칭의의 진리와 역사적 배경을 구약 시대의 아브라함과 다윗의 삶을 통해서, 예수님이 직접 세우신 사도들의 가르침과 교회사의 영적 거장과 종교개혁자들의 글을 통해 정확하고 논리적인 설명으로 풀어 나가고 있다.

그리고 수백 년의 교회 역사는 이것이 사실이라는 것을 증명하고 있다. 이 교재는 현대의 기독교인들에게 부족한 칭의에 대한 신학적 명확성을 학습자들에게 제공하며, 이신칭의의 진리에 대한 확실한 길라잡이가 될 것임을 믿어 의심치 않는다.

왜냐하면, 저자는 칭의에 대한 성경적, 신학적 정확성으로 복음주의자에게 여전히 이신칭의 교리가 크리스천의 신앙 생활에 중심적 위치를 점하고 있다는 것을 상기시켜 주기 때문이다.

저자의 교재를 통해 신학생과 일반 성도들이 이신칭의에 관해 정확하게 이해하고, 실제적 삶에서 올바르게 그 진리를 실천하기를 소망한다. 목회자는 이 교재를 통해서 현대 교회가 직면한 가장 도전적인 문제를 푸는 실마리를 찾기를 소원한다.

추천사 4

박관수 목사
구영교회 담임, 『오늘도 기도로 숨을 쉽니다』 저자

종교개혁자 칼뱅은 『기독교 강요』에서 칭의 교리의 중요성에 관해서 이렇게 말했다.

> 이것(칭의)은 중요한 돌쩌귀와 같아서 이것을 중심으로 종교가 돌아간다. 만약 당신이 무엇보다 하나님에 대한 당신의 관계 그리고 당신에게 임하는 그분의 심판의 본질이 무엇인지 이해하지 못한다면, 당신은 그것에 의지해 당신의 구원을 이룰, 또한 그 위에서 하나님을 향한 경건을 세워 나갈 아무런 토대도 발견하지 못한 셈이다.

그만큼 칭의 교리는 기독교 신앙의 기초석, 뿌리와 같으며 몸을 받쳐 주는 척추와도 같다. 칭의 교리가 먼저 든든하게 세워져야 그 위에 거룩의 꽃과 성령의 열매가 풍성하게 피어날 수 있다. 최철영 목사의 책은 경건의 정수(精髓)인 칭의 교리를 성경 본문을 통해 학습하도록 고안된 성경 공부 교재다. 신학적 설명 이전에 교리의 근거가 되는 '성경 본문'을 조명하게 하는 데 본서의 장점이 있다.

또한, 본서의 장점은 성경 본문을 '철저하게' 연구하도록 이끈다는 점이다. 많은 사람이 성경과 교리를 공부하지만, 헷갈리는 원인은 철저하게 공부하지 않고 그저 진도만 나가기 때문이다. 본서는 성경의 원어와 문맥 그리고 신학자의 해석까지 다양하고 면밀하게 다루기 때문에, 본서를 성실하게 익히면 칭의 교리에 관해 흔들리지 않는 반석 위에 설 수 있을 것이다. 더불어 칭의 교리를 다루었던 여러 신학자의 이론과 논쟁의 핵심도 비교하고 분석하기 때문에 무엇이 옳고 그른지 스스로 분별할 수 있게 도와준다.

한국 교회는 하나님을 향한 열정과 헌신은 뜨겁지만, 여전히 성경과 교리에 관한 지식의 냉철함은 아쉬운 현실이다. 본서가 교회나 가정, 일터의 성경 공부 현장에서 널리 활용되어 에베소서 4장 13절의 말씀처럼 하나님의 아들을 믿는 것과 아는 일에 하나가 되는 아름다운 결실이 맺히기를 소망한다.

추천사 5

김진광 목사
메릴랜드 오직은혜로교회

    본서를 읽으며, 마치 우리가 늘 다니던 곳에서 생각지도 못한 엄청난 보물을 찾아내, 사람들에게 "여기에 엄청난 보물이 있다"라고 알려 주는 것 같았다. 성경을 읽으면서 깊게 생각하지 않고 넘어갔던 많은 분문에서, 저자는 보물 같은 칭의의 의미를 캐내어 설명한다. 저자를 따라 성경 곳곳에 파묻힌 구원의 은혜를 같이 발견하며, 다시 한번 흥분하게 되며 가슴이 뜨거워지는 것을 느꼈다.

    저자는 뜬금없는 결론을 가져 오는 것이 아니라 해당 본문을 깊게 연구하여, 정밀한 논리로 그 의미를 제시함으로, 본서를 공부하는 사람이라면 모두가 수긍할 수밖에 없게끔 만든다. 나는 늘 설교하는 사람이지만 그동안 얼마나 내 신학이 얄팍했는지도 돌아보게 되었으며 동시에 본서에서 증명하고 있는 본문에 대한 연구가 설교하는 나에게도 큰 도움이 되었다.

    본서의 또 다른 장점은 가독성이다. 본서는 칭의에 관한 심도 있는 내용을 다루지만, 그것을 설명함에 있어서 이해하기 쉬운 언어 사용과 내용의 논리적 전개가 전체의 글을 읽는 데 무리가 없도록 한다. 다양한 책을 읽으면서 종종 이해하기 어려운 표현과 전개로 인하여 어려움을 겪던 나로서는 이 부분이 참으로 마음에 들었으며 감사했다.

    또한, 교부와 종교개혁자들의 칭의 이해에 관한 소개는 마치 보너스와 같은 유익이 있었다. 그리고 현재의 신학적 쟁점의 내용을 저자의 관점으로 정리해 준 것도 아주 유익했다. 왜냐하면, 내로라하는 신학자들의 영향력으로 인하여, 잘못하면 그들이 주장하는 새관점을 아무 비판 없이 받아 드릴 위험이 매우 크기 때문이다.

    성경 전체에 흐르는 하나님의 일방적인 구원의 은혜를 너무도 잘 탐구하여 소개하고 있는 본서를, 나는 목회자와 신학생 그리고 성도들에게 필독서로 추천하고 싶다.

추천사 6

이정현 목사
청암교회 담임, 개신대학원대학교 겸임교수

이신칭의는 기독교 신앙에서 아주 중요한 교리 가운데 하나이다. 이신칭의의 진리는 특히 대표적인 종교개혁가인 루터와 칼뱅 모두 주창한 신앙의 원리로서 신구약을 관통하고 있는, 기독교의 핵심 진리라고 할 수 있다. 그런데 지금까지 살면서 이신칭의에 관한 성경 공부용 도서를 제대로 본 적이 없는 것 같다.

이신칭의에 대한 교리적이고 학문적인 책이 거의 전부인 것 같다. 이런 점에서, 이신칭의를 주제로 한 내용이 성경 공부용 교재로 나온 것은 매우 반가운 소식이다. 교회 안에서 이신칭의에 관해서만 제대로 공부해도 믿음이 흔들리거나 넘어짐이 없을 것이다. 이 교재의 강점은 다음과 같다.

첫째, 이신칭의라는 교리를 구약과 신약 전체를 통해서 샅샅이 다루고 있어서, 이신칭의 교리를 성경의 진리로 무장할 수 있게 만든다.
둘째, 매우 복음적인 성경 공부용 책으로써 복음의 진수를 발견할 수 있게 된다.
셋째, 신학적으로 상당히 깊은 통찰력을 가지고 저술이 된 교재로써 이신칭의를 신학적으로 집대성할 수 있다.
넷째, 교재의 내용이 다소 깊고 학문적이지만, 해석에 있어서 이해하기 쉽고 또한 적용까지 포함하고 있어 교회에서 성경 공부로 활용하기 좋다.

오직 믿음, 그 오해와 진실을 말하다

성경으로 푸는 이신칭의

Faith Alone Containing Uncomfortable Truths:
A Panoramic View of Justification by Faith through the Lenses of the Old and the New Testaments
Written by ChulYoung Choi
All rights reserved.
Korean Edition Copyright ⓒ 2021 by Christian Literature Center, Seoul, Korea.

오직 믿음, 그 오해와 진실을 말하다
성경으로 푸는 이신칭의

2021년 9월 10일 초판 발행

지 은 이 | 최철영

편　　집 | 유동운
디 자 인 | 박성숙, 서민정
펴 낸 곳 | (사)기독교문서선교회
등　　록 | 제16-25호(1980. 1. 18.)
주　　소 | 서울특별시 서초구 방배로 68
전　　화 | 02-586-8761~3(본사) 031-942-8761(영업부)
팩　　스 | 02-523-0131(본사) 031-942-8763(영업부)
이 메 일 | clckor@gmail.com
홈페이지 | www.clcbook.com
송금계좌 | 기업은행 073-000308-04-020 (사)기독교문서선교회
일련번호 | 2021-97

ISBN 978-89-341-2339-2 (93230)

이 책의 저작권은 저자와 (사)기독교문서선교회가 소유합니다. 신저작권법에 의하여 한국 내에서 보호받는 저작물이므로 무단 전재와 무단 복제를 금합니다.

칭의론 시리즈 ❽

오직 믿음
그 오해와 진실을 말하다
/ 성경으로 푸는 이신칭의 /

CLC

목차

추천사 1 조동선 박사 前, 사우스웨스턴침례신학교 조직신학 조교수,
   現, 한국침례신학대학교 조직신학 조교수   1
추천사 2 김미현 집사 前, 네비게이토선교회 회원   2
추천사 3 오소력 집사 델라웨어주립대학교 공학 박사, LGCMI 기술연구소 연구원   3
추천사 4 박관수 목사 구영교회 담임, 『오늘도 기도로 숨을 쉽니다』 저자   4
추천사 5 김진광 목사 메릴랜드오직은혜로교회   5
추천사 6 이정현 목사 청암교회 담임, 개신대학원대학교 겸임교수   6

감사의 글   12
프롤로그   13

제1부 성경적 칭의론 탐구하기(필수적 학습 내용)   16

제 1 과 인간의 죄와 하나님의 심판   18
제 2 과 "복음에는 하나님의 의가 나타나서"(롬 1:17): 하나님의 의   32
제 3 과 "아브람이 여호와를 믿으니 여호와께서 이를 그의 의로 여기시고"(창 15:6)   44
제 4 과 "여호와께 정죄를 당하지 아니하는 자는 복이 있도다"(시 32:2): 다윗의 칭의   57
제 5 과 "나의 의로운 종이 많은 사람을 의롭게 하며"(사 53:11): 이사야서의 칭의   66
제 6 과 "의인은 그의 믿음으로 말미암아 살리라"(합 2:4): 하박국의 칭의   76
제 7 과 서기관과 바리새인보다 나은 의(마 5:20), 세리와 바리새인(눅 18:9-14)   86
제 8 과 "영생을 얻었고 심판에 이르지 아니하나니"(요 5:24): 요한이 말하는 칭의   100
제 9 과 "믿음을 따르는 의의 상속자"(히 11:7), "회복된 죄인"(벧전 2:24)   111
제10과 하나님의 은혜로(사도 바울이 말하는 칭의) I   125
제11과 하나님의 은혜로(사도 바울이 말하는 칭의) II   138
제12과 하나님의 은혜로(사도 바울이 말하는 칭의) III 그리고 사도 야고보   153
제13과 이신칭의(以信稱義) 교리의 현대적 적용   174

제2부 다양한 칭의론 평가하기(선택적 학습 내용)   185

제14과 고대 교부 암브로시애스터와 빅토리누스를 만나다   187
제15과 시대를 고민한 루터와 칼뱅을 만나다   197
제16과 새로운 시대를 고민한 김세윤 교수와 톰 라이트 교수를 만나다 I   214
제17과 새로운 시대를 고민한 김세윤 교수와 톰 라이트 교수를 만나다 II   227

에필로그   250

부록: 로마가톨릭교회의 칭의론   252

감사의 글

 필자가 기독교인들을 대상으로 이신칭의(以信稱義, 믿음으로 의롭다 함을 받음)에 관한 학습용 교재를 쓴 것은 전적으로 하나님의 은혜입니다. 집필에 필요한 모든 것을 공급하시고 인도하신 하나님께 감사와 영광을 돌립니다. 하나님의 은혜는 우리를 존재하게 하며, 깨우치며, 일으켜 세우며, 우리가 발걸음을 내딛게 하며, 소망의 항구에 이르도록 합니다. 필자가 그동안 만나고 접한 수많은 선생님, 성도님, 가족이 본서의 자양분(滋養分)이었음을 고백합니다. 하나님께서 보내주신 이분들을 통해 필자는 배우며 생각하며 깨닫고 기도하게 되었습니다. 이름을 거명하지는 않았지만, 이 모든 분에게 감사의 마음을 전합니다. 아울러 필자의 학위 논문을 지도해 주신 사우스웨스턴침례신학교의 예레미야 김(Jermiah Kim) 교수님, 침례신학대학교 신학대학원의 근광현 교수님께 감사를 드립니다.

 특히, 유학 시절부터 지금껏 학문적 소통과 건설적 조언을 해 주시는 조동선 교수님께도 감사를 전합니다. 필자가 이신칭의(以信稱義) 교재를 집필하는 데 성경 원어와 해석의 원리가 많은 도움이 되었습니다. 성경을 바르게 읽고 해석하도록 도와주신 은사님들께 감사를 드립니다. 5학기 동안 헬라어를 가르쳐 주시며 학문의 모범을 보여 주신 브루스 콜리(Dr. Bruce Corley)와 마크 테일러(Dr. Mark Taylor), 바울 신학을 깊이 이해할 수 있도록 도와주신 故 어얼 엘리스(Dr. Earle Ellis), 열정적으로 성서해석학의 진수(眞髓)를 가르쳐 주신 故 윌리엄 B. 토울러(Dr. William B. Tolar), 히브리어 석의(釋義)방법론을 가르쳐 주신 셰리 클라우더 박사님(Dr. Sheri Klouda)께 감사합니다. 아울러 라틴어 원전과 씨름할 수 있도록 도와주신 『고전 라틴어』의 저자 성염 교수님, 불후(不朽)의 명저 『윌락 라틴어』(*Wheelock's Latin*)와 『윌락 라틴어 선집』(*Wheelock's Latin Reader*)을 집필한 故 프레드릭 윌락 박사님(Dr. Frederic M. Wheelock)께 감사합니다.

 필자의 청년 시절, 복음주의 설교의 정석(定石)을 가르쳐 주신 부산영안교회의 박정근 목사님께 감사를 드립니다. 필자의 유학 시절, 복음적 설교와 재치 있는 유머를 가르쳐 주신 캐럴턴한우리침례교회의 오인균 목사님께도 감사의 마음을 전합니다. 바쁜 일정 가운데서도 시간을 내셔서 필자의 원고를 읽고 기꺼이 추천사를 써 주신, 김미현, 오소력 집사님, 김진광, 박관수, 이정현 목사님, 조동선 교수님께 감사를 전합니다. 마지막으로, 원고의 완성과 출판을 위해 응원과 기도를 아끼지 않으신, 팬실베이니아주립대학교의 종신교수를 역임하신 김성은 교수님께 감사한 마음을 전합니다. 진실로, 모든 것이 하나님의 은혜입니다.

프롤로그

2013년에 실시된 한 여론 조사는 한국인들이 신뢰하는 종교의 순위를 매겼는데, 가톨릭(29퍼센트), 불교(28퍼센트), 기독교(21퍼센트) 순이었습니다. 기독교 불신의 이유로 가장 높은 비율을 차지한 두 항목은 언행의 불일치와 기독교 내부의 부정부패 혹은 비리였습니다.[1] 이 여론 조사는 교회가 신뢰받지 못하는 가장 중요한 요인은 기독교인들의 윤리적 문제임을 보여 줍니다.

한국 기독교인의 윤리적 문제와 관련해 어떤 학자는 전통적인 이신칭의(以信稱義) 교리가 "오직 믿음으로만"을 가르치고, 행위는 가르치지 않았기 때문에 한국 교회가 신뢰받지 못한다고 진단합니다.

과연 이들의 분석은 옳은 것일까요?

사실, 전통적인 이신칭의 교리는 "오직 믿음으로" 구원받는다는 것을 가르치지만 구원받는 믿음의 필수적 증거로서 행위를 강조합니다. 그러므로 이들의 주장이 맞지는 않습니다. 정확하게 말하자면, 이신칭의 교리에 문제가 있는 것이 아니라, 상당수의 한국 교회가 구원의 필수적 증거와 열매로써의 행위를 제대로 강조하지 않았다는 것에 문제가 있습니다.

한국 교회의 위상이 추락하고, 사회적 신뢰를 상실한 요인은 복합적입니다.

첫째, 교회 속으로 침투한 세속적 가치, 즉 성공 제일주의입니다.
둘째, 배금주의(拜金主義)입니다.
셋째, 기복적(祈福的) 믿음입니다.
넷째, 이기주의입니다.
다섯째, 그 진정한 의미는 모른 채 "오직 믿음"이면 구원받는다는 맹목적 신념입니다.

---

1 조홍식, "2013년 한국 교회의 사회적 신뢰도 여론 조사 결과 분석"(온라인 자료) http://cemk.org/2008/bbs/board.php?bo_table=2007_data_cemk&wr_id=348&page=11, 2017년 1월 6일 접속.

이외에도 여러 가지 요인이 한국 교회의 위상을 추락시키는 데 복합적으로 작용했을 것입니다. 필자는 목회자로서 상당히 많은 사람을 만나 왔습니다. 필자가 만난 사람 중에는 인품이 훌륭하고 신앙이 좋은 분도 있었지만 그렇지 못한 분도 많았습니다. 그런데 제가 만난 분들 중에서, 성경이 말하고 있는 이신칭의 교리를 제대로 알고 있는 사람은 거의 없었습니다.

대다수의 사람은 성경이 가르치는 이신칭의 교리에 관해서 부분적으로 알고 있었습니다. 상당수의 사람은 이신칭의 교리에 관해서 양극단의 생각을 가지고 있었습니다.

첫째, 한 부류의 사람은, "오직 믿음으로" 구원받으니 행위는 중요하지 않다고 생각했습니다. 이들은 다음과 같이 말했습니다.

> 행위는 크리스천의 삶에 필수적인 요소가 전혀 아니다. 구원은 믿음으로 얻고 상급은 행위로 얻으니 구원만으로도 나는 만족한다.

둘째, 구원과 관련하여 행위에 관해서 말만 해도 기겁을 하는 사람들이 있었습니다. 구원과 관련하여 행위란 단어만 끄집어내도, 곧 이단이라고 생각하는 사람들도 있었습니다. 이런 부류의 사람들은 "행위 포비아"(행위를 두려워하는 사람들이란 뜻으로 필자가 만든 말)를 가진 사람들입니다.

셋째, 한편으로 다른 부류의 사람들은 믿음 더하기 행위로 구원받는다고 생각하였습니다. 이들은 행동에 조심하고, 죄를 짓지 않도록 노력하며, 어떻게 하면 하나님을 만족시킬 수 있을지 고민하는 사람들이었습니다. 필자는 이런 노력 자체가 나쁘다고 말하지 않습니다. 어떤 동기에서 이들이 이런 노력을 기울이는가 하는 것이 중요한 문제입니다. 이들은, 일단 믿음은 되었으니 이제 행위로 구원을 얻으려고 하는 사람들이었습니다.

본서를 집어든 여러분 중에 제가 방금 지적한 분들과 비슷한 생각을 가지고 있거나 혹은 이런 생각을 가진 분들을 만나 본 적이 있는지요?

일부 학자의 이신칭의 교리 자체에 대한 비판과 일반 신자가 가지고 있는 이신칭의 교리에 대한 몰이해로 인해, 필자는 일반 신자가 성경이 가르치는 이신칭의 교리에 관해서 체계적으로 배울 필요가 있다는 생각을 하게 되었습니다. 필자가 집필한 본서(교리 공부 교재)는 이런 배경 속에서 나왔습니다.

필자의 교리 공부 교재는 성서신학과 조직신학을 아우르고 있습니다. 본 교재는 우선적으로 성경 본문에 대한 깊이 있는 학습을 담고 있습니다. 필자는 해설과 정답을 최대한 성경 본문의 문맥을 고려하여 실었습니다.

이를 통해 학습자는 문맥에서 정답을 찾는 훈련을 할 수 있을 것입니다. 아울러 본서는 고대 교부와 종교개혁 시기의 인물 그리고 현대의 신학자들에 대한 학습을 포함하고 있습니다. 사실 이 부분들은 학습자가 구약과 신약을 통해서 배운 이신칭의의 가르침에 대한 적용 부분입니다.

교재를 통해 먼저 구약과 신약이 말하는 이신칭의를 제대로 학습한다면, 이 인물들에 관해 학습자가 바르게 평가하고 적용할 수 있습니다. 끝으로 본서는 이신칭의의 교리가 현대 사회에서 함의(含意)하고 있는 실천적인 적용을 다룹니다.

교재의 어떤 부분은 이해하기 다소 어려울 수 있습니다. 필자의 해설과 정답이 기존 성경 공부 교재와는 다른 형식을 띠고 있기 때문에 학습자는 생소함을 느낄 수도 있습니다. 그러나 다소 어려운 내용은 일반 신자들이 대중적으로 오해되고 있는 이신칭의의 교리를 제대로 음미하고 입체적으로 이해하기 위해서 학습에 필요한 부분입니다. 일반 신자들이 제대로 훈련된 인도자와 함께 공부한다면(신앙의 연륜이 어느 정도 있다면 독학이 가능합니다), 본서를 통해 많은 유익을 얻을 수 있을 것입니다.

특히, 성경을 어떻게 읽고 이해하며 적용할 것인지에 관해 고민하고 배우십시오!

그 열매는 참으로 시원하고 달콤합니다. 학습자는 교재의 학습을 통해서, 왜 종교개혁자 루터가 다음과 같이 말했는지 공감할 수 있을 것입니다.

> 이 구절(시 130:4)은 기독교 교리의 핵심이며, 그것은 하나님의 교회를 비추는 태양이다. 왜냐하면, 이 조항(칭의 교리)이 서면 교회가 서고, 이 조항이 무너지면 교회가 무너지기 때문이다.[2]

아무쪼록 이신칭의 교리에 대한 공부가 가파른 산을 오르는 경험이 될 수도 있지만, 새로운 도전을 제공하는 영적으로 즐겁고 유익한 산행(山行)이 되길 기도합니다.

---

[2] Martin Luther, *D. Martin Luthers Werke: Kritische Gesamtausgabe*, vol. 40, III (Weimar: Verlag Herman Böhlaus Nachfolger, 1930), 352.

제1부

성경적 칭의론 탐구하기 (필수적 학습 내용)

제 1 과　인간의 죄와 하나님의 심판

제 2 과　"복음에는 하나님의 의가 나타나서"(롬 1:17): 하나님의 의

제 3 과　"아브람이 여호와를 믿으니 여호와께서 이를 그의 의로 여기시고"(창 15:6)

제 4 과　"여호와께 정죄를 당하지 아니하는 자는 복이 있다"(시 32:2): 다윗의 칭의

제 5 과　"나의 의로운 종이 많은 사람을 의롭게 하며"(사 53:11): 이사야서의 칭의

제 6 과　"의인은 그의 믿음으로 말미암아 살리라"(합 2:4): 하박국의 칭의

제 7 과　서기관과 바리새인보다 나은 의(마 5:20), 세리와 바리새인(눅 18:9-14)

제 8 과　"영생을 얻었고 심판에 이르지 아니하나니"(요 5:24): 요한이 말하는 칭의

제 9 과　"믿음을 따르는 의의 상속자(히 11:7), "회복된 죄인"(벧전 2:24)

제10과　하나님의 은혜로(사도 바울이 말하는 칭의) I

제11과　하나님의 은혜로(사도 바울이 말하는 칭의) II

제12과　하나님의 은혜로(사도 바울이 말하는 칭의) III 그리고 사도 야고보

제13과　이신칭의(以信稱義) 교리의 현대적 적용

✳ ✳ ✳ ✳ ✳

제1부에서 학습자는 구약성경과 신약성경이 말하는 이신칭의에 관한 내용을 학습할 것입니다. 학습자는 창세기부터 요한계시록에 이르기까지 칭의와 관련된 주요한 본문을 공부함으로, 성경 본문에 토대를 둔 올바른 칭의론을 탐구할 것입니다. 각 과를 학습하기 전에 학습자는 각 과에 해당하는 문제와 본문을 충분히 읽어 보는 것이 좋습니다. 본서는 단순한 문제와 답변을 추구하지 않습니다. 그러므로 학습 이전에 각 과의 내용을 어느 정도 숙지해 놓는 것이 좋습니다.

제1부의 학습 내용은 제2부의 내용과는 달리 필수적으로 학습할 사항입니다. 인도자와 학습자는 학습 이전에 먼저 기도를 통해 성령 하나님께서 성경 본문의 말씀을 밝히 조명해 주시며, 말씀이 각자의 영혼과 실천에 필요한 풍성한 양분과 동인(動因)이 되도록 간구해야 합니다.

아울러 성경 공부 시간이 우리의 지성을 연습하는 단순한 학습 시간이 아님을 기억해야 합니다. 인도자와 학습자 모두 예배의 연장 형태로서의 성경 공부에 임해 주시길 당부합니다.

성경에 대한 학습을 통해서 우리는 영원하시며, 은혜로우신 하나님을 만납니다. 우리는 하나님과의 만남을 통해서 험난한 세상을 살아갈 새로운 힘을 얻으며, 하나님을 더 사랑하고자 하는 열의를 회복하며, 세상 속에서 하나님의 뜻을 실현해 나가는 기독교인의 영성을 회복할 것을 목표로 해야 합니다. 각 과는 하나님께 대한 찬송으로 마무리하시길 권고합니다.

제1부의 학습 내용의 목표는 칭의(의롭다 함을 받음)와 관련하여 하나님의 은혜에 담겨 있는 깊은 뜻을 발견하며, 그 은혜로 인한 새로운 삶을 추구하는 데 있습니다. 기독교인에게 앎은 실천과 분리될 수 없다는 것을 유념해서 학습해 주실 것을 당부합니다.

제1부는 총 13과로 구성되어 있습니다. 여건에 따라서 제12과와 제13과를 하나의 과로 묶어서 학습해도 무방합니다. 이렇게 합쳐서 공부한다면 총 12과, 3개월 과정으로 필수적 내용을 마무리할 수 있습니다.

부디 이 필수 학습 과정이 하나님을 만나는 기독교인으로서 우리의 앎과 실천의 지평이 넓어지고 깊어지는 소중한 사건이 되길 기도드립니다.

제1과

인간의 죄와 하나님의 심판

> 🔼 **워밍업**

하나님의 심판이라는 주제는 현대 사회에서 환영받는 주제는 아닙니다. 관점이 다른 상대방을 존중하며, 상대방의 감정을 상하지 않게 하는 것이 교양 있고 세련된 사람이라고 생각하는 현대인의 인식으로 말미암아, 하나님의 심판이라는 주제는 지나치게 무겁고 엄숙하고 전근대적이며, 심지어 혐오스러운 것으로 간주되는 경향이 있습니다.

사람들을 즐겁게 해 줄 수 있거나 혹은 감정적 정화(catharsis)를 느끼게 해 주는 주제나 소재가 현대인들이 선호하는 대상입니다. 모든 즐거움과 유희가 선(good)이며, 즐거움과 유희를 초래하지 않는 모든 것은 악(evil)이라는 생각이 현대 사회의 대중들의 인식에 자리 잡고 있는 것 같습니다.

현대 사회에서 오락, 게임, 코미디, 연극, 드라마, 영화, 노래 등의 비약적 발전과 이에 대한 대중의 몰입과 이런 분야에 종사하는 엘리트들의 천문학적 수입은 이러한 대중의 인식을 방증하는 예로 생각됩니다. 필자는 죄와 하나님의 진노와 심판의 주제는 즐거움이나 유희의 소재가 아니므로, 이런 주제들이 대중에게 금기시되는 것일지도 모른다는 생각을 해 보게 됩니다.

교회 내에서도 죄와 하나님의 심판은 설교자들이 선호하는 주제는 아닌 것으로 보입니다. 오히려, 설교자들은 하나님의 사랑과 돌보심, 하나님의 복, 기독교인들이 관심을 가질 만한 여러 삶의 주제들(예컨대, 영적 성장의 원리, 성공하는 인생, 원만한 대인 관계의 방법, 고난을 극복하는 방법 등)에 관해서 더 많은 관심을 가집니다. 이러한 점은 다음과 같이 정확하게 지적되고 있습니다.

오늘날 교회의 가장 큰 비극 가운데 하나는 하나님의 거룩하심과 죄를 향한 그분의 분노에 관한 진리를 더 이상 가르치지 않는다는 것이다. 교회는 불신자들의 관심을 끌기 위해 심리적인 적응이나 자기 긍정과 같은 문제를 다루는 데만 많은 노력을 쏟아붓고 있다. 그런 가르침은 자아를 회복하고 심리적 안정을 누리는 것이 인간에게 가장 필요한 것이라는 인상을 심어 준다. 그러나 그런 견해는 성경의 계시와 참된 기독교의 가르침과는 거리가 멀다. 현실을 바라보는 기독교의 관점에 따르면, 인간의 마음에 가장 필요한 것은 자기 자신에 관해 좋은 감정을 느끼는 것이 아니라 거룩하고 의로우신 하나님과 화목하게 되는 것이다.[1]

비기독교인들에게 (어쩌면 기독교인들에게도) 불편한 주제인 하나님의 심판은 칭의(의롭다 함을 받다)를 올바르게 이해하기 위해서 반드시 다루어져야만 합니다. 죄에 대해서 심판하시는 하나님의 공의(justice)에 대한 이해가 부족함에도 강조되지 않는다면, 하나님께서 은혜로 주신 칭의의 깊이를 제대로 알 수 없습니다. 그러므로 『하나님을 아는 지식』의 저자 제임스 패커(James Packer)는 칭의(의롭다고 여김을 받음)가 필요한 두 가지 이유를 다음과 같이 이야기 합니다.

첫째, 인간이 가진 죄의 문제
둘째, 피할 수 없는 하나님의 심판[2]

모든 인간이 하나님 앞에서 죄인이라는 것은 성경이 증언하고 있으며(왕상 8:46; 시 14:3; 143:2; 전 7:20; 롬 3:10, 23; 5:12, 19), 죄에 대한 하나님의 심판 역시 성경이 말하고 있는 실재(reality)입니다(마 12:36; 25:46; 요 12:48; 행 17:31; 롬 2:5; 살후 1:8-9; 히 9:27; 계 11:18; 20:12). 그러므로 인간이 가진 죄의 문제가 해결되지 않는다면 인간은 하나님의 심판을 피할 수 없습니다.

그러나 문제는 인간 스스로가 죄의 문제를 해결할 수 없다는 것에 있습니다. 결국, 죄의 문제를 해결할 수 있는 방법은 인간 안에서가 아니라(행 13:39; 롬 3:28; 4:2-3; 9:30-33; 11:6; 갈 2:16; 엡 2:9; 딤후 1:9; 딛 3:5) 인간의 밖 즉 하나님으로부터 와야 합니다(사 53:11; 마 1:21; 눅 24:46-47; 행 4:12; 13:38; 롬 1:16-17; 3:24; 5:9-10; 엡 2:8; 살전 5:9; 갈 1:4; 요일 5:11).

1　W. Robert Godfrey, 『예기치 못한 여행: 개혁주의 신학을 만나다』, 조계광 역 (서울: 지평서원, 2012), 71.
2　James Packer, et. al., 『칭의의 여러 얼굴』, 김형원 역 (고양: 이레서원, 2016), 148.

그러므로 하나님은 예수 그리스도를 이 땅에 보내셨습니다. 그를 믿는 자는 하나님의 심판에서 벗어나 영생을 얻게 됩니다(막 16:16; 요 3:16-18; 6:47; 행 16:31).

≫ 생각하기

(1) 로마서 1장 18절에서 3장 20절을 읽어 보십시오.
바울은 이 본문에서 모든 인간(이방인과 유대인)을 어떻게 규정하고 있습니까?
(왕상 8:46; 시 14:3을 참고)

● 이방인이란 유대인을 제외한 모든 사람을 일컫는 용어입니다.

정답과 해설

바울은 본문에서 이방인은 물론 유대인들, 즉 모든 인간이 죄인이라고 규정하고 있습니다. 다시 말해서 모든 인간이 하나님께 불순종했다는 것을 바울이 증언하고 있습니다. 특히, 로마서 1장 21절이 지적하는 것처럼, 하나님께 마땅히 돌려야 할 영광을 돌리지 않는 것과 감사하지 않는 것도 죄라는 것을 분명히 인식해야 합니다.

죄는 단순히 사회가 규정하고 있는 실정법을 어기는 것만이 아닙니다. 성경적으로 볼 때 죄는 하나님께 불순종하거나 하나님을 영화롭게 하지 않는 모든 것입니다. 인도자는 시간을 고려하여, 로마서 1장 18절에서 3장 20절을 모두 읽는 대신에 3장 10절에서 20절까지만 읽도록 할 수 있습니다. 그러나 반드시 로마서 1장 21절에 대한 내용을 언급하도록 해야 합니다.

(2) 당신은 언제 하나님 앞에서 죄인이라는 것을 깨달았습니까?

정답과 해설

사람들은 대개 예수 그리스도를 믿기 전까지는 사회의 법을 어기지 않는 한 죄인이라는 생각을 잘 하지 못합니다. 예수님을 믿게 되면 자신이 하나님 앞에서 철저히 죄인이었음을 알게 되며, 예수님을 믿음으로써 모든 죄를 용서받았음을 알게 됩니다. 물론, 어떤 사람의 경우 자신이 사회의 법은 어기지 않았지만 양심의 법에 따라 죄인이라고 생각할 수도 있으며, 이러한 죄의 문제로 고민하다가 나중에 예수님을 믿기도 합니다.

분명한 것은 예수 그리스도를 믿게 되면 죄에 대한 인식이 확실하게 달라집니다. 위의 문제는 하나님 앞에서 자신이 죄인이라는 것을 깨닫는 것이 은혜의 시작이라는 것을 상기시키기 위해서 주어진 질문이라는 것을 인도자는 유념해야 합니다.

(3) 로마서 2장 1-5절을 읽으십시오.
   하나님은 죄에 대해서 어떻게 처리하십니까?(히 9:27을 참고)

정답과 해설

하나님은 죄에 대해서 반드시 심판하십니다. 하나님께서는 인간의 죄들을 결산하는 최후의 심판 때에 죄인들을 불못에 던지실 것입니다(계 20:15). 거룩하신 하나님은 죄에 대해서 용납하지 않으신다는 것을 인도자는 학습자들에게 분명히 인지시켜야 합니다(레 19:2; 수 24:19-20; 살후 1:8-9을 함께 읽도록 한다).

≫≫≫ 더 깊게 생각하기

(1) 로마서 5장 12절을 주의 깊게 읽고 아래의 질문들에 답해 보십시오.

① 죄는 누구로 인해 세상에 존재하게 되었습니까?(롬 5:14을 참고)

정답과 해설

첫 인간인 아담의 불순종(금단의 열매를 먹음)으로 인해 죄가 세상에 존재하게 되었습니다. 인도자는 죄의 출발점이 아담에게 있었다는 것을 분명하게 강조해야 합니다. 모든 비극의 원인은 아담에게서 비롯되었습니다.

② 무엇 때문에 죽음이 세상에 존재하게 되었습니까?
   본문에서 말하는 죽음은 무엇을 의미합니까?

정답과 해설

죄로 인해서 죽음이 존재하게 되었습니다. 죄의 삯은 사망입니다(롬 6:23). 본문에서 죽음은 육체적인 죽음뿐만 아니라 영적인 죽음을 포괄하고 있습니다.[3] 왜냐하면, 로마서 5장 12-21절의 전체 문맥을 보면, 죽음과 영생[4]이 대척점(대조 관계)에 있으며(롬 5:21), 죄의 결과는 정죄(롬 5:16, 18)라는 것이 드러나기 때문입니다(롬 5:12에서 죄의 결과는 죽음이었다. 즉 죽음과 정죄는 밀접한 관계를 이루고 있는 것이다. 따라서 죽음은 육체적 죽음만이 아니라 죄로 인한 하나님과의 분리를 포함하고 있다).[5]

영적인 죽음이란 죄로 인해 발생하게 되는 하나님과의 분리됨입니다(롬 5:10). 만약 이 영적인 죽음이 그리스도에 대한 믿음을 통해 회복되지 않는다면, 모든 인간은 하나님과 계속 분리된 상태로 남게 되며 종국에는 지옥에서 형벌을 받게 될 것입니다(마 5:22; 막 9:43; 눅 12:5).[6]

③ "모든 사람이 죄를 지었다"는 것을 어떻게 이해해야 할까요?

이것에 대한 해석은 두 가지가 있습니다.

첫째, 모든 사람이 실제적으로 자신들이 직접 죄를 지었다는 해석
둘째, 아담이 죄를 지었는데, 그로 인해서 다른 모든 사람도 함께 죄인이 되었다는 해석

정답과 해설

일반적으로 아르미니우스(1560-1609, 칼뱅의 무조건적 예정론에 반대하여 하나님께서는 믿을 사람을 예정하셨다는 것을 주장하였다)의 전통을 지지하는 신약학자들은 본문에서의 "모든 사람이

---

[3] Douglas J. Moo, *The Epistle to the Romans*, The New International Commentary on the New Testament (Grand Rapids: Eerdmans, 1996), 320; Thomas R. Schreiner, *Romans*, Baker Exegetical Commentary on the New Testament (Grand Rapids: Baker Academic, 1998), 272; Richard N. Longenecker, *The Epistle to the Romans*, The New International Greek Testament Commentary (Grand Rapids: Eerdmans, 2016), 586-7.

[4] 영생은 종말에 온전히 이루어지는데(롬 2:7; 갈 6:8) 신자들은 썩지 않는 영광의 몸을 입고(빌 3:21) 하나님과 완벽한 교제를 누리며, 완벽한 기쁨을 누리며, 영원히 복된 삶을 살게 된다. 신자들은 현재 부분적이지만 이 영생의 복을 누리고 있다(요 5:24; 6:47, 54). 즉 신자들은 죄 용서받고 하나님과 교제를 나누고 있으며, 하나님이 주시는 평강을 누리고 있다. 영생이 분명히 영적인 측면을 포함하고 있는 것처럼, 본문에서 죽음은 영적인 측면을 포함하고 있다.

[5] Schreiner, *Romans*, 272; Moo, *Romans*, 320.

[6] Moo, *Romans*, 320.

죄를 지었다"를 인간의 실제적이고, 개인적인 죄를 언급하고 있는 것으로 이해합니다.[7]

반면 개혁주의 관점을 따르는 신약학자들은 본문에 나타난 모든 사람의 죄가 각 개인의 개별적인 죄가 아니고 아담과 연합한 상태에서 지은 죄로 간주합니다. 즉 인간의 대표자인 아담이 죄를 지음으로써 그와 연합된 모든 인간이 아담과 함께 죄를 지은 것으로 여겨진다는 것입니다.[8] 여기서 원죄의 개념이 도출됩니다.

두 가지 해석 중에 어느 해석이 맞는지 결정하는 것은 쉽지 않은 문제입니다. 그러나 로마서 5장 15-19절에서, 한 사람의 범죄와 모든 사람의 죽음(정죄, 죄인 됨)이라는 인과 관계가 분명하게 나타납니다.

> 그러므로 한 사람으로 말미암아 죄가 세상에 들어오고 죄로 말미암아 사망이 들어왔나니 이와 같이 모든 사람이 죄를 지었으므로 사망이 모든 사람에게 이르렀느니라(롬 5:12).

따라서 "모든 사람이 죄를 지었다"의 의미는, 모든 사람이 아담과 연합하여 죄를 지은 것으로 이해하는 것이 좀 더 타당함을 보여 줍니다.[9] 아울러, 개인적인 죄를 짓지 않은 유아가 죽음의 실재를 경험한다는 사실을 고려해 볼 때, 로마서 5장 12절의 "모든 사람이 죄를 지었으므로 모든 사람이 죽었다"는 말씀은 모든 인간이 아담과 함께 죄를 지었다고 이해하는 것이 좀 더 논리적인 해석으로 파악됩니다.[10]

모든 사람이 개인적으로 금단의 열매를 먹고 하나님께 죄를 지은 것은 아니지만, 모든 사람이 아담과 연합되어 있기 때문에 아담의 죄가 그들의 죄로 간주되고 죄책이 그들에게 있게 되는 것입니다.

---

[7] Grant R. Osborne, *Romans*, *The IVP New Testament Commentary* Series (Downers Grove: InterVarsity, 2004), 138; Ben Witherington, *Paul's Letter to the Romans* (Grand Rapids: Eerdmans, 2004), 146; C. E. B. Cranfield, *Romans 1-8*, *The International Critical Commentary* (London: T & T Clark, 1975), 278-9; James D. G. Dunn, *Romans 1-8*, *Word Biblical Commentary* (Dallas: Word, 1988), 273.

[8] Moo, *Romans*, 327-8; Leon Morris, *The Epistle to the Romans*, *The Pillar New Testament Commentary* (Grand Rapids: Eerdmans, 1988), 230-2; Charles Hodge, *Commentary on the Epistle to the Romans*, rev. ed. (Grand Rapids: Louis Kregel, n.d), 232-3; F. F. Bruce, *Romans*, *Tyndale New Testament Commentaries* (Grand Rapids: Eerdmans, 1963), 129.

[9] Morris, *Romans*, 232; Moo, *Romans*, 326-7.

[10] Wayne Grudem, *Systematic Theology* (Grand Rapids: Zondervan, 1994), 494, 각주 9을 참고. 아울러 Hodge, *Romans*, 233도 참고.

그러므로 아담의 죄가 모든 인간에게 전가된다고 말하는 것은 무리한 신학적 억측이 아닙니다(각주를 꼭 보십시오).[11] 마찬가지로 믿는 사람들은 그리스도와 연합되어 있으므로 비록 자신들이 직접 의를 행하지는 않았지만 그리스도의 의가 그들의 것으로 여겨집니다. 여기서 바로 의의 전가 개념이 도출됩니다.

④ 원죄(물려받은 죄)는 인간의 이성으로는 쉽게 이해할 수 없는 원리입니다. 특히, 개인주의가 발달한 현대 사회에서는 불합리한 것으로 보입니다.
당신은 원죄(물려받은 죄)에 관해서 어떻게 생각하십니까?

● 원죄(original sin): 원죄란 하나님께서 먹지 말라고 명하신 에덴동산 중앙의 나무의 과실(창 3:3)을 아담이 먹음으로써 발생한 인류 최초의 죄와 관계된 것입니다. 이 최초의 죄로 인해서 모든 인간은 아담으로부터 두 가지를 물려받습니다.

첫째, 모든 인간은 아담이 지은 죄에 대한 책임을 물려받습니다(롬 5:12, 18-19). 즉, 아담의 죄로 인해서 모든 인간이 죄인으로 간주됩니다.
둘째, 모든 인간은 아담의 죄로 인해서 타락하고 부패한 마음을 물려받게 되어("만물보다 거짓되고 심히 부패한 것이 마음이라", 렘 17:9) 죄를 짓는 방향으로 나아가게 됩니다.

---

[11] 구약에서도 어떤 한 사람의 죄로 인해서 다른 모든 사람이 죄인으로 간주되고 죄의 형벌을 받는 사례가 등장한다. 여호수아 7장에 나타나는 아간의 범죄가 그 실례가 될 수 있다. 여리고 함락 후에 하나님께서는 모든 물건을 하나님께 바치라고 명령했으나 아간이 물건의 일부를 몰래 가져가서 숨겼다. 그러나 아간의 개인적인 불순종으로 하나님께서는 이스라엘 전체에게 진노하셨다. 왜냐하면, 하나님께서 아간의 범죄를 이스라엘 전체가 범죄한 것으로 간주하셨기 때문이다("이스라엘이 범죄하여 내가 그들에게 명령한 나의 언약을 어겼으며", 수 7:11). 아간의 죄로 인해서 이스라엘은 아이성 전투에서 패배하였다. 이후 아간이 처벌되고 난 후에야 이스라엘은 아이성을 점령한다. 이 사건에서 아간이 이스라엘의 대표로 여겨지고 아간의 죄가 이스라엘 전체의 죄로 간주된다는 것이 나타난다. 아울러 사무엘하 24장에 나타나는 다윗의 예도 마찬가지이다. 다윗은 이스라엘의 인구 조사를 시행(하나님을 신뢰하기보다 인구의 총력을 신뢰함)하는데 이스라엘 전체가 역병의 심판을 받아 칠만 명의 사람이 죽게 된다. 여기서 온 백성의 대표인 다윗과 이스라엘 백성들이 한 개체로 연대되어 취급되고 있다. 즉 다윗의 개인적인 죄가 이스라엘 전체의 죄로 간주된 것이다. Grudem, *Systematic Theology*, 495는 전문적 용어를 사용하자면, 아담의 죄가 인간에게 전가되었다고 말할 수 있는 것임을 분명히 밝히고 있다. 아울러 John Piper, *Counted Righteous in Christ* (Nottingham: InterVarsity, 2002), 91도 로마서 5장 12절의 해석에서 죄의 전가를 분명히 밝히고 있다.

때때로 인간이 사회 속에서 선한 일을 행하기도 하지만 아담에게서 물려받은 타락한 마음으로 인해 하나님을 기쁘시게 하는 선을 행할 수는 없습니다. 왜냐하면, 하나님을 기쁘시게 하는 선은 믿음에서 비롯되기 때문입니다(히 11:6). 그뿐만 아니라, 불신자가 아무리 인간적인 관점에서 선을 행하더라도 하나님을 영화롭게 하지 않는 것은 죄가 되므로(롬 1:21을 참고), 이들이 행하는 선은 하나님을 기쁘시게 하는 선이 될 수 없습니다. 그러므로 예수 그리스도 안에 있는 사람만이 하나님을 기쁘시게 하는 선을 행할 수 있습니다. 또한, 인간의 타락한 마음으로 인해 인간은 하나님의 도움 없이는 하나님께 나아갈 수도 없습니다(요 6:44).[12]

● 원죄에 대한 17세기 프랑스의 수학자이자 물리학자이며 철학자인 블레즈 파스칼(1623-1662)의 설명을 들어 봅시다.

> 우리의 인식에서 가장 동떨어진 이 신비, 다름 아닌 죄의 계승(원죄)이라는 신비 없이는 우리 자신에 관해 어떤 인식도 가질 수 없다는 것은 참으로 놀라운 일이다!
> 왜냐하면, 최초의 인간이 범한 죄가 그 근원에서 너무나도 멀리 떨어져 있기에 이에 가담할 수 없을 것 같은 사람들까지도 죄인으로 만든다고 말하는 것보다 우리의 이성에 더 충격적인 것은 아마도 없을 것이기 때문이다. 의지도 없는 어린아이를 그가 태어나기 6,000년 전에 범해진, 따라서 전혀 그가 관련되었을리 없는 한 죄 때문에 영원히 정죄(定罪)하는 것보다 우리의 초라한 정의(正義)의 규칙에 더 어긋나는 일이 있겠는가 말이다. 확실히 이 교리보다 더 가혹하게 우리의 마음을 거스르는 것은 없다. 그러나 그 무엇보다도 불가해(不可解)한 이 신비가 없으면 우리는 우리 자신에 대해 불가해한 것이 되고 만다.[13]

● 파스칼은 팡세(프랑스어로 생각)에서 원죄의 교리가 인간의 이성에 비추어 볼 때는 불합리한 것으로 인정하고 있습니다. 그러나 인간을 이해하려면 원죄의 교리가 인정되어야 한다는 것을 강조하고 있습니다. 참혹한 전쟁과 테러, 사회에 만연한 악, 극악무도한 범죄, 천진난만한 어린아이들이 지니고 있는 죄의 성향 등은 원죄의 교리의 조명 아래 선명하게 이해될 수 있습니다.

---

12 Grudem, *Systematic Theology*, 494-8을 보라. Grudem은 원죄의 용어보다는 상속된 혹은 유전된 죄(inherited sin)라는 용어를 선호한다. 왜냐하면, 원죄라는 단어는 단순히 아담의 첫 번째 죄를 의미하는 것으로 오해 될 수 있기 때문이다.

13 Blaise Pascal, 『팡세』, 이환 역 (서울: 민음사, 2003), 128.

정답과 해설

원죄의 교리에서 아담의 타락한 본성이 모든 인간에게 상속되어졌다는 것은 비교적 이해하기 쉽습니다. 왜냐하면, 아담의 부패한 본성이 모든 인류에게 영향을 주어 실제적으로 모든 인간이 죄를 짓고 있다는 것은 인간의 이성에 그렇게 반하는 것은 아니기 때문입니다. 아울러, 인간 사회에 편만한 죄는 아담의 타락한 본성이 자손에게 상속되었다는 것을 어느 정도 지지해 주고 있기 때문입니다.

그러나 자신이 직접 죄를 짓지 않았지만, 조상인 아담의 죄가 자신의 죄로 간주되어진다는 것은 분명 이성적으로 이해하기 힘든 문제입니다. 그러므로 인도자는 학습자들에게 제한된 인간의 이성으로 성경에 나타난 모든 것을 명확하게 다 이해할 수 있는 것은 아니라는 것을 주지시킬 필요가 있습니다. 삼위일체의 교리도 인간 이성으로는 이해하기 어려운 일종의 신비입니다. 그러나 성경이 이러한 진리를 가르치고 있으므로 우리는 믿음으로 받아들이는 것입니다.

인도자는 로마서 5장 18-19절에 나타나는 그리스도의 의의 전가라는 또 하나의 믿기지 않는 사실을 아담의 죄의 전가와 대조적으로 설명할 필요가 있습니다. 다시 말해서, 내가 하나님께 완벽하게 순종하지 않았음에도 불구하고 예수 그리스도를 믿으면, 그리스도의 완벽하신 순종이 나의 것으로 간주되고 내가 의롭다고 여김을 받는 그리스도의 의의 전가라는 하나님의 은혜를 강조할 필요가 있습니다. 아담의 죄의 전가와 그리스도의 의의 전가는 둘 다 이해하기 힘든 원리입니다. 그러나 성경은 이 두 가지 모두를 증언하며, 전자는 인간의 본질적인 문제를 제시하며, 후자는 이 문제에 대한 근본적인 해결책을 제공합니다.

(2) 로마서 3장 19-24절을 여러 번 읽어 보고 아래의 질문들에 답해 보십시오.

- 율법이 말하는 바(롬 3:19): 여기서 율법은 모세 율법을 의미하는 것이 아니라 구약성경을 의미합니다. 특히, 로마서 3장 10-18절에 나온 내용(구약에 나타나는 인간에 대한 고소)을 가리킵니다.[14] 율법은 광의의 의미로서 구약성경을 의미하기도 합니다(고전 14:21; 요 10:34; 15:25).
- 율법 아래에 있는 자들(롬 3:19): 여기서 율법은 모세 율법을 가리키며 율법 아래에 있는 자들은 유대인을 의미합니다.

---

14 Moo, *Romans*, 204-5; Osborne, *Romans*, 89; Cranfield, *Romans*, 105.

- 율법 외에(롬 3:21): 율법과 상관없이 즉 칭의가 율법으로 이루어질 수 없다는 뜻입니다.
- 속량(롬 3:24): "속량"은 그리스도 예수의 죽음이 죄의 형벌에 대한 몸값(배상금)의 역할을 했다는 것입니다.[15] 그러므로 예수님을 믿는 자들은 예수님께서 모든 죗값을 치르셨기 때문에, 죄의 형벌로부터, 죄의 권세(power)로부터 해방된 것입니다.[16]
- 값없이(롬 3:24): 공로나 선한 행위가 아닌 것을 의미합니다. 즉 "선물의 방식으로"의 의미를 지닙니다.
- 의롭다 함을 받음(justification, 칭의): 법정에서 재판관이 피고에게 판결을 선고하는 것처럼, 하나님께서 죄인인 인간에게 죄가 없으며 의롭다고 선언하는 것을 말합니다. 이 하나님의 선고에 의해서 죄인인 인간이 의롭다고 간주됩니다.

① 바울은 로마서 3장 10-18절(죄에 대해서 고소하는 내용)에 입각하여, 로마서 3장 19절의 전반부("우리가 알거니와 무릇 율법이 말하는 바는 율법 아래에 있는 자들에게 말하는 것이니")에서 유대인들이 죄인이라고 말하고 있습니다. 이어서 바울은 로마서 3장 19절의 후반부에서는 모든 인간도 죄인이라고 진술하고 있습니다.

왜 바울 사도는 유대인들을 죄인이라고 언급하면서 모든 사람도 죄가 있다고 합니까? 다시 말해, 본문에서 유대인이 기소되는데(롬 3:19 전반), 별안간 모든 인간이 기소(롬 3:19 후반)되는 논리의 비약이 일어납니까?

정답과 해설

로마서 1장 18절에서 3장 20절까지 내용에서 바울은 이방인은 물론 유대인도 모두 죄인이이라는 것을 증언하고 있습니다. 이에 대한 내용을 구체적으로 살펴보면 다음과 같습니다.

첫째, 이방인에 대한 기소(1:18-32)
둘째, 유대인에 대한 기소가 암시됨(2:1-16)
셋째, 유대인에 대한 명확한 기소(2:17-29)

---

15 Osborne, *Romans*, 96; Schreiner, *Romans*, 189-90; Moo, *Romans*, 229.
16 Moo, *Romans*, 229; Osborne, *Romans*, 96.

넷째, 하나님의 신실하심은 유대인에 대한 구원의 약속뿐만 아니라 죄를 짓는 유대인에 대한 심판을 포함(3:1-8)

다섯째, 모든 인간이 하나님 앞에서 유죄라는 것을 요약(3:9-20)

그러나 바울은 특히 유대인들을 부각시켜 비판하고 있습니다. 유대인들도 이방인들과 마찬가지로 죄인이며 하나님의 심판을 면할 수 없다는 것입니다. 율법을 소유하며 믿음의 조상들을 가지고 있는 하나님의 특별한 백성인 유대인마저 죄인이 될 수밖에 없는 상황이라면, 이방인들이 죄인이라는 것은 논의할 필요조차 없다는 것을 말합니다. 바울은 유대인들조차 죄인이라는 것을 부각시키고 있기에, 로마서 3장 19절에서 다음과 같이 진술합니다.

> 율법(구약성경을 의미함)이 말하는 바(구체적으로 롬 3:10-18을 지시함)는 율법(모세 율법을 의미함) 아래에 있는 자들(유대인들)에게 말하는 것이니(롬 3:19).

물론, 이 말씀이 이방인이 죄의 범주에서 제외된다는 뜻이 아닙니다. 이 말씀의 뜻은 구약성경이 일차적으로, 우선적으로 유대인들을 죄인이라고 규정한다는 것입니다. 결국 바울은 이방인들은 물론 유대인마저 죄인이라고 기소하는 것입니다. 그러므로 로마서 3장 19절 후반부의 내용(모두가 죄인)은 논리적입니다.

② 본문(롬 3:19-24)에서 "하나님의 의"(롬 3:21-22)와 비슷한 개념을 나타내는 단어를 찾아 보십시오(롬 3:20, 24을 참고). 찾은 그 단어를 바탕으로 "하나님의 의"가 무슨 뜻인지 당신의 말로 설명해 보십시오.

> 그리스도 예수 안에 있는 속량으로 말미암아 하나님의 은혜로 값없이 의롭다 하심을 얻은 자 되었느니라(롬 3:24).

정답과 해설

"하나님의 의"는 의인의 지위(의롭다 함)를 선언하시는 하나님의 행동이며, 인간의 측면에서는 하나님으로부터 의롭다고 선언받는 선물(의인의 신분)입니다.[17] 이 부분에 관해

---

[17] Moo, *Romans*, 73-5.

서는 다음 과에서 상세하게 다루어질 것입니다. 로마서 3장 21-24절에서, "하나님의 의"는 "의롭다 하심"(롬 3:20, 24)과 동일한 의미로 사용되고 있습니다.

③ 바울은 "율법의 행위로는 하나님 앞에서 의롭다 하심을 얻을 사람이 없다"(롬 3:20)고 말하고 있습니다.
그렇다면 모세 율법을 지켜서 의롭다 함을 받을 수는 없지만 다른 선한 행위나 수양을 쌓음으로 의롭다 함을 얻을 수 있을까요?
왜 행위로는 의롭다 함을 받을 수 없다고 생각합니까?(왕상 8:46; 갈 3:10; 약 2:10을 참고)

누구든지 온 율법을 지키다가 그 하나를 범하면 모두 범한 자가 되나니(약 2:10).

너희는 그 은혜에 의하여 믿음으로 말미암아 구원을 받았으니 이것은 너희에게서 난 것이 아니요 하나님의 선물이라. 행위에서 난 것이 아니니 이는 누구든지 자랑하지 못하게 함이라(엡 2:8-9).

정답과 해설

바울은 단순히 행위라고 말하지 않고 율법의 행위(모세 율법을 지키는 것)라고 말함으로써 유대인들을 부각시키고 있다는 것을 주지해야 합니다. 사실, 로마서 3장 9-20절에서 바울은 유대인뿐만 아니라 모든 인간을 고소(모든 인간이 죄인이다)하고 있으므로, 로마서 3장 20절에서 유대인과 이방인 모두를 포함하는 단어인 "행위"로 "의롭다고 인정받을 사람이 없다"라고 표현했다면 더 좋았을 것으로 보입니다.

하지만 바울은 특히 죄인으로서의 유대인들을 부각시킴으로 인해 "율법(모세 율법)의 행위"라고 표현한 것이기 때문에, 이러한 표현은 적절한 것입니다. 언약 백성으로서 온갖 혜택을 다 누린 유대인이 죄인이고 심판받을 수밖에 없다면, 이방인들은 당연히 죄인이고 심판받을 수밖에 없습니다. 비록 바울이 본문에서 "율법의 행위"로 표현하였지만, 사실상 모세 율법을 지키는 행위뿐만 아니라 그 어떤 행위로도 사람은 의롭다 하심을 받을 수 없습니다(롬 4:2-5; 엡 2:8-9을 참고). 행위로는 의롭다 함을 받을 수 없는 이유는 그 누구도 완벽한 행위를 할 수 없기 때문입니다(왕상 8:46; 갈 3:10; 약 2:10을 참고). 로마서 2장 13절에서 바울은 다음과 같이 증언합니다.

하나님 앞에서는 율법을 듣는 자가 의인이 아니요 오직 율법을 행하는 자라야 의롭다 하심을 얻으리니(롬 2:13).

그러나 로마서 1장 18절에서 3장 20절까지의 내용에 나타난 바와 같이, 그 누구도 죄인 아닌 사람이 없습니다. 즉, 율법을 완벽하게 지킨 사람은 아무도 없는 것입니다. 모두가 율법을 지키는 데 실패한 것입니다. 그러므로 누구도 행위로는 의롭다 함을 받지 못합니다. 결국, 바울은 의롭다 하심을 얻는 유일한 길은 믿음을 통한 것임을 이야기 합니다(롬 3:21-4:25).

④ 왜 칭의(하나님으로부터 의롭다고 여김을 받음)가 필요한지 당신의 말로 써 보십시오.

정답과 해설

칭의가 필요한 이유는 모든 인간이 하나님 앞에서 죄인이며 진노하시는 하나님의 심판 아래에 놓여있기 때문입니다. 아울러 그 누구도 행위로는 의롭다 하심을 받지 못하기 때문에 하나님의 은혜로 믿음을 통해 얻게 되는 칭의가 필요합니다. 이 칭의의 은혜가 인간이 가진 죄와 심판의 비극을 푸는 열쇠가 되는 것입니다. 인간이 아무리 선한 일을 하고, 공적을 쌓고, 수양을 하고, 정성을 들이더라도, 인간 스스로 하나님 앞에서 죄인이라는 낙인을 없앨 수가 없습니다. 오직 하나님께서 은혜로 우리의 죄를 없애 주시며, 의롭다고 여겨 주셔야 합니다. 칭의는 오직 하나님의 은혜입니다.

삶에 적용하기

(1) 행위로 구원을 받으려고 하는 생각, 태도, 행동을 율법주의라고 부릅니다. 당신의 삶 속에서 혹은 당신의 교회 속에서 있을 수 있는 율법주의적 태도를 극복하기 위해서 어떤 노력들을 기울여야 하는지 서로 토의해 보십시오.

해설

인도자는 율법주의는 상존(常存)하는 신앙의 적이라는 것을 학습자들에게 인식시켜야 합니다. 기독교인들의 성화가 부진하게 되면 어떤 식으로든 율법주의는 발현합니다. 기독교인들의 성화가 퇴보하고 있는 상황 속에서, 율법주의가 아니라 오히려 그리스도께서 십자가에서 흘리신 보혈의 은혜가 강조되어야 합니다. 그 은혜는 결코 값싼 은혜가 아니었으며, 성삼위 하나님의 제2위이신 성자 하나님께서 육신을 입으시고 모든 피를 흘리며 대가를 치른 은혜였음이 강조되어야 합니다.

진정으로 하나님의 은혜를 알고 받은 사람은 함부로 살지 않습니다(롬 6:1-4). 구원을 얻기 위해서 선행을 하는 것이 아니라, 구원을 받았으므로 선행을 한다는 것이 강조되어야 합니다(엡 2:10). 교회의 설교에서나 교육에서 항상 이 점이 부각되어야 합니다.

(2) 오늘 학습을 통해서 당신이 발견한 하나님의 은혜를 다른 사람들과 나누십시오. 또한, 당신이 깨달은 하나님의 은혜와 관련하여 당신의 삶에서 실천이 필요한 것을 적어 보고 나누어 봅시다.

(3) 이 시간 깨달은 하나님의 은혜와 관련해 하나님을 향한 기도문을 적어 보십시오.

해설

인도자가 학습자들로 하여금 각각 기도를 하나님께 직접 드리게 할 수도 있습니다. 인도자는 학습자들이 기록한 기도문을 서로 나누게 할 수도 있습니다.

요약과 정리

어떤 인간도 죄에서 자유롭지 못합니다. 그러므로 솔로몬은 다음과 같이 고백했습니다.

> 범죄하지 아니하는 사람이 없사오니 (왕상 8:46).

문제는 죄로 인해 그리스도 밖에 있는 모든 인간이 하나님의 심판을 받을 수밖에 없다는 것입니다. 왜냐하면, 하나님께서는 "악을 차마 보지 못하시며 패역을 차마 보지 못하시기"(합 1:13) 때문입니다. 인간의 행위나 그 어떤 공로도 인간을 하나님의 심판에서 벗어나 하나님과 화목하게 만들 수 없습니다. 하나님과의 화목을 위해서 칭의가 필요합니다(롬 5:1). 이 칭의는 하나님의 은혜로 믿음을 통해 받게 됩니다(롬 3:24-25).

제2과

"복음에는 하나님의 의가 나타나서"(롬 1:17): 하나님의 의

🔺 워밍업

"하나님의 의"(δικαιοσύνη θεοῦ, 디카이오쉬네 떼우)라는 개념은 바울이 말하는 복음과 그의 사상을 이해하는 데 있어서 어거스틴(서방 신학의 체계를 마련한 사람)으로부터 현대에 이르기까지 중요한 역할을 해왔습니다.[1] 그러므로 바울 사상의 핵심 주제인 "이신칭의"(오직 믿음으로 의롭다 함을 얻음)를 올바르게 이해하기 위해서는 먼저 "하나님의 의"의 개념을 파악할 필요가 있습니다. 특히, 로마서 1장 17절(롬 3:21; 10:3)에 나타나는 "하나님의 의"의 개념을 아는 것이 중요합니다. 왜냐하면, 로마서 1장 17절이 '복음'과 '하나님의 의'와 '믿음'이 중요한 상관 관계에 있음을 보여 주고 있기 때문입니다.[2]

하나님의 의와 복음은 무슨 관계일까요?
하나님의 의와 믿음은 무슨 관계일까요?
이 질문에 정확하게 대답하지 못한다면,
우리는 복음을 제대로 이해하지 못하고 있는 것입니다!
아울러 이신칭의의 의미를 제대로 알고 있지 못하는 것입니다!
그렇다면 로마서 1장 17절의 "하나님의 의"의 뜻은 무엇일까요?

---

[1] Moo, *Romans*, 70.
[2] "복음에는 하나님의 의가 나타나서 믿음으로 믿음에 이르게 하나니 기록된 바 오직 의인은 믿음으로 말미암아 살리라 함과 같으니라"(롬 1:17).

새관점 학파의 대표적 주창자인 톰 라이트(Tom Wright)는 "하나님의 의"를 하나님의 언약에 대한 신실함(언약을 신실히 지키는 것)으로 이해합니다.[3] 하나님의 의를 법정적인 의미에서 하나님께서 믿는 자에게 부여하시는 의롭다는 신분을 의미한다고 보는 학자들도 있습니다.[4] 한편, 하나님의 의를 구원하시는 하나님의 행동으로 이해하기도 합니다.[5] 한편으로 통합적인 견해를 주장하는 학자들도 있습니다. 이들은 하나님의 구원하시는 행동과 의롭다는 신분을 통합해서 "하나님의 의"를 이해하고 있습니다.[6]

● 새관점: 20세기 후반에 등장한 바울에 대한 새관점(the New Perspective on Paul)의 줄임말입니다. 새관점은 오직 믿음으로 말미암는 칭의에 대해서 반발하며, 마지막 심판에 있을 최종 칭의를 강조하면서, 신자가 믿은 후의 삶에 따라 최종 칭의를 받는다는 것을 역설하였습니다. 새관점은 최종 칭의에 있어서 행위가 일종의 조건임을 나타냄으로써, 그 어떤 행위도 칭의에서 배제하고자 하는 전통적인 이신칭의 교리에 도전하였습니다. 대표적인 학자로는 제임스 던(James Dunn)과 톰 라이트(Tom Wright) 등이 있습니다.

⟫⟫ 생각하기

(1) 이사야 46장 13절을 읽어 보십시오. "나의 의"와 병행(parallelism)을 이루면서 유사한 뜻을 나타내고 있는 단어를 찾아 보십시오(사 51:5-6을 참고).

---

3   N. T. Wright, 『톰 라이트 칭의를 말하다』, 최현만 역 (평택: 에클레시아북스, 2011), 84, 88, 131; N. T. Wright, *Romans, The New Interpreter's Bible Commentary*, vol. 9, ed. Leander Keck (Nashville: Abingdon, 2015), 321-6.
4   Cranfield, *Romans 1-8*, 95.
5   C. K. Barrett, *The Epistle to the Romans*, 2nd ed. *Black's New Testament Commentary* (Hendrickson: Peabody, 1991), 30을 보라. Barrett는 "하나님의 의"가 하나님이 행하시는 구원을 의미할 수 있다고 지적한다. 그러나 Barrett는 "하나님의 의"에 의의 신분, 하나님의 구원의 행위, 언약에 대한 하나님의 신실하심이 모두 포함되어 있다고 본다.
6   Moo, Romans, 73-5. Colin G. Kruse, *Paul's Letter to the Romans*, *The Pillar New Testament Commentary* (Grand Rapids: Eerdmans, 2012), 71도 "하나님의 의"에 대한 Moo와 동일한 견해를 피력하고 있다. 그에 따르면 "하나님의 의는 그분의 구원하시는 행동이다. 이 행동에 의해서 하나님께서 사람들을 하나님 자신과 올바른 관계로 이끄신다."

- 병행(parallelism): 병행이란 어떤 단어, 어구, 절과 문법 구조상 혹은 의미적으로 상응되는 다른 단어, 어구, 절을 의미합니다. 병행되는 단어나 구 등은 서로 유사하거나 대조적인 의미를 가집니다.
- 개역개정 성경은 "공의"(justice 정의)로 번역하고 있지만 "의"(righteousness)로 번역하는 것이 더 좋습니다. 개역한글 성경은 "의"로 제대로 번역하고 있습니다.
- "나의 의"는 하나님의 의를 말하고 있습니다.

정답과 해설

구원이 "의"와 병행을 이루면서 "의"와 유사한 뜻을 나타내고 있습니다. 이 본문에서 "하나님의 의"는 하나님의 구원하시는 행동입니다. "내가 나의 의를 가깝게 할 것인즉 그것이 멀지 아니하나니"와 "나의 구원이 지체하지 아니하나니"는 병행(竝行)을 이르면서 동일한 의미를 나타내고 있습니다.

- "하나님의 의"의 또 다른 의미: 시편 31편 1절을 보면, "주의 공의로 나를 건지소서"라는 말씀에서 "주의 공의"(하나님의 의)는 하나님의 구원하시는 행동이나 구원이 아닌 것이 분명합니다. 왜냐하면, 시편 기자는 "나를 건지소서"라고 구원을 간구하고 있기 때문입니다. 만약 본문에서 공의(의)를 하나님의 구원하시는 행동으로 이해하게 된다면, 그 의미는 "주의 구원하시는 행동으로 나를 구원하소서"의 의미가 되며, 필요 없는 의미의 중복이 됩니다.

여기서 "하나님의 의"는 하나님께서 구원하시는 행동의 근거가 되는 하나님의 언약적 신실함(하나님은 언약을 신실하게 지키신다)을 의미합니다.[7] 시편 기자는 자신의 신실한 백성을 안전하게 보호하시는 하나님의 언약에 근거하여(신 12:28과 33:29을 참고) 구원을 간구하고 있는 것입니다.

- 언약(covenant): 언약이란 맹세나 서약에 의해서 이루어지는 쌍방 간의 서로에 대한 헌신을 의미합니다. 이 언약은 약속이나 책임을 보증해 주는 역할을 합니다. 하나님과 인간 사이에 언약이 체결될 때, 언약의 조건(대개 인간의 행위나 믿음)이 충족되어야만 하나님의 약속이 이루어지는 경우도 있으며, 그 언약 조건의 충족 여부에 상관없이 하나님의 약속이 실현되는 경우도 있습니다.

---

[7] Moo, *Romans*, 82.

전자의 경우 출애굽기 19장 5-6절이 대표적인 사례입니다. 이스라엘 민족이 하나님의 언약 규정(조건)을 지켜야만 하나님 앞에서 제사장 나라와 거룩한 백성이 될 수 있는 것입니다. 후자의 경우는 창세기 12장 1-3절의 아브라함 언약이 대표적인 사례입니다. 아브라함이 큰 민족이 되며 그로 인해 만민이 복을 받을 것이라는 하나님의 약속은 어떤 경우에도 성취되는 것입니다.[8]

(2) 시편 97편 2절을 읽어 보십시오.
여기에 나타난 "의"는 "하나님의 의"를 말하고 있는데 이 "의"는 무엇을 의미합니까?

● 힌트: 시편 97편 전체에서 "하나님의 의"는 두 가지의 모습으로 나타납니다.

첫째, 시편 97편 3절과 7-8절을 읽어 보십시오. 여기에서 "하나님의 의"의 한 양상이 나타납니다. 그것은 바로 심판으로 구체화됩니다.
둘째, 시편 97편 10절을 읽어 보십시오. 여기에 "하나님의 의"가 의미하는 또 다른 양상이 나타납니다. 그것은 바로 구원으로 구체화됩니다.

정답과 해설
본문에서 "하나님의 의"는 하나님의 정의(공의, justice)를 의미합니다. 하나님께서는 언약을 지키는 사람(혹은 하나님의 신실한 백성)을 구원하시며, 언약을 지키지 않는 사람(혹은 악인)을 심판하십니다.
시편 97편 3절, 7-8절에서는 "하나님의 의"가 심판의 모습으로 나타나며, 시편 97편 10절에서는 "하나님의 의"가 구원의 모습으로 나타납니다("성도의 영혼을 보전하사"는 하나님께서 신실한 자들의 목숨을 지키신다는 의미이다). 구원과 심판 이 두 가지 개념을 포괄하고 있는 하나님의 의는 하나님의 정의를 의미하는 것입니다.

---

[8] G. L. Archer, "Covenant", *Evangelical Dictionary of Theology*, 299-301을 참고.

구약성경에서 하나님의 의(義)		
하나님의 구원하시는 행동	시 35:27-28; 98:2-3; 사 46:13	
하나님의 언약적 신실함	시 31:1	
하나님의 정의/공의	시 97:2	심판의 모습으로 구체화(시 97:3, 7-8)
		구원의 모습으로 구체화(시 97:10)

표1. 구약성경에서 하나님의 의(義)

〉〉〉〉〉 더 깊게 생각하기

(1) 로마서 1장 17-18절을 읽어 보십시오.

17절의 하나님의 의와 병행(문장 구조에서 서로 대응하는 단어나 구들로 유사한 의미나 대조적인 의미를 가진다)을 이루고 있는 단어를 18절에서 찾아 보십시오. 그 단어는 하나님의 행위를 표현하고 있습니다.

● 힌트: 18절의 "나타나다"의 주어를 주목하십시오.

● 보충 설명: 로마서 1장 17절의 "믿음으로 믿음에 이르게 하나니"의 의미

헬라어 원문을 글자 그대로 번역하면 "믿음으로부터 믿음으로"입니다. "오직 믿음으로"로 번역하면 좋습니다. ἐκ πίστεως εἰς πίστιν(엑 피스테오스 에이스 피스틴, 믿음으로부터 믿음으로)은 수사학적 표현으로 "믿음으로"를 강조하는 표현입니다.[9]

---

[9] Osborne, *Romans*, 43; Schreiner, *Romans*, 72; Cranfield, *Romans*, 1-8, 100; Moo, *Romans*, 76; Barrett, *Romans*, 31. NIV 2011은 "처음부터 끝까지 믿음으로 말미암는 의"라고 번역하고 있는데 이 주석가들의 해석과 맥을 같이하고 있다. "믿음으로부터 믿음으로"(ἐκ πίστεως εἰς πίστιν)에 대한 해석은 다양하다. 상이한 여러 해석에 관해서는 Moo, *Romans*, 76; Cranfield, *Romans* 1-8, 99-100을 참고하라. 대표적인 몇 가지 다른 해석을 예로 들어 보겠다. Calvin은 이 어구를 믿음의 성장의 관점에서 이해한다. 처음 믿음으로 "하나님의 의"를 받게 되고 믿음이 더욱 성장하여 "하나님의 의"를 더 잘 이해하고 더 친밀하게 경험하게 된다는 것이다. Calvin, 『로마서』, 박문재 역, (고양: 크리스챤다이제스트, 2013), 42. Dunn, *Romans 1-8*, 43-4는 "믿음으로부터"는 "하나님의 신실함"으로 "믿음에로"는 사람의 "믿음"을 의미하는 것으로 이해하고 있다. Wright는 "하나님의 의"를 "하나님의 언약적 신실함"으로 이해하면서, "믿음으로부터"는 "메시아 예수의 신실함에 기초하여"로 "믿음에로"는 "믿는 사람들을 위하여"로 해석하고 있다. Wright, 『톰 라이트 칭의를 말하다』, 243.

그러므로 로마서 1장 17절을 번역하면 다음과 같습니다. 즉, 복음에는 오직 믿음으로 말미암는 하나님의 의가 나타납니다. 이는 성경에 기록된 "의인은 믿음을 통해 살 것입니다"(합 2:4 후반부)라는 말과 꼭 같은 것입니다(각주를 보세요).[10]

❈ 정답과 해설

하나님의 진노입니다. 하나님의 진노는 심판으로서 일종의 행위입니다. 하나님의 진노는 로마서 1장 24-28절에서 구체적으로 나타납니다. 그러므로 하나님의 진노와 병행 관계에 있는 하나님의 의는 하나님의 행위를 나타내는 것으로 보입니다. 그렇다면 하나님의 의는 하나님의 구원하시는 행동으로 이해하는 것이 자연스럽습니다.[11] 하나님의 진노(롬 1:18)와 하나님의 의(롬 1:17)는 명확한 대조 관계 있다는 것을 주목해서 보십시오.

(2) 시편 98편 2-3절을 읽어 보십시오. 본문에서 하나님의 의와 동일한 의미를 나타내는 단어를 찾아 보십시오.

- 핵심 노트: 특히, 시편 98편 2절의 후반부("그의 의를 뭇 나라의 목전에서 명백히 나타내셨도다")는 로마서 1장 17절("복음에는 하나님의 의가 나타나서")과 유사한 문법 구조를 가지며, "하나님의 의"(롬 1:17)의 의미를 발견하는 유익을 주고 있습니다.
- 주의: 개역개정 성경에서 "공의"(justice, 시 98:2)로 번역 되었지만, 개역한글 성경의 "의"가 좀 더 바람직한 번역입니다.
- LXX(70인 역): LXX는 B.C. 3세기에서 1세기에 걸쳐 번역된 것으로, 히브리어 구약성경을 헬라어로 옮긴 것입니다.

---

[10] 하박국 2장 4절 후반부의 내용은 믿음을 통한 의로움 혹은 구원을 나타내는 것이다. 그런데 로마서 1장 17절의 "복음에는 오직 믿음으로 말미암는 하나님의 의가 나타난다"(a)와 "의인은 믿음을 통해 살 것입니다"(b)는 접속사 $\kappa\alpha\vartheta\omega\varsigma$(꼭 ~처럼)로 연결되어 있으므로, a와 b가 동일한 내용이라는 것이 문법적으로 나타나고 있는 것이다. 그렇다면 "하나님의 의"는 명백하게 하나님의 구원하시는 행동임이 드러나고 있다.

[11] Moo, *Romans*, 73.

정답과 해설

하나님의 구원이 하나님의 의와 동일한 의미로 쓰이고 있습니다. 이러한 점은 시편 98편 2절에서 "그의 구원"과 "그의 의"가 병행 관계에 있다는 것에서 명확히 드러납니다.

> 여호와께서 그의 구원을 알게 하시며 그의 공의(의)를 뭇 나라의 목전에서 명백히 나타내셨도다 그가 이스라엘의 집에 베푸신 인자와 성실을 기억하셨으므로 땅 끝까지 이르는 모든 것이 우리 하나님의 구원을 보았도다(시 98:2-3).

아울러 이러한 이해는, 시편 98편 3절의 "땅 끝까지 이르는 모든 것이 우리 하나님의 구원을 보았도다"는 말씀과 98편 2절의 "그의 의를 뭇 나라의 목전에서 명백히 나타내셨다"는 말씀이 유사한 의미를 나타내고 있다는 점에서도 드러납니다.

주목할 만한 것은, 시편 98편 2절의 "나타내셨다"는 동사(LXX 시 97:2)는 로마서 1장 17절의 동사와 동일한 동사입니다. 다만 LXX(헬라어 구약성경) 본문에서는 그 동사가 과거 능동형으로 나타나고, 로마서 1장 17절에서는 현재 수동형이 쓰이고 있습니다.

그렇다면 로마서 1장 17절("하나님의 의가 나타난다")과 시편 98편 2절("하나님의 의를 나타내셨다")은 밀접한 관계를 가지고 있는 것으로 보이며(네슬-알란트 그리스어 신약성경 28판 여백에는 시 98:2과 롬 1:17의 관계성이 적시되어 있다), "하나님의 의"(롬 1:17)는 시편 98편 2절에 나타난 "하나님의 의"의 의미와 비슷한 의미를 가지고 있다고 이해하는 것이 자연스럽습니다. 그러므로 로마서 1장 17절의 "하나님의 의"는 하나님의 구원하시는 행동으로 이해할 수 있습니다.

- 핵심 노트: 이상에서 우리는 "하나님의 의"(롬 1:17)가 하나님의 구원하시는 행동의 의미라는 것을 알게 되었습니다. 그런데 신약 본문을 좀 더 살펴보면 "하나님의 의"(롬 1:17)에는 또 다른 측면의 의미가 포함되어 있다는 것을 알 수 있습니다. 지금부터는 그 의미를 발견해 봅시다.

(3) 로마서 5장 17절("더욱 은혜와 의의 선물을 넘치게 받는 자들은 한 분 예수 그리스도를 통하여 생명 안에서 왕 노릇 하리로다")을 읽어 보십시오.
여기서 "의"는 어떻게 정의되고 있습니까?
여기서 "의"의 의미는 무엇입니까?(롬 5:18-19을 참고)

정답과 해설

본문에서 의는 "의의 선물"로 표현되고 있습니다. 즉 "의"가 하나님께로부터 오는 선물이라는 것입니다.

첫째, 로마서 5장 18절에서 "의"는 "의롭다 하심을 받는 것"으로 표현되고 있습니다.
둘째, 로마서 5장 19절에서는 "의"가 "의인"으로 표현됩니다.
셋째, 그러므로 로마서 5장 17절의 "의"는 하나님께서 믿는 자에게 제공하시는 "의로운 신분" 혹은 "의인의 신분"을 의미합니다.[12]

여기에서 "의"가 하나님의 정의나 하나님의 언약적 신실함은 아닙니다. 왜냐하면, 로마서 5장은 법정적 칭의(법정에서 재판관이 피고를 의롭다고 선언함)의 문맥이기 때문입니다(롬 5:1, 9, 16, 18, 19을 참고).

로마서 5장 17절에서 "의"는 "하나님의 의"라고 구체적으로 표현되지는 않았지만, 문맥을 보면 하나님께서 믿는 자에게 선물로 제공하시는 "의"이므로 "하나님의 의"와 같은 의미로 이해해도 무방합니다.

로마서 5장 17절의 "의"(하나님의 의)의 개념은 빌립보서 3장 9절에서도 나타납니다. 빌립보서 3장 9절을 보면, 바울이 소유하고 있는 "의"는 율법으로부터 오는 "의"가 아니라, 믿음을 통한 하나님으로부터 오는 "의"라는 것이 증언되고 있습니다. 즉 "의"는 하나님으로부터 받는 선물로서 의인의 지위입니다. 그러므로 "하나님의 의"(롬 1:17)가 내포하고 있는 또 하나의 의미는 하나님의 선물로서의 의인의 신분 혹은 의로운 신분이라고 말할 수 있습니다.

그런데 문제는 로마서 5장 17절("의")과 빌립보서 3장 9절("하나님으로부터 오는 의")에서 명확하게 "하나님의 의"라는 표현이 나타나지 않는다는 것입니다. 그러나 로마서 1장 17절의 "하나님의 의"에서 "하나님의"라는 어구는 하나님의 소유를 의미하는 것이 아닙니다. 이 어구는 원천의 의미(하나님으로부터 오는 혹은 하나님에 의해서 제공되는)를 나타냅니다. 그러므로 로마서 5장 17절의 "의"와 빌립보서 3장 9절의 "하나님으로부터 오는 의"는 로마서 1장 17절의 "하나님의 의"와 동일한 의미라고 볼 수 있습니다.

---

12 Moo, *Romans*, 73.

- **핵심 노트**: 이상에서 배운 내용을 종합하면, 로마서 1장 17절의 "하나님의 의"는 하나님의 구원하시는 행동이면서, 믿는 자가 선물로서 받게 되는 의인의 신분, 지위입니다. 하나님의 의의 의미를 풀어서 설명하자면, "하나님의 의"(롬 1:17)는 의롭다고 선언하시는 하나님의 구원의 행동이자 인간의 측면에서는 의롭다고 선언받는 선물입니다.[13]

- **루터가 이해한 하나님의 의**: 루터는 로마서 1장 17절에 나타나는 "하나님의 의"의 의미에 관해서 오랫동안 씨름했으며, 이 "하나님의 의"가 하나님께서 주시는 선물로서 의롭다 함을 받는다는 뜻이라는 것을 알게 되었을 때, 낙원이 열렸다고 고백했습니다. "하나님의 의"에 대한 오해는 복음에 대한 오해를 초래하기 마련입니다. 바울은 로마서 1장 17절에서 로마서의 주제인 이신칭의의 은혜를 선포하였습니다. 이 은혜를 제대로 알기 위해서 우리는 반드시 "하나님의 의"가 뜻하고 있는 바를 정확히 알아야 합니다.

루터(1483-1546)의 "하나님의 의"(롬 1:17)의 이해에 대한 발전 과정은 이렇습니다. 루터가 "하나님의 의"를 하나님의 정의로서 죄에 대해서 심판하시는 의로 이해하였을 때, 하나님께 화가 났으며 하나님을 미워하기까지 했다고 합니다. 그러나 그가 하나님의 의에 관해 새롭게 이해하게 되었을 때, 그 새로운 이해가 그를 낙원으로 인도했다고 그의 말년에 술회하고 있습니다. 즉 1545년 루터의 라틴어 전집 서문에서 루터는 "하나님의 의"(롬 1:17)에 관해서 다음과 같이 이야기하고 있습니다.

> 한편 나는 그 해에(1519년) 시편을 새롭게 해석하는 일로 돌아갔다. 대학에서 로마서, 갈라디아서, 히브리서를 강의한 후에 내가 더욱 숙련되었다는 사실에 확신을 가졌다. 나는 로마서의 바울을 이해하고자 하는 대단한 열망에 사로잡혀 있었다. 그러나 그때까지 계속 내게 걸림돌이 되었던 것은 차가운 피(냉담)가 아니라 로마서 1장 17절의 한 단어(문장)였다. 즉 '그것(복음)에는 하나님의 의가 드러난다'는 문장이 문제였다. 왜냐하면, 나는 '하나님의 의'라는 단어를 싫어했기 때문이다. 이 단어를 모든 교사의 사용법과 관습에 따라, 나는 철학적으로, 즉 이른바 형식적 혹은 능동적 의에 관한 것으로, 이해하도록 배웠었다.
>
> 이러한 의로 하나님은 의로우시며 불의한 죄인들을 심판하신다. 나는 흠잡을 데 없는 수도사로 살았지만 나는 하나님 앞에서 아주 불안한 양심을 가진 죄인이라고 느끼고 있

---

[13] Moo, *Romans*, 73-5.

었다. 나는 어떤 방법으로든 하나님의 진노를 누그러뜨릴 수 있다는 것을 믿을 수 없었다. 나는 죄인들을 처벌하시는 의로운 하나님을 사랑하지 않았다. 그랬다. 나는 이 하나님을 싫어했다. 아울러 은밀하게, 신성모독까지는 아니라할지라도 분명하게, 몹시 투덜대면서 하나님께 화가 나 있었으며 다음과 같이 말했다.

즉 '원죄를 통해서 영원히 저주받은, 비참한 죄인이 십계명의 법에 의해서 모든 종류의 재앙으로 으깨지는 것조차도 충분하지 않은 것처럼, 하나님은 그의 의와 진노로 우리를 위협하시는 복음에 의해서 고통을 더욱 증대시키기까지 하시는구나'라고 말했다. 이렇게 나는 격렬하고 불안한 양심으로 대단히 화가 나 있었다. 그럼에도 불구하고 바울이 무엇을 원하고 있었는가(의미하는 바)를 알기를 열망하면서, 그 구절(롬 1:17)에서 끈질기게 바울을 두드려댔다. 마침내, 하나님의 자비에 의해서, 주야로 묵상하다가, 그 단어들의 문맥에 주의를 기울이게 되었다. 즉 '복음에는 하나님의 의가 드러난다. 기록된 바 믿음을 통해 의로운 사람은 살리라'는 문맥 말이다.

(이 문맥을 통해서) 나는 하나님의 의가 하나님의 선물에 의해서, 즉 믿음으로 의인이 살게 되는 그런 의로 이해하기 시작했다. 그리고 이것이 바로 그 의미이다. 즉 하나님의 의는 복음에 의해서 드러난다. <u>다시 말해 하나님의 의는 자비로우신 하나님께서 믿음으로 우리를 의롭다 하시는 수동적 의인 것이다.</u> 이것은 믿음으로 의로운 자는 살 것이라는 말과 꼭 같은 것이다. 여기서 나는 완전히 새롭게 태어나, 열린 대문을 통과해 낙원으로 들어갔다는 것을 느꼈다.[14]

✒ 삶에 적용하기

(1) 하나님은 심판하시는 하나님(공의의 하나님)이면서 동시에 구원하시는 하나님(사랑의 하나님)입니다.
이러한 두 측면의 하나님의 모습은 당신의 신앙 생활에 어떤 영향을 끼칩니까?
하나님의 사랑과 공의를 생각할 때 이번 주 동안에 변화가 필요한 당신의 삶의 영역은 무엇입니까?

---

14 Luther, *LW* 34:336-7. LW는 Luther's Works의 약자로, 미국 Concordia Publishing House에서 루터의 라틴어 전집을 영어로 번역 출간 중인 전집의 표제이다. 강조는 필자의 것이다.

해설

하나님은 심판하시는 하나님이면서 구원하시는 하나님입니다. 우리는 이 두 측면을 균형적으로 바라 볼 수 있어야 합니다. 공의(justice)의 하나님만 알게 된다면 하나님은 무서운 분이십니다. 하나님을 우리의 일거수일투족을 감시하고 채찍질하는 분으로 이해하게 된다면 신앙 생활은 결코 기쁘지 않을 것입니다. 한편, 사랑의 하나님만 알게 된다면, 마치 하나님이 손자의 모든 응석을 받아 주고 귀여워하시는 수염이 길게 달린 할아버지 정도로 생각될 수 있습니다.

어린 손자들은 버릇없이 할아버지의 수염을 잡아당기기도 합니다. 그래도 할아버지는 껄껄껄 웃으시면서 흡족해 하십니다. 그러나 하나님은 내가 뭘 해도 눈 감아 주시는 할아버지에 비유될 수는 없습니다. 하나님은 죄에 대해서 철저히 미워하시는 분임을 알아야 합니다.

우리는 우리의 신앙 생활에서 우리의 모든 죄를 용서해 주신 하나님으로 인해서 기뻐하고 그분을 찬송해야 합니다. 그러나 모든 죄의 용서가 우리가 아무렇게 살아도 된다는 것을 의미하지는 않습니다.

죄는 하나님께 가증스러운 것이기 때문에 우리는 죄를 미워해야 합니다. 하나님의 자녀로서 하나님을 기쁘시게 해야 합니다(엡 5:8-10). 우리의 신앙 생활에서 우리는 자주 십자가에 달리신 그리스도를 묵상할 필요가 있습니다. 우리는 십자가에서 모든 죄에 대해서 심판하시는 하나님을 만납니다. 동시에 우리는 그리스도께서 우리를 위해서 흘리신 피로 인해 우리를 구원하시는 하나님을 만나는 것입니다. 하나님의 공의와 사랑이 만나는 십자가는 하나님의 성품을 잘 묘사해 주고 있습니다.

(2) 오늘 학습을 통해서 당신이 발견한 하나님의 은혜를 다른 사람들과 나누십시오. 또한, 당신이 깨달은 하나님의 은혜와 관련하여 당신의 삶에서 실천이 필요한 것을 적어 보고 나누어 봅시다.

(3) 이 시간 깨달은 하나님의 은혜와 관련하여 하나님을 향한 기도문을 적어 보십시오.

해설

인도자가 학습자들로 하여금 각각 기도를 하나님께 직접 드리게 할 수도 있습니다. 인도자는 학습자들이 기록한 기도문을 서로 나누게 할 수도 있습니다.

요약과 정리

"하나님의 의"(롬 1:17)는 의롭다고 선언하시는 하나님의 구원의 행동이며, 인간의 측면에서는 의롭다고 선언받는 선물입니다. 로마서 1장 17절이 증언하고 있는 것처럼, 이 하나님의 의는 오직 믿음을 통해서 얻게 되는 것입니다. 사람의 공로나 노력이나 선한 행위가 하나님의 의를 받게 하는 것이 아닙니다.

복음이 은혜의 기쁜 소식인 것은 바로 이 "하나님의 의"가 복음에 나타나기 때문입니다. 은혜를 은혜로 아는 것이 은혜의 시작입니다. 한때 은혜를 은혜로 제대로 알지 못했던 루터는 하나님을 원망하거나 미워하기까지 한 적이 있었습니다. 그러나 루터가 은혜를 은혜로 바로 알게 되었을 때 그는 천국을 경험하였습니다.

제3과

"아브람이 여호와를 믿으니 여호와께서 이를 그의 의로 여기시고"
(창 15:6)

● 구약성경이 말하는 의(righteousness): 구약성경에서 "의"(체데크, 체다카)는 기본적으로 "기준"에 부합하다는 의미입니다.

첫째, 도덕적 의미에서 "의"는 하나님의 말씀의 기준에 대한 일치를 의미합니다 (신 24:13; 삼상 24:17; 욥 29:12-15).[1]

둘째, 법정적 의미에서 "의"는 법정에서 재판관이 피고를 의롭다고 선언하는 것입니다 (출 23:7; 신 25:1).

셋째, 언약적 의미에서 "의"는 하나님과 이스라엘 민족의 언약 관계에서 그 의미가 파생하는 것입니다. 이스라엘이 하나님께 순종하는 것, 구체적으로 하나님의 율법에 순종하는 것이 "의"가 되는 것입니다(신 6:25; 시 1:1-6 등).[2] 언약적 "의"는 하나님께도 적용되는데, 하나님께서 언약 백성인 이스라엘을 구원하시는 행동이 하나님의 측면에서 "의가" 되는 것입니다(사 46:13; 51:5-6; 시 35:28).[3] 아울러, 하나님께서 언약을 지키지 않는 이스라엘에 대해서 심판하시는 행위도 하나님의 측면에서 "의"가 됩니다(대하 12:5-6; 느 9:32-33).[4]

---

1 R. Laird Harris, et al., *Theological Wordbook of the Old Testament* (Chicago: Moody Press, 1980), 753. 이하 *TWOT*로 표기한다. "의"가 도덕적인 의미(하나님의 기준에서 옳고 그름의 개념)로 사용될 때, 모세 율법을 받은 이스라엘의 경우는 그 도덕적 기준이 모세 율법으로 보이며(신 24:13; 말 3:18), 이방인의 경우는 하나님께서 모든 사람의 마음에 심어 놓은 보편적 도덕 규범(창 18:16-33; 욥 4:17; 40:8)으로 보인다. 왜냐하면, 이방인은 모세 율법을 받지 않았기 때문이다. "의"의 도덕적 의미와 관련하여 분명한 것은 그 기준은 하나님께서 정하신 마땅한 것이라는 점이다.

2 Harris, et al., *Theological Wordbook of the Old Testament*, 754.

3 Harris, et al., *Theological Wordbook of the Old Testament*, 754 참고.

4 Harris, et al., *Theological Wordbook of the Old Testament*, 754 참고. 열거한 성경의 예들은 Schreiner, *Romans*, 155 참고.

이상에서 "의"와 관련된 단어들의 의미를 살펴보았는데, 중요한 것은 "의"의 기본적 의미인 하나님께서 정하신 도덕 규범(기준)에 부합하는 행동이 "의"의 다른 두 가지 의미와 밀접히 관련되어 있다는 것입니다.[5] "의"의 세 가지 의미는 하나님의 도덕 기준(옳고 그름의 기준)이라는 관점에서 이해하는 것이 타당합니다.

"의"의 법정적 의미도 하나님의 도덕 규범(옳고 그름의 기준)에 바탕을 두고 있습니다. 재판관은 피고의 정확한 상태에 따라(하나님의 도덕 기준을 충족시켰느냐에 따라) 피고를 "의인"인지 혹은 "악인"인지 선언하도록 요구받고 있습니다(출 23:7; 사 5:23; 잠 17:15; 18:5). 즉, 재판관은 하나님이 판결하실 방식대로 정확하게 판결해야 합니다.[6]

"의"의 언약적 의미도 하나님의 도덕 규범(옳고 그름의 기준)에 관련되어 있습니다. 이스라엘이 하나님의 언약의 법을 충실히 지키는 것이 "의"로 정의된다면, 이 하나님의 법은 하나님의 도덕 기준(옳고 그름의 기준)입니다. 그러므로 언약적인 "의"도 하나님의 도덕 기준을 충족시키는 여부에 달려 있습니다. 하나님의 측면에서의 "의"가 구원의 행동 혹은 심판의 행동으로 드러난다면, 이러한 "의"의 행동들은 이스라엘을 향한 하나님의 언약에 대한 헌신에서 나옵니다.

그런데, 이러한 하나님의 언약에 대한 헌신도 본질적으로 하나님의 도덕 기준(옳고 그름의 기준)과 관계되어 있습니다(신 11:26-28; 30:15-20을 참고). 하나님께서 고난이나 난국에 처한 이스라엘을 구원하신다면 그것은 언약을 따른 것이며, 하나님의 도덕 기준(옳고 그름의 기준)에 맞는 것입니다. 아울러 하나님께서 하나님의 법을 어기고 불순종하는 이스라엘을 심판하신다면 그것은 언약에 일치하는 것이며, 하나님의 도덕 기준(옳고 그름의 기준)에 부합합니다.

그러므로 구약과 신약에서의 "의"를 도덕적 관점에서 "마땅히 해야 할 바"로 정의하며, 이 "마땅히 해야 할 바"를 행하는 이를 "의인" 혹은 "의롭다"라고 간명하게 정의한 웨스터홈(Westerholm)의 이해는 아주 적절합니다.[7]

---

[5] Hak Hyun Chang, "A Study on the Meaning of Righteousness in the Old Testament", *Hapshin Theological Review* 5 (2016), 9-35을 참고.

[6] Stephen Westerholm, *Justification Reconsidered: Rethinking a Pauline Theme* (Eerdmans: Grand Rapids, 2013), 63-4을 참고.

[7] Stephen Westerholm, *Justification Reconsidered: Rethinking a Pauline Theme*, 58-73.

구약성경에서의 의(righteousness)			
도덕적 의미	하나님의 말씀 기준에 대한 일치(일치하는 행동): 신 24:13; 삼상 24:17		
법정적 의미	재판관이 피고를 의롭다고 선언함: 출 23:7; 신 25:1		
언약적 의미	언약 관계에 충실한 행동	인간의 측면	율법에 순종함: 신 6:25; 시 1:1-6
		하나님의 측면	하나님의 구원하시는 행동: 사 46:13; 51:5-6
			하나님의 심판하시는 행동: 대하 12:5-6; 느 9:32-33

표2. 구약성경에서의 의(義)

"의"에 대한 도덕적 이해와 관련하여 반드시 짚고 넘어가야 할 문제가 있습니다. 어떤 사람이 하나님의 도덕 기준에 부합할 때만 그 사람이 법정적으로 의롭게 선포되어야 하며, 이 원칙이 지켜지지 못하는 것이 죄라면(출 23:7; 사 5:23; 잠 17:15; 18:5), 하나님께서 어떻게 그 도덕 기준(옳고 그름의 기준)을 충족시키지 못한 사람을 의롭다고 선언하실 수 있는가 하는 문제입니다. 만약 하나님께서 그분의 옳고 그름의 기준을 어긴 사람을 의롭다고 선언하시게 되면, 그분이 스스로 악을 행하는 것이 됩니다. 창세기 15장 6절에서 이 문제가 실질적으로 대두됩니다. 아브라함은 의롭지 않았지만 하나님께서는 그를 의롭다고 여겨주셨습니다.[8]

그렇다면 하나님께서 스스로 악을 행한 것입니까?

절대적으로 거룩하고 선하신 하나님은 악을 행할 수 없으시므로, 우리는 다른 각도에서 이 문제를 살펴보아야 합니다. 하나님께서는 오직 하나님의 법이 충족되고 죄인이 "의"를 가지고 있어야만 그 사람을 의롭다고 선언하실 수 있습니다.[9] 죄인임에도 불구하고 의인으로 선포되는 모순은 결국 다른 이의 "의"가 이 죄인에게 돌려질 때 해결될 수 있습니다. 바로 "의의 전가" 개념이 이 모순을 해결합니다. 이 다른 이의 "의"에서, 다른 이의 정체는 계시가 충만하게 드러나는 신약에 오면 명확해집니다. 다음과 같은 글에서 우리는 이분의 정체가 예수님임을 정확히 확인할 수 있습니다.

> 하나님께서는 예수님의 완벽한 순종을 근거로 이것(죄인을 의롭다고 선언함)을 행하실 수 있다.[10]

---

[8] 바울은 로마서 4장 1-5절에서 아브라함을 설명하면서 아브라함은 하나님 앞에서 자랑할 것이 없었으며 (4:2), "경건하지 아니한 자"(4:5)였으나 믿음을 통해 의롭다 함을 받았다고 이야기한다.

[9] Edward J. Young, *The Book of Isaiah* (Eerdmans: Grand Rapids, 1965), 1:222.

[10] Edward J. Young, *The Book of Isaiah*, 1:222.

🔼 워밍업

"우리가 어떻게 의롭다 함을 받습니까?"

교회에 출석하고 있는 사람들 중에 이처럼 물으면 거의 모든 사람은 "믿음으로 의롭다 함을 받습니다"라고 대답합니다.

"구약 시대에 사람들은 어떻게 의롭다 함을 받았습니까?"

그런데 만약 이렇게 질문을 하면 어떤 사람은 율법을 지키고 제사를 드림으로써 의롭다 함을 받았다고 대답을 합니다. 이들은 구약 시대와 신약 시대에 있어서 하나님의 구원 방법이 다르다고 생각하기 때문에, 그런 대답을 합니다. 이 시간에는 구약 시대에 사람들은 어떻게 의롭다 함을 받았는지에 관해서 알아보고자 합니다. 우선 성경의 맨 처음 책인 창세기 본문을 통해서 알아보도록 합시다.

사도 바울은 로마서에서 믿음으로 의롭다 함을 받는 성경의 대전제를 증명하기 위해서 아브라함을 예로 들고 있습니다. 로마서 4장 3절에서 바울은 다음과 같이 말하고 있습니다.

> 성경이 무엇을 말하느냐 아브라함이 하나님을 믿으매 그것이 그에게 의로 여겨진 바 되었느니라 (롬 4:3).

이 성경 말씀은 창세기 15장 6절 말씀을 바울이 인용한 것입니다.

≫ 생각하기

아브라함이 여호와를 믿으니 여호와께서 이를 그의 의로 여기시고(창 15:6).

(1) 본문에서 중요하다고 생각되는 단어들을 나열해 보십시오.

정답과 해설

본문을 이해하기 위한 핵심 단어는 다음과 같습니다.

첫째, "여호와"
둘째, "믿으니"
셋째, "이"
넷째, "의"
다섯째, "여기시고"

핵심 단어에 관한 설명은 다음과 같습니다.

첫째, "여호와"는 의롭다 함의 주체인 동시에 믿음의 대상입니다.
둘째, "믿음"은 의롭다 함을 받는 것의 방편이므로 핵심 단어입니다.
셋째, "이"는 "여기시고"의 목적어 역할을 하고 있습니다. 대명사 "이"에 대한 정확한 이해가 "믿음"과 "의"에 대한 상관 관계를 파악하는 데 중요합니다.
넷째, "의"는 칭의를 이해하기 위해서 반드시 알아야 하는 단어입니다. 이 "의"가 윤리적 의를 말하는 것인지, 아니면 법적인 의를 말하는 것인지 제대로 파악해야 합니다.
다섯째, "여기시고"는 우리가 흔히 알고 있는 "전가하다"의 의미입니다. "여기시고"는 이신칭의를 온전히 파악하기 위해서 반드시 파악해야 하는 동사입니다.

(2) 왜 당신은 그와 같은 단어를 나열했는지 그 이유를 말해 보십시오. 아울러 당신이 택한 단어들의 의미가 무엇인지 말해 보십시오.

정답과 해설

이 질문을 통해서 인도자는 학습자가 이신칭의에 대한 이해가 어느 정도인지 파악할 수 있습니다. 그러므로 모든 학습자가 이 질문에 답하도록 이끌어야 합니다. 학습자들이 생각하는 단어의 의미들을 다른 사람들과 나눌 때, 인도자는 학습자가 새롭게 배워야 하거나 그들의 답변에서 수정해야 할 내용이 무엇인지 꼼꼼히 체크해서 "깊게 생각하기"에서 다루어야 합니다.

(3) 당신이 선택한 단어들과 그 의미에 따라 창세기 15장 6절이 의미하는 바가 무엇인지 말해 보십시오.

정답과 해설

이 질문은 각 학습자로부터 정답을 듣기 위한 것은 아닙니다. 이 문제는 좀 더 깊은 탐구를 위해서 임시적으로 각자가 깨닫고 있는 의미를 종합해 보는 데 그 목적이 있는 것입니다.

〉〉〉〉〉 더 깊게 생각하기

(1) "아브라함이 여호와를 믿었다"는 것이 의미하는 바는 구체적으로 무엇입니까?
(창 15:5을 참고)

정답과 해설

이것에 대한 해답은 창세기 15장 5절에 나옵니다. 즉 아브라함이 무수한 자손에 대한 하나님의 약속을 신뢰했다는 것입니다. 이미 80대의 나이에 이른 아브라함에게 자손에 대한 약속은 사실상 터무니없는 약속입니다. 그럼에도 불구하고 아브라함은 하나님의 약속을 신뢰하였습니다.

이것은 단순히 약속에 대한 신뢰를 넘어서 하나님을 인격적으로 신뢰한 것입니다. 창세기 15장 5절은 단순히 자손의 약속만 선포되고 있지만, 이 약속을 이해할 때 우리는 하나님께서 아브라함에게 주신 다른 모든 약속과 연관해서 이해해야 합니다. 창세기를 보면 하나님의 약속은 여러 번 반복됩니다(자손의 약속: 창 12:2; 13:16; 15:5; 17:4-6, 16-20; 18:18; 22:17, 가나안 땅: 창 12:7; 13:14-17; 15:7, 18-21; 17:8, 모든 족속이 아브라함과 그 자손을 통해 복을 받을 것이다: 창 12:3; 18:18; 22:18).

여기서 인도자가 반드시 언급해야 하는 중요한 점이 있습니다. 아브라함이 하나님의 약속을 신뢰한 것에는 오실 메시아에 대한 믿음도 포함되어 있다는 것입니다. 하나님의 약속에는 "모든 족속이 그(의 자손: 결국 메시아 예수)로 인해 복을 받을 것"(창 12:3; 18:18; 22:18)이라는 약속이 내포되어 있습니다. 신약의 관점에서 보면, 이것은 메시아 예수님으로 인해 주어지는 복(칭의의 복, 의롭다 함을 받는 복)입니다(갈 3:8, 14). 그러므로 신약성경의 관점에서 볼 때, 아브라함은 오실 예수 그리스도에 대한 믿음도 가졌다고 이해할 수 있습니다.

(2) 본문에서 대명사 "이"는 무엇이라고 생각합니까?

정답과 해설

히브리어 원문에서 이 대명사는 여성 대명사형 접미사로 나타나고 있습니다. 그런데 구체적으로 이 대명사가 대신해야 할 명사는 나타나지 않습니다. 그러나 문맥을 보면, 거의 틀림없이 "아브라함이 하나님을 믿었다"는 것을 가리키고 있습니다. 즉, 이 대명사는 동사적 행위(아브라함이 하나님을 믿었다)를 대신 받아 주고 있습니다.

그런데 왜 하필 여성형 대명사가 사용되었을까요?

이 점은 히브리어 명사 "에무나"(אֱמוּנָה:신실함 혹은 믿음으로 번역됨)와 관련되어 있습니다. 히브리어에서 "에무나"는 여성형 명사입니다. 그러므로 창세기 기자는 여성 대명사형 접미사인 "ה"(하)를 사용하여 "에무나"(믿음)의 의미를 나타내고자 한 것으로 보입니다(O. Palmer Robertson, *The Books of Nahum, Habakkuk, and Zephaniah*, 179을 참고). 인도자는 문맥에서 학습자들이 "믿음"이라는 정답을 얻도록 도와야 합니다.

(3) "이를 그의 의로 여기시고"에서 "이"(믿음)가 의로 여겨졌다는 것은 "믿음"이 결국 의라는 것을 말하는 것입니까?

정답과 해설

이 질문은 대단히 중요합니다. "믿음이 의로 여겨졌다"라는 말은 표면적으로 "믿음=의"(righteousness)라는 도식 관계로 보입니다. 혹은 믿음이 의로움으로 여겨지는 데 공헌했다는 의미로 보입니다. 그렇다면 "의"를 얻는 데 있어서 믿음이 공로로서 작용을 했다는 의미가 됩니다. 이러한 결론은 아브라함 자신에게 있는 믿음이 의로움이 된다는 것입니다. 결국, 아브라함 안에 의로움이 있는 것이며, 의로움의 근거는 아브라함에게 있는 것이 되고 맙니다.

그러나 칭의(의롭다 함을 받는다)에 대한 성경의 대답은 인간에게 칭의의 원인이 있다는 것을 말하고 있지 않습니다. 인간의 믿음조차도 칭의에 공헌하거나 칭의의 원인이 아닙니다. 칭의의 원인 혹은 근거는 오직 하나님의 은혜에 있습니다(롬 3:21-31; 엡 2:8-9). 믿음은 하나님이 은혜로 주시는 칭의를 받는 통로(방편)일 뿐입니다. 인도자는 믿음이 칭의를 얻는 공로의 역할을 하는 것이 아니라는 것을 분명히 주지시켜야 합니다. 믿음은 하나님의 은혜에 대한 인간의 반응이라는 것이 분명히 인식되어야 합니다.

위의 질문은 (4)의 질문으로 연결되는 질문입니다. 그러므로 인도자는 다음 질문에서 이에 대한 문제를 충분히 다루도록 해야 합니다. 위의 질문에서 중요한 것은 학습자들이 믿음에 관해서 어떤 관점을 가지고 있는지 알아보는 것입니다.

(4) "이"(믿음)="의"가 될 때 어떤 문제가 발생한다고 생각합니까?
당신은 왜 그것을 문제라고 생각하십니까?

정답과 해설

믿음이 곧 의가 되면 의의 원인은 우리에게 있는 것이 됩니다. 그러나 앞의 질문에서 해설한 것처럼, 성경은 의의 원인이 우리에게 있다고 말하지 않습니다. 인간이 의롭게 되는 것은 오직 하나님의 은혜입니다. 그러므로 인도자는 믿음과 칭의의 관계에 관해서 충분한 설명을 해야 합니다. 인도자는 앞서 제시된 성경 본문(롬 3:21-31; 엡 2:8-9)들을 가지고 학습자들과 토론을 할 필요가 있습니다.

중요한 것은 위의 본문들이 구원과 칭의는 오직 은혜라는 것을 강조하고 있으며, 믿음은 이러한 하나님의 은혜를 얻는 통로라는 것입니다. 창세기 15장 6절에서의 "의"는 칭의(의롭다고 선언받는 것, 의롭다고 여김을 받는 것)를 의미합니다. 즉, 창세기 15장 6절의 "의"는 하나님으로부터 받은 "의인"의 신분 혹은 지위입니다("법정적 의"의 의미입니다).

(5) "여겨졌다"는 것은 대체 무슨 뜻이라고 생각하십니까?(창 31:15; 레 7:18; 민 18:27을 참고)

● 전가(imputation, 여김): 신학적으로 전가는 두 종류가 있습니다.

첫째, 의의 전가
둘째, 죄의 전가

의의 전가는 우리에게 의가 없음에도 불구하고, 우리의 믿음을 통해 그리스도께서 하나님께 완벽하게 행하신 순종이 우리의 것으로 여겨지는 것을 말합니다(롬 4:6). 죄의 전가는 그리스도께서 아무런 죄를 짓지 않으셨지만, 하나님께서 우리의 죄가 그에게 속하는 것으로 여기신 것을 말합니다(고후 5:21). 이 두 전가는 이중 전가(double imputation)로 명명되고 있습니다.

🌸 정답과 해설

"여겨졌다"는 히브리어로 "하샤브"인데, 이 의미는 여기다, 간주하다의 의미입니다. 신약에서는 "로기조마이"로 표현되는데, 바울은 이 헬라어 단어를 "의의 전가"를 드러내기 위해서 사용합니다(롬 4장 참고). 여기서는 신약을 굳이 언급할 필요는 없습니다. 다만 여기서 중요한 것은 "여기다"라는 동사가 실제 상황이나 모습을 나타내는 것인지, 아니면 실제 상황이나 모습은 그렇지 않음에도 불구하고 그렇게 여기는 것인지를 파악하는 것이 중요합니다. 인도자는 "여기다"라는 동사의 의미를 드러내기 위해서 구약성경의 세 본문을 제시하고 학습자들과 토론할 필요가 있습니다. 이 세 본문은, "여기다"라는 동사는 어떤 대상이 실제로는 그렇지 않은데 그런 존재나 대상으로 간주한다는 뜻임을 드러내고 있습니다.[11]

첫째, 창세기 31장 15절은 아버지(라반)가 두 딸 라헬과 레아를, 실제로는 딸이지만, 외국인처럼 여긴다(하샤브)는 의미를 드러냅니다.

둘째, 민수기 18장 27절은 하나님께서 레위인의 십일조를 실제로는 그것이 곡물과 포도즙 틀에서 드리는 즙은 아니지만 그런 것으로 간주한다(하샤브)는 의미를 나타냅니다.

셋째, 레위기 7장 18절에서는 어떤 사람이 화목제물의 고기를 바쳤다가 만약 제3일이 된 날에도 그 고기를 먹게 되면, 그 화목제물이 제물의 효용이 있는 것으로 간주되지(하샤브) 않는다는 내용이 나옵니다. 즉, 바친 제물이 실제 화목제물이지만, 화목제물이 아닌 것으로 간주된다는 것입니다.[12]

그러므로 창세기 15장 6절이 의미하는 것은 다음과 같습니다. 즉, 아브라함이 의인이 아님에도 불구하고 하나님께 의인으로 여김받았다는 것입니다. 다시 말해서, 하나님께서 아브라함에게 본질적으로 속하지 않는 의를 아브라함에게 돌리다(속하는 것으로 간주하다)의 뜻입니다.[13]

---

11 O. Palmer Robertson, "Genesis 15:6: New Covenant Expositions of an Old Covenant Text", *The Westminster Theological Journal* vol. 42, no. 2 (spring 1980), 265-6.

12 Robertson, "Genesis 15:6: New Covenant Expositions of an Old Covenant Text", 265-6.

13 Robertson, "Genesis 15:6: New Covenant Expositions of an Old Covenant Text", 265-6; Kenneth A. Matthews, *Genesis 11:27-50:26, The New American Commentary* (Nashville: Broadman & Holman, 2005), 168; Moo, *Romans*, 262; Schreiner, *Romans*, 215; D. A. Carson, "The Vindication of Imputation." *What's at Stake in the Current Debates*, ed. Mark Husbands and Daniel J. Treier (Downers Grove: IVP, 2004), 46-78.

그렇다면 창세기 15장 6절에서 아브라함은 죄인임에도 불구하고 순전히 하나님의 은혜로 의롭다고 선언받았다고 결론 내릴 수 있습니다. 아브라함이 의롭게 만들어진(made righteous) 것은 아닙니다. 즉, 하나님께서 그의 도덕적 성질(moral quality)을 의롭게 바꾸어 주신 것이 아닙니다. 창세기 본문은 이후 아브라함의 도덕적 실패를 적나라하게 묘사하고 있습니다(창 20:1-18). 그는 하나님의 선포에 의해서 의롭다고 여김을 받은 것입니다.

아브라함이 의롭지 않은데 어떻게 그에게 의로움이 돌려질 수 있을까요?
이 의로움에 작용하는 요인은 무엇입니까?
이에 대한 해답은 신약에 가서 아주 명확하게 드러납니다!

믿음의 역할과 관련하여 아브라함의 믿음은 공로로서 작용을 한 것도 아니며 그의 믿음이 의로움도 아닙니다.
그렇다면 본문에서 믿음은 어떤 역할을 하는 것일까요?
믿음은 바로 "의"를 받는 통로 혹은 수단입니다. 믿음이 "의"에 이르는 수단이라는 점은 로마서 3-5장에서 선명하게 드러납니다.[14] 그러므로 창세기 15장 6절에 나타나는 칭의의 개념과 칭의의 방편(수단)은 바울이 로마서(3:24-25; 4:1-25)에서 전개하고 있는 법정적 칭의론(은혜에 근거하여 믿음을 통해 의롭다 함을 받음)과 맥을 같이하고 있습니다.

(6) 위에서 서로 나누고 배운 내용을 토대로 본문이 의미하고 있는 것을 당신의 말로 다시 써 보십시오

---

[14] 로마서 3, 4, 5장의 논리적 구조 속에서 믿음이 "의롭다고 선언됨"의 수단 혹은 통로라는 것은 Carson이 설득력 있게 논증한다. Carson, "The Vindication of Imputation." 63-8. Hermman Ridderbos도 로마서 4장의 믿음과 의의 관계를 설명하면서 믿음은 의의 수단임을 분명히 하고 있다. Hermman Ridderbos, *Paul: An Outline of His Theology*, Trans. John Richard De Witt (Grand Rapids: Eerdmans, 1975), 174-8. John H. Sailhamer, *Genesis, The Expositor's Bible Commentary*, vol. 2, ed. Frank E. Gaebelein and J. D. Douglas (Grand Rapids: Zondervan, 1990), 129도 참고.

정답과 해설

인도자는 모든 학습자가 답변하도록 유도하고 학습자들이 칭의에 관해서 제대로 이해했는지 확인해야 합니다. 아울러 믿음과 칭의의 관계에 관해서도 그들이 정확하게 파악하고 있는지 확인해야 합니다. 만약 미진한 점이 발견된다면 다시 한번 간략하게 설명을 해야 할 것입니다.

(7) 의롭다 함을 받는 사건과 관련해 믿음과 행함의 관계를 말해 보십시오(창 22:2-3을 참고).

정답과 해설

이 질문은, 믿음은 행함으로 드러난다는 것을 설명하기 위해서 도입된 질문이라는 것에 유념해야 합니다. 아브라함은 의롭다 함을 받은 후에, 비록 그가 도덕적 실패를 경험하였지만(창 20:1-18), 하나님께 순종하는 모습을 보여 줍니다. 아브라함의 순종은 아브라함이 자신의 아들 이삭을 바치려고 한 데서 잘 드러납니다. 학습자는, 믿음은 반드시 열매로 드러난다는 것을 인지하고 있어야 합니다. 행함 없는 믿음은 죽은 믿음이라고 야고보 사도는 말합니다(약 2:17).

삶에 적용하기

(1) 당신은 믿음을 통해 하나님께 의롭다 함을 받은 기쁨을 현재 누리고 있습니까? 만약 그렇지 못하다면 그 이유는 무엇입니까?

해설

이 기쁨이 없다는 것은 두 가지 중의 하나입니다.

첫째, 아직 믿음으로 그리스도를 진정으로 영접하지 않았기 때문입니다.
둘째, 그리스도를 실제로 영접했으나 삶의 어려움, 고난, 역경으로 인해 하나님께 의롭다 함을 받은 기쁨과 감격을 잊고 살아가기 때문입니다.

인도자는 상황을 파악해서 아직 그리스도를 영접하지 않은 사람이 있다면 그 사람이 그리스도를 영접하도록 도와주어야 합니다. 만약 현재 자신이 처한 어려운 상황 때문에 칭의의 기쁨을 누리고 있지 못한 사람이 있다면, 무엇보다 그 사람이 구원의 감격을 회복하도록 도와주어야 합니다.

구원의 감격이 희미해지면 신앙에는 위기가 오기 마련입니다. 복음은 불신자만 들어야 하는 것이 아닙니다. 이미 믿은 이들도 복음을 다시 들어야 하며 복음을 더 깊이 있게 이해해야 합니다.

사도 바울은 이미 복음을 듣고 구원을 받은 로마 교인들에게 편지를 보내면서 다음과 같이 말했다는 것을 기억할 필요가 있습니다.

> 로마에 있는 너희에게도 복음 전하기를 원하노라 (롬 1:15).

신자는 복음을 듣고 또 들어야 하며 더 깊이 있게 알고 복음의 내용에 부합하는 삶을 살아야 합니다. "복음은 이미 내가 다 알아"라고 말하는 것보다 교만한 것은 없을 것입니다. 복음은 아무리 들어도 지나침이 없습니다.

복음!
그것은 우리 모든 신앙 생활의 원동력이며 활력이다!
복음은 우리의 신앙과 삶을 좌우하는 것이다!
복음으로 전도한 갈라디아 교회에 왜 바울은 다시 복음을 들려주어야만 했는가?
그것은 그들이 다른 복음을 좇고 있었기 때문이다!

> 그리스도의 은혜로 너희를 부르신 이를 이같이 속히 떠나 다른 복음을 따르는 것을 내가 이상하게 여기노라 (갈 1:6).

불신자를 구원하는 데도 이미 믿은 이들에게 기쁨을 회복시켜 주는 데에도 복음은 유효한 것임을 인도자는 숙지하고 있어야 합니다.

(2) 오늘 학습을 통해서 당신이 발견한 하나님의 은혜를 다른 사람들과 나누십시오. 또한, 당신이 깨달은 하나님의 은혜와 관련하여 당신의 삶에서 실천이 필요한 것을 적어 보고 나누어 봅시다.

(3) 이 시간 깨달은 하나님의 은혜와 관련하여 하나님을 향한 기도문을 적어 보십시오.

해설

인도자가 학습자들로 하여금 각각 기도를 하나님께 직접 드리게 할 수도 있습니다. 인도자는 학습자들이 기록한 기도문을 서로 나누게 할 수도 있습니다.

요약과 정리

아브라함은 하나님의 약속을 신뢰함을 통해서, 다시 말해 하나님에 대한 믿음을 통해서 하나님의 순전한 은혜로 의롭다 함을 받았습니다. 아브라함 안에 있는 그 어떤 도덕적 의로움이나 가치가 아니라 하나님의 은혜가 그가 하나님으로부터 의롭다 함을 얻게 하였습니다. 믿음을 통해 의롭다 함을 얻은 아브라함은 순종을 통해서 그가 의롭다 함을 받은 것이 진실임을 드러내었습니다. 의롭다 함을 받는 것은 오직 은혜로 인한 것입니다.

제4과

"여호와께 정죄를 당하지 아니하는 자는 복이 있도다"(시 32:2): 다윗의 칭의

<u>구약의 신자들은 예수 그리스도를 믿음으로 구원받았습니까?</u>

> 또 하나님이 이방을 믿음으로 말미암아 의로 정하실 것을 미리 알고 먼저 아브라함에게 복음을 전하되 모든 이방인인 너로 말미암아 복을 받으리라 하였느니라(갈 3:8).

> 너희 조상 아브라함은 나의 때 볼 것을 즐거워하다가 보고 기뻐하였느니라(요 8:56).

> 내가 너로 여자와 원수가 되게 하고 네 후손도 여자의 후손과 원수가 되게 하리니 여자의 후손은 네 머리를 상하게 할 것이요 너는 그의 발꿈치를 상하게 할 것이니라 하시고(창 3:15).[1]

바로 앞 과에서 우리는 아브라함의 믿음(창 15:6)을 공부했습니다. 아브라함의 믿음은 구체적으로 창세기 15장 5절에 나타난 수많은 자손에 대한 하나님의 약속을 신뢰한 것이 었습니다. 아브라함에게 주어진 이 약속을 이해할 때, 우리는 하나님께서 아브라함에게

---

[1] 창세기 3장 15절은 아담과 하와에게 선포된 최초의 복음이다. 인간들을 타락으로 이끈 사탄을 패배시키고 멸망시킬 구세주가 여자를 통해서 나오게 될 것이라는 기쁨과 소망의 소식을 하나님께서 선포하시고 있는 것이다. "너"는 사탄을 의미하며 "여자"는 여자로 대표되고 있는 여자의 후손을 말한다. 하와와 사탄이 직접적으로 원수가 된다는 말이 아니다. 여자의 후손, 즉 그리스도가 사탄과 대결하며 그리스도가 결국 사탄을 패배시킨다. "네 후손"(사탄의 후손)은 하나님을 거부하고 따르지 않는 사람들을 의미한다. 맨 처음 나온 "여자의 후손"은 하나님을 믿고 따르는 사람들을 의미하는데, 그리스도가 포함되는 것으로 보인다. 두 번째 "여자의 후손"은 명백하게 그리스도 예수이다. "네 머리"는 사탄의 머리를 의미한다. "머리와 발꿈치"와 관련하여, 사탄은 십자가의 죽음을 통해서 그리스도에게 상처를 가하지만 그리스도는 사탄을 완전히 패배시킬 것을 의미한다. 그러므로 이미 에덴동산에서 메시아의 복음이 선포된 것을 알 수 있다. 이 복음에 약속된, 앞으로 오실 메시아에 대한 믿음으로 구약의 신자들은 구원받은 것이다.

주신 다른 모든 약속과 연관해서 이해해야 합니다.

창세기를 보면 하나님의 약속은 여러 번 반복됩니다(자손의 약속: 창 12:2; 13:16; 15:5; 17:4-6, 16-20; 18:18; 22:17, 가나안 땅: 창 12:7; 13:14-17: 15:7, 18-21; 17:8, 모든 족속이 아브라함[아브라함의 자손]을 통해서 복을 받음: 창 12:3; 18:18; 22:18). 그러므로 하나님께서 아브라함에게 하신 여러 약속의 내용이 모두 표명되지 않더라도, 우리는 기본적으로 다음과 같은 세 가지 내용이 포함되는 것으로 이해해야 합니다.

첫째, 자손
둘째, 땅
셋째, 만민의 복

그렇다면 하나님의 약속을 신뢰한 것(창 15:6)에는 오실 메시아에 대한 믿음도 포함되어 있는 것으로 보아야 합니다. 하나님의 약속에는 "모든 족속이 그(그의 자손: 결국 메시아 예수)로 인해 복을 받을 것이다"(창 12:3; 18:18; 22:18)라는 약속이 내포되어 있습니다. 신약의 관점에서 보면 이것은 메시아 예수님으로 인해 주어지는 복입니다(갈 3:8, 14). 아울러 요한복음 8장 56절을 보면 분명히 아브라함은 <u>오실 메시아(구원자)의 날</u>을 기대하고 있었다는 것을 알 수 있습니다.

그러므로 신약성경의 관점에서 볼 때, 아브라함은 <u>오실</u> 예수 그리스도에 대한 믿음도 가졌다고 이해해야 합니다. 그렇다면 구약의 신자들은 하나님께서 약속으로 주신, 오실 메시아(그리스도)에 대한 믿음으로 구원받았다고 결론 내릴 수 있습니다. <u>구약에서는 앞으로 오실 그리스도에 대한 믿음으로 구원받았으며, 신약에서는 이미 오신 그리스도에 대한 믿음으로 구원받는 것입니다. 구원의 유일한 길은 그리스도 예수님입니다</u>(요 14:6; 행 4:12).

🔼 워밍업

여러분은 죄에 억눌려 본 적이 있습니까?

필자는 3대 째 예수님을 믿는 가정에서 태어났고, 어려서부터 교회를 다녔고, 말썽을 피운 적도 없었으며, 타인을 괴롭혀 본 적도 없었습니다. 더욱이 형법이나 민법상에 있는 죄를 지은 적도 없었습니다.

필자는 나름 윤리적인 의에 있어서는 다른 사람들보다 훨씬 높은 경지에 있었습니다. 그러나 마음속으로는 죄를 짓고 있었으며 그런 죄로 인해서 괴로워했습니다. 10대 중반에 들어섰을 때는 마음속의 죄로 인한 고민이 깊어졌고 나는 '나의 죄 문제로 인해서 반드시 지옥에 가겠구나'라고 생각하였습니다. 지옥에 대한 공포가 필자를 엄습해 오면, 이 세상에 있는 모든 공포를 다 합친 것보다 심했습니다. 그러나 예수님을 인격적으로 받아들이고 난 후에 더 이상 죄에 눌리지는 않았습니다. 과거, 현재, 미래의 모든 죄가 용서받았다(히 10:11-14)는 확신은 삶에 기쁨과 새로운 열의를 안겨 주었습니다.

필자의 과거에 대한 고백이 현대인들에게는 울림이 되지 않을 수 있습니다. 왜냐하면, 상당수의 현대인은 죄에 대한 인식을 제대로 가지고 있지 않기 때문입니다. 아울러 어떤 사람은 실정법상의 죄를 짓지 않는 한 아무런 양심의 가책을 느끼지 않기 때문입니다. 심지어 어떤 사람들은 실정법을 위반하고도 태연한 모습을 보이기도 합니다.

그러나 우리가 앞서 학습한 내용에서 배운 바와 같이, 성경은 죄를 심각한 문제로 다룹니다. 죄는 모든 인간을 하나님의 진노 아래에 놓이게 하며 하나님의 심판을 받게 합니다(롬 1:18-3:20). 그러므로 우리가 하나님과 화목한 관계를 이루기 위해서는 반드시 죄의 문제가 해결되어야 합니다.

오늘 본문에서는 죄 용서받음의 기쁨에 대해서 다윗이 증언해 주고 있습니다!
그런데 죄 사함은 하나님의 은혜로 인한 것이 확실합니까?
죄 사함에는 우리의 회개가 작용하므로, 우리의 공로가 어떤 식으로든 개입하는 것일까요?

≫ 생각하기

(1) 시편 32편 1-2절에서 비슷한 개념을 나타내고 있는 세 어구를 찾아 보십시오.

> 허물의 사함을 받고 자신의 죄가 가려진 자는 복이 있도다 마음에 간사함이 없고 여호와께 정죄를 당하지 아니하는 자는 복이 있도다 (시 32:1-2).

정답과 해설

다음의 내용은 동일한 뜻을 나타내는 두 어구입니다.

첫째, "허물의 사함을 받고"
둘째, "죄가 가려짐"

즉, 두 어구는 죄 사함을 나타냅니다. 아울러 "정죄를 당하지 아니함"도 앞의 어구들과 같은 의미입니다. 다만 이 어구는 부정적 표현으로 나타나고 있습니다.

(2) 본문에서 다윗이 말하고 있는 복은 무엇입니까?

정답과 해설

이 복은 죄 용서받음의 복입니다. 인도자는 학습자들과 함께 그 자리에서 로마서 3장 10-19절을 읽도록 합니다. 로마서 본문을 읽고 난 다음에, 죄의 문제가 얼마나 심각한 것인지 간단히 의견을 나누는 것이 좋습니다. 아울러 이 죄의 문제를 피할 수 있는 사람은 그리스도 안에 있는 사람을 제외하고 아무도 없음을 확인해야 합니다.

(3) 시편 32편 1-2절이 의미하는 바가 무엇인지 당신의 말로 말해 보십시오.

정답과 해설

더 깊게 생각하기에서 정확한 대답을 찾기 전에, 잠정적인 답변을 서로 나누는 것에 질문의 목적이 있습니다.

>>>>> **더 깊게 생각하기**

(1) 시편 32편 1절의 의미는 비교적 분명합니다.
그렇다면 시편 32편 2절의 뜻은 무엇이라고 생각합니까?

정답과 해설

시편 32편 1절은 명백하게 하나님의 은혜가 강조되고 있습니다. 여기서 허물을 사해 주고 죄를 가려주는(덮어 주는) 분은 분명히 하나님입니다. 그러나 시편 32편 2절은 두 가지의 모순적으로 보이는 표현들이 나타나고 있습니다.

첫째, "마음에 간사함이 없고"(전반부)
둘째, "여호와께 정죄를 당하지 않는"(후반부)

이 둘은 서로 잘 연결되지 않습니다. 왜냐하면, "마음에 간사함이 없다"는 것은 인간의 도덕적 성질 혹은 공로를 말하고 있는 것으로 보이기 때문입니다(간사: 나쁜 꾀가 있어 거짓으로 남의 비위를 맞추는 태도가 있음, 표준국어대사전). 그리고 "여호와께 정죄를 당하지 아니함"(히브리어 원문은 동사 חָשַׁב[하샤브]를 사용)은 여호와께서, 다윗이 죄를 가지고 있음에도 불구하고 그 죄를 죄로 셈하지 않는다는 뜻이기 때문입니다. 즉, 이 표현은 하나님의 은혜를 말하고 있기 때문입니다.

개역개정 성경의 시편 32편 2절 후반부를 히브리어 원문에서 그 뜻을 직역하면, "여호와께서 그에게 죄를 여기지 않으시는(혹은 셈하지 않으시는) 사람의 복"이라고 할 수 있습니다. 여기서 시편 기자는 창세기 15장 6절에 사용된 동사 "하샤브"(חָשַׁב: 간주하다. 셈하다)를 그대로 쓰고 있습니다.

그러므로 시편 32편 2절의 말씀은 다윗의 죄에도 불구하고 하나님께서 죄를 셈하지 않는다는 뜻입니다. 다시 말해서 시편 32편 2절이 의미하는 것은, 여호와께서 다윗이 실제로는 죄를 가지고 있지만 다윗이 죄를 가지고 있는 것으로 간주하지 않으신다는 것입니다.[2] 즉, 본문에 법정적 칭의(의롭다고 선고해 주심)의 개념이 드러나고 있습니다.[3] 더구나 이 법정적 칭의는 인간의 공로가 배제된, 순전한 하나님의 은혜에 근거하고 있습니다.[4]

---

[2] 이러한 점은 Robertson의 분석에서 정확히 알 수 있다. Robertson, "Genesis 15:6: New Covenant Expositions of an Old Covenant Text", 265-6.

[3] Hans Joachim Krauss, *Psalms 1-59*, trans. Hilton C. Oswald, *A Continental Commentary* (Minneapolis: Fortress, 1993), 369, 372, Derek Kidner, *Psalms 1-72*, *Tyndale Old Testament Commentaries* (Downers Grove: InterVarsity, 1973), 133, 및 F. Delitzsch, *Psalms*, In vol. 5 of *Commentary on the Old Testament,* trans. Francis Bolton (Edinburgh: T & T Clark, 1871; reprint, Peabody: Hendrickson, 2006), 252-3을 참고.

[4] Raymond F. Surburg, "Justification as a Doctrine of the Old Testament: A Comparative Study in Confessional and Biblical Theology", *Concordia Theological Quarterly* vol. 46, no. 2-3 (April-July 1982): 139 및 Delitzsch, *Psalms*, 252을 참고. 그러므로 다음과 같은 Moo의 지적은 올바르다. "죄 사함을 형성하는 것은 하나님께서 사람

이상의 분석에서 드러나듯이, 시편 32편 2절의 '인간의 공로'(마음에 간사함이 없음)와 '하나님의 은혜'가 대조적으로 나타나고 있습니다. 그러나 두 표현이 대조 관계가 된다면 의미 자체가 성립하지 않습니다. 왜냐하면, 시편 32편 1-2절의 문맥은 하나님의 은혜를 강조하고 있기 때문입니다. 더구나, 시편 32편 2절의 후반부에서는 다윗이 죄인임에도 불구하고 하나님께서 그를 정죄하지 않는 은혜가 분명하게 나타나기 때문입니다. 명백하게 다윗은 공로나 행함으로 정죄받지 않는 것이 아닙니다.

오히려 시편 32편 전체의 문맥을 보면, "마음에 간사가 없고"와 "여호와께 정죄를 당치 않음"은 사실상 서로 조화되는 것을 알 수 있습니다. 개역개정 성경에서 "간사"로 표현된 단어는 "속임"으로 번역되어야 정확합니다.[5]

그렇다면 마음속에 속임이 없는 사람이 정죄받지 않습니까?
그러나 마음에 속임이 없는 완벽한 사람은 세상에 없습니다!
그렇다면 그 누구도 정죄받지 않는 복을 누리지 못하는 것일까요?
오히려 본문은 다윗이 정죄받지 않음(칭의)의 복을 누렸음을 증언하고 있습니다!

따라서 우리는 본문의 "속임"(시 32:2)을 시편 32편의 문맥 속에서 이해해야 합니다. 시편 32편 3-5절은 다윗이 죄를 숨기지 않고 회개하는 심령으로 하나님 앞에 죄를 인정하고 고백하였을 때, 하나님께서 그의 죄를 사하셨다는 것을 말하고 있습니다.

그러므로 우리는 "속임"(시 32:2)이 절대적인 도덕성과 관련된 것이 아니라, 자신의 죄를 숨기지 않고 고백하여 회개하는 것과 관련된 것으로 이해해야 합니다. 마음에 속임이 없는 사람, 즉 죄를 숨기지 않고 회개의 심령으로 죄를 하나님께 고백하는 사람이 죄 사함의 복(칭의의 복)을 누리는 것입니다.[6]

그러나 회개를 칭의에 공헌하는 하나의 행위로 이해하는 것은 옳지 못합니다.[7] 앞에서 지적하였던 것처럼, 칭의는 행위(공로) 없이 이루어지는 순수한 하나님의 은혜이기 때문입니다.

들의 선한 행위들을 셈하는(reckon) 것이 아니라 사람들의 죄들을 그들에게 셈하지 않는(not reckon) 하나님의 행위인 것이다." Moo, *Romans*, 266.

5 *HALOT*, s.v. "רְמִיָּה"를 보라. *HALOT*는 The Hebrew and Aramaic Lexicon of the Old Testament의 약자이다. 히브리어 아람어의 표준적 사전으로 인정받고 있다.

6 Willem A. VanGemeren, *Psalms*, *The Expositor's Bible Commentary*, vol. 5, ed. Frank E. Gaebelein and J. D. Douglas (Grand Rapids: Zondervan, 1991), 272. Delitzsch, *Psalms*, 253을 참고.

7 Krauss, *Psalms 1-59*, 372.

회개는 공로가 아니라 하나님의 은혜에 대한 합당한 반응입니다. 시편 32편의 문맥에서, 회개는 용서하시는 하나님의 은혜를 신뢰하는 믿음의 표현으로 이해되어야 합니다.[8] 하나님의 은혜를 신뢰하는 자만이 회개의 심령으로 하나님께 죄를 인정하고 고백할 수 있습니다.

시편 32편에서는 하나님을 신뢰하는 자가 하나님의 구원과 보호하심을 얻게 됩니다(10절). 그러므로 하나님을 신뢰하는 자는 죄 사함을 위해서 회개의 심령으로 죄를 고백하며 하나님께 나아갑니다(3-5절). 따라서 시편 32편에서는 회개가 죄 사함, 곧 칭의의 방편(수단)이 되고 있습니다. 한편, 회개는 믿음의 표현이며, 존 머레이(John Murray)가 언급한 것처럼, "생명으로 이끄는 회개는 믿는 회개"[9]이므로 믿음이 죄 사함 곧 칭의의 방편이라고 해도 무방합니다(믿음과 회개의 관계성에 대해서는 제7과의 "알고 넘어 갑시다: 회개와 믿음"을 보십시오).

그러므로 시편 32편은 신약에서 가르치고 있는 행위(공로)로 말미암지 않는, 하나님의 은혜로 인한, 믿음을 통한 칭의라는 가르침을 제시하고 있습니다(시편 32편은 칭의의 한 요소인 용서를 가르치고 있다는 것에 주의해야 합니다. 용서는 칭의의 한 측면입니다).

이 질문에서 중요한 것은 죄가 있음에도 죄로 셈치지 않는 것은 하나님의 절대적인 은혜라는 것을 강조하는 것에 있습니다. 인도자는 죄 용서받음이 인간의 공로가 아니라는 것을 분명하게 역설해야 합니다.

(2) 시편 32편 전체의 문맥에서 누가 죄 용서, 곧 정죄당하지 아니함의 은혜를 누립니까?(시편 32편 전체를 읽고 답하십시오)

정답과 해설

위의 질문 (1)의 해설을 참고하십시오. 회개하는 자가 죄 용서의 복을 누립니다. 다른 말로 하면 하나님의 은혜를 신뢰하는 자가 죄 사함의 복을 누리는 것입니다.

(3) 회개 혹은 믿음은 하나님의 은혜를 얻는 우리의 공로나 선행인가요?

> 여러분은 믿음을 통하여 은혜로 구원을 얻었습니다 이것은 여러분에게서 난 것이 아니요 하나님의 선물입니다 행위에서 난 것이 아닙니다 그러므로 아무도 자랑할 수 없습니다(엡 2:8-9, 새번역).

---

[8] Calvin, *Commentary on Psalms* 32:5. http://www.ccel.org/ccel/calvin/calcom08.xxxviii.iii.html을 참고.

[9] John Murray, *Redemption Accomplished and Applied* (Grand Rapids: Eerdmans, 1955), 113.

❄️ 정답과 해설

학습자는 믿음이나 회개는 우리의 공로가 아닌 것을 분명히 알아야 합니다. 인도자는 다음과 같은 예화를 사용하여 믿음과 회개를 설명하면 좋습니다. 즉, 어떤 사람이 여러 사람에게 100억의 빚을 졌습니다. 그런데 어떤 자비로운 억만 장자가 그에게 빚을 갚으라고 100억 짜리 수표를 주었습니다. 빚진 사람은 이 100억의 수표를 은행에 가지고 가서 현금이나 소액의 수표로 바꾸어서 모든 빚을 다 청산했습니다.

이 사람이 100억의 채무를 청산한 것은 누구의 공로입니까?

그것은 자신의 공로가 아니라 그 억만장자의 공로입니다. 채무자가 한 것이라고는 그 억만장자가 베푼 은혜에 반응하여 수표를 바꾼 것뿐입니다. 빚진 사람이 수표를 바꾼 행위는 채무자의 공로가 아닙니다. 이와 같이 믿음과 회개는 우리의 공로가 아닙니다. 믿음과 회개는 하나님의 은혜에 대한 우리의 합당한 반응입니다. 인간이 믿음과 회개로 하나님의 용서하시는 은혜에 반응하는 것도 하나님께서 은혜를 주시기 때문에 가능합니다(엡 2:8-9).

(4) 당신의 말로 시편 32편 1-2절의 말씀을 다시 써 보십시오.

❄️ 정답과 해설

오늘의 학습이 제대로 이루어졌는지 점검하기 위한 질문입니다. 만약 이 질문에 대한 답변에 미흡한 점이 있다면 인도자는 간략하게 보충 설명을 해 주어야 합니다.

📌 삶에 적용하기

(1) 당신은 과거와 현재와 미래의 모든 죄를 용서받은 확신이 있습니까?
만약 그런 확신이 없고 불안한 마음이 조금이라도 있다면 그 이유는 무엇입니까?

❄️ 해설

인도자는 모든 학습자에게 믿음을 통해서 우리의 과거, 현재, 미래의 모든 죄가 해결되었다는 것을 주지시켜야 합니다. 인도자는 학습자들과 히브리서 10장 12절과 14절을 함께 읽고, 그리스도의 속죄 제사는 신자를 영원히 온전하게 한다는 것을 명백하게 언급해야 합니다. "영원히"라는 말 속에 과거, 현재, 미래의 모든 죄가 포함되어 있습니다.

그러나 그리스도께서는 죄를 사하시려고, 단 한 번의 영원히 유효한 제사를 드리신 뒤에 하나님 오른쪽에 앉으셨습니다(히 10:12, 새번역).

그는 거룩하게 되는 사람들을 단 한 번의 희생제사로 영원히 완전하게 하셨습니다(히 10:14, 새번역).

(2) 당신은 누구를 용서해 준 적이 있습니까?
만약 용서해 준 적이 있다면 그 이유는 무엇이었습니까?
당신의 용서와 하나님의 용서와 차이점이나 유사한 점은 무엇입니까?

(3) 오늘 학습을 통해서 당신이 발견한 하나님의 은혜를 다른 사람들과 나누십시오. 또한, 당신이 깨달은 하나님의 은혜와 관련하여 당신의 삶에서 실천이 필요한 것을 적어 보고 나누어 봅시다.

(4) 이 시간 깨달은 하나님의 은혜와 관련해 하나님을 향한 기도문을 적어 보십시오.

해설

인도자가 학습자들로 하여금 각각 기도를 하나님께 직접 드리게 할 수도 있습니다. 인도자는 학습자들이 기록한 기도문을 서로 나누게 할 수도 있습니다.

요약과 정리

하나님은 우리의 선행이나 공로, 섬김 때문에 우리를 용서하시는 것이 아닙니다. 하나님의 용서는 오직 하나님의 은혜로부터 옵니다. 그러나 모든 사람이 이 용서를 받는 것은 아닙니다. 용서를 베푸시는 하나님의 은혜에 믿음과 회개로 반응해야 합니다. 이러한 인간의 반응은 공로나 선행이 아닙니다. 인간이 믿음과 회개로 하나님의 용서하시는 은혜에 반응하는 것도 하나님께서 은혜를 주시기 때문에 가능합니다(엡 2:8-9). 그리스도 안에 있는 자에게는 인간의 근본적인 문제인 죄가 영원히 해결되었습니다. 우리의 과거와 현재와 미래의 모든 죄를 그리스도께서 완전한 속죄로 영원히 단 번에 처리하셨습니다(히 10:14). 그러므로 우리는 그리스도 안에서 담대함을 가지고 기쁨으로 하나님께 나아갑니다.

제5과

"나의 의로운 종이 많은 사람을 의롭게 하며"(사 53:11): 이사야서의 칭의

🔼 워밍업

이사야 53장은 흔히 "고난받는 종"에 대한 묘사로 알려져 있습니다. 엄밀히 말해서, 이 종에 대한 묘사는 이사야 52장 13절부터 시작되고 있습니다. 이 "고난받는 종"에 대한 정체는 의심할 여지없이 예수 그리스도임을 우리는 알 수 있습니다. 에디오피아 내시가 예루살렘에서 예배를 마치고 수레를 타고 돌아가는 길에 이사야 본문을 읽고 있었을 때, 전도자 빌립은 이사야 53장의 종이 분명히 예수 그리스도인 것을 가르쳤습니다.

> 빌립이 입을 열어 이 글에서 시작하여 예수를 가르쳐 복음을 전하니(행 8:35).

그뿐만 아니라 사도 베드로는 이사야 53장의 "고난받는 종"이 예수님인 것을 명시하였습니다.

> 친히 나무에 달려 그 몸으로 우리 죄를 담당하셨으니 이는 우리도 죄에 대하여 죽고 의에 대하여 살게 하심이라 그가 채찍에 맞음으로 너희는 나음을 얻었나니(벧전 2:24).

구약에서의 칭의와 관련해서 우리가 이사야 53장을 주목해야 할 이유는 무엇일까요? 그 이유는 바로 창세기 15장 6절에서 나타나는 칭의의 개념과 관련하여, 누구로 인해서 칭의가 이루어지는지에 대한 구체적인 정보가 이사야 53장에서 제시되고 있기 때문입니다.

이사야 53장은 고난받는 이 종에 의해서 속죄가 이루어지며 칭의(의롭다 함을 받음)가 실현된다는 것을 분명히 밝히고 있습니다. 앞에서 언급한 바와 같이, 신약성경은 이 종이 예수 그리스도라는 사실을 명시하고 있습니다(행 8:35; 벧전 2:24). 그러므로 우리는 구약성경에서 드러난 칭의와 관련하여, 이사야 53장을 통해서 칭의가 어떻게 가능한 것인지에 대해서 배울 수 있습니다.

⟫⟫⟫ 생각하기

(1) 그(고난받는 종)가 찔림과 상함은 무엇 때문입니까?
그의 고통(징계, 채찍)을 통해 우리가 누리게 된 복은 무엇입니까?(사 53:5)

- 질고(히브리어: 마크오브): 육체적 혹은 정신적 고통을 의미합니다.
- 참고 본문은 다음과 같습니다.

  곧 우리가 원수 되었을 때에 그의 아들의 죽으심으로 말미암아 하나님과 화목하게 되었은즉 화목하게 된 자로서는 더욱 그의 살아나심으로 말미암아 구원을 받을 것이니라(롬 5:10).

정답과 해설

우리의 허물과 죄 때문에 그가 찔렸으며 상함을 받았습니다. 그의 고통을 통해 우리는 평화(화평)와 나음을 얻었습니다. 이사야 53장 5절을 주의 깊게 읽어 보면, 이 고난받는 종이 바로 신약성경에서 명백하게 드러난 예수 그리스도를 가리키고 있음을 우리는 알 수 있습니다. 예수 그리스도께서 십자가에서 우리의 죄를 짊어지고 돌아가심으로, 예수 그리스도를 믿는 자는 죄 용서함을 받으며 죄로 인해 하나님과 원수 되었던 관계가 회복됩니다.

- 핵심 성경 구절은 다음과 같습니다.

  그러므로 우리는 믿음으로 의롭다 하심을 받았으므로, 우리 주 예수 그리스도로 말미암아 하나님과 더불어 평화를 누리고 있습니다(롬 5:1, 새번역).

개역개정 성경은 "하나님과 화평을 누리자"라고 번역하고 있지만, 절대 다수의 영어 성경과 주석서는 "화평을 누리고 있다"라고 번역하고 있습니다. 죄 용서로 인해서 하나님과 화평을 누리는 것은 현재적 실재이므로 "화평을 누리고 있다"라고 번역하는 것이 적절합니다.

(2) 우리의 죄를 누가 담당(짊어짐)하였습니까?(사 53:6, 10-12)

● 속건제물: 원래 속건제물은 여호와의 성물(여호와께 바쳐진 제물이나 물건)에 관해서 범죄하거나 이웃의 소유물에 관해서 부당한 방법으로 획득하였을 경우에, 그것에 대한 배상의 의미로 드려지는 제물입니다(레 5:14-6:7). 죄를 지은 자는 피해액의 20퍼센트를 추가적으로 지불해야 하며, 속건제물로 흠 없는 수양을 바쳐야 했습니다.

그러나 이사야 본문에서 속건제물은 배상의 제물을 의미하기보다는, 일반적인 의미에서 죄 속함(죄를 면제 받음, 죄 용서함을 받음)을 얻게 하는 제물을 의미하고 있습니다.[1] 그러므로 이사야 53장 10절의 속건제물을 속죄제물로 이해하면 무방합니다.

그가 씨를 보게 되며 그의 날은 길것이요(사 53:10).

● 구절 해설: 본문에서 "씨"는 영적인 의미로 이 고난받는 종이 대속의 죽음(사람들의 죄를 대신 짊어지고 죽음)을 통해 구원하는 사람들을 의미합니다.[2] 고난받는 종이 이 "씨"를 보게 된다는 것은 결국 그가 부활하여 이 "씨"를 보는 것을 의미합니다. 왜냐하면, 죽음에 머물러 있는 자는 이 "씨"를 볼 수 없기 때문입니다.[3] "그의 날은 길 것이다"라는 것은 그 고난받는 종이 '영원히 살 것이라는 것'을 의미합니다.[4]

---

1 Young, *Isaiah*, 3:355 참고.

2 Young, *Isaiah*, 3:355 참고.

3 Young, *Isaiah*, 3:355 참고.

4 Young, *Isaiah*, 3:355 참고. 한편, "씨를 보다"와 "그의 날은 길 것이다"를 상징적 의미로 이해하는 학자들도 있다. 이들에 따르면, 이 표현들은 그 종의 죽음이 저주 받은 죽음이 아니라 하나님의 구원의 약속을 성취하였음을 나타낸다는 것이다. John N. Oswalt, *The Book of Isaiah Chapters 40-66, The New International Commentary on the Old Testament* (Grand Rapids: Eerdmans, 1998), 403.

제5과 "나의 의로운 종이 많은 사람을 의롭게 하며"(사 53:11): 이사야서의 칭의

🌸 정답과 해설

그(고난받는 종)가 우리의 죄를 담당하였습니다(짊어졌습니다). 이사야 53장 6절과 10-12절을 읽어 보면 이 고난받는 종이 신약의 예수 그리스도를 지칭하고 있음을 부인할 수 없습니다.

● 참고 구절은 다음과 같습니다.

인자가 온 것은 섬김을 받으려 함이 아니라 도리어 섬기려 하고 자기 목숨을 많은 사람의 대속물로 주려 함이니라(마 20:28).

내가 너희에게 말하노니 기록된 바 그는 불법자의 동류로 여김을 받았다 한 말이 내게 이루어져야 하리니 내게 관한 일이 이루어져 감이니라(눅 22:37).

누가복음 22장 37절에서 예수님께서 "불법자의 동류로 여김을 받았다"라는 말씀을 하시고 있는데, 이 말씀은 이사야 53장 12절을 염두에 두고 하신 말씀입니다.

〉〉〉〉〉 더 깊게 생각하기

(1) 이사야 53장 본문은 고난받는 종이 죄인을 대신해 죗값을 치렀다는 것을 분명히 나타내고 있습니다. 죄인을 대신하여 죄를 짊어지고 죗값을 치른 고난받는 종이 가지고 온 세 가지 유익(복)을 말해 보십시오(사 53:5, 11). 아울러 그 세 가지 유익(복)의 뜻을 말해 보고, 세 가지 유익(복)의 관계를 말해 보십시오.

🌸 정답과 해설

이사야 53장 5절에서는 평화와 나음이며, 53장 11절에서는 의롭다 함을 받음입니다. 평화는 전쟁이 없는 상태의 평화를 의미하는 것이 아니라 화평을 말하고 있습니다. 이 화평은 인간과 하나님 사이의 화평을 말하는 것으로, 인간의 죄의 문제가 해결되어 죄 용서함을 받음으로써, 인간과 하나님 사이에 있는 죄로 인한 벽이 무너진 것을 의미합니다.

인간은 죄로 인해서 하나님과 원수가 되었으며 하나님은 죄인인 인간을 심판하실 수밖에 없습니다. 그러나 그리스도를 믿고 죄 용서를 받은 인간은 더 이상 하나님과 원수가 아니며, 하나님의 자녀가 되고 하나님의 심판에서 벗어나게 됩니다. 이것이 이사야 53장 5절에서 말하고 있는 평화입니다. "나음"은 죄인의 회복을 의미합니다. 죄인 되었던 인간이 예수 그리스도께서 우리를 대신하여 우리를 위하여 죽으신 그 죽으심으로 인해서, 더 이상 죄인이 아닌 상태로 하나님과 관계가 회복되었음을 의미합니다. 사실상 평화와 나음은 본문에서 동의어로 사용되고 있습니다.

"의롭다 함을 받는다"는 것은 죄인인 인간이 의인으로 선언(선포)되었다는 것을 의미합니다. 다른 말로 하면 죄인인 인간이 의인으로 여김 받았다는 것을 의미합니다. 죄인인 인간이 의인으로 선언된다는 것은 일종의 역설입니다. 그러나 이 역설이 가능한 것은 오직 예수 그리스도 때문입니다. 이사야 53장의 문맥 속에서, "평화", "나음", "의롭다 함을 받음"(의인으로 선언됨, 의인으로 여김 받음)은 사실상 동의어로 사용되고 있습니다.

이사야 53장에서의 문맥은 인간의 회복, 즉 "평화와 나음"(5절)을, 11절에 나타난 "많은 사람을 의롭게 하며"와 연관하여 이해하도록 이끌고 있습니다. 앞서 살펴 본 바와 같이, 이사야 53장 4-6절은 그 종이 우리의 죄악을 담당했으며, 그 결과 우리가 평화와 나음을 얻었다는 것을 말하고 있습니다. 이사야 53장 4-6절을 구체적으로 분석해 보면, "죄를 짊어 짐"과 "평화와 회복"의 주제가 선명하게 드러나고 있습니다.

4절은 "그가 우리의 질고(질병, 고통)를 짊어졌고(נָשָׂא) 우리의 슬픔을 짊어졌다(סְבָלָם)"고 말합니다.

5절은 "그가 찔림은 우리의 허물 때문이요 그가 상함은 우리의 죄악 때문이라"고 언급하고 있는데, 사실 그 종이 우리의 '허물을 짊어졌으며' 우리의 '죄악을 짊어졌다'는 것을 암시하고 있습니다. 이어서 그 종이 우리의 죄를 짊어진 결과로 인한 우리의 "평화"와 "나음"을 언급합니다.

6절은 "여호와께서 우리 모두의 죄악을 그 종에게 담당시키셨다(הִפְגִּיעַ, 상하게 하다)"[5]고 말하고 있습니다. 6절 역시 이 종이 우리의 '죄악을 짊어졌다'는 것을 암시합니다.

---

5 개역개정 성경에서 "담당시켰다"로 번역한 히브리어 동사는 פגע의 히필형으로서 그 의미는 "(어떤 것)으로 하여금 (누구)를 상하게 하다"이다. *HALOT*, s.v. "פגע." 그러므로 직역하면 "여호와께서 우리 모두의 죄가 그를 상하도록(고통을 받도록) 하셨다"이다.

4-6절에 나타난 "죄를 짊어짐"(원인)과 "평화와 나음"(결과)의 주제와 병행 어구인, "죄를 짊어짐"(원인)과 "의롭게 함"(결과)이 11절에 등장합니다. 개역개정 성경은 11절 후반부를 "나의 의로운 종이 자기 지식으로 많은 사람을 의롭게 하며 또 그들의 죄악을 친히 담당하리로다"로 번역하고 있습니다. 즉, 11절 후반부에서 "죄악을 담당"(יִסְבֹּל: 짊어지다)과 "많은 사람을 의롭게 하며"가 핵심 주제어로서 4-6절과 병행 관계를 이루고 있습니다.

　개역개정 성경은 히브리어 원문의 ּו를 "또"로 번역하고 있으나, 원문의 ּו는 설명을 나타내는 접속사인 "왜냐하면"(for)으로 번역하는 것이 맞습니다.[6] 그러므로 분명히 이사야 53장 11절의 "죄악을 담당"(짊어짐)은 원인을 나타내며, "많은 사람을 의롭게 하다"는 "죄악을 담당한 것"의 결과를 나타냅니다. 결국 11절의 "의롭게 하다"는 5절의 "평화"와 "나음"의 병행 어구로서, 세 단어는 동일한 의미를 나타내고 있습니다.

　위에서 언급하였던 것처럼, "평화"는 죄의 문제가 해결된 것으로 인한 인간과 하나님과의 화평입니다. "평화"는 바로 인간과 하나님 사이에 새롭게 정립된 관계입니다. 그것은 그리스도를 믿는 사람이 하나님 앞에서 더 이상 죄인이 아니라 의인으로 인정받으며 하나님과 화목하게 된 관계입니다(롬 5:1, 10-11). 하나님께서 인간을 도덕적으로 의로운 인간으로 변화시키셔서 화평이 발생한 것이 아닙니다.

　만약 이런 식으로 화평이 이루어진다면 그 누구도 하나님과 화평을 이룰 수 없습니다. 도덕적으로 완벽한 인간은 없으며, 그 누구도 하나님의 절대기준을 충족시킬 수 없기 때문입니다(갈 3:10; 약 2:10을 참고). 이사야 본문이 언급하고 있는 것처럼, 화평(인간과 하나님과의 관계 회복)은 이 종의 대속적 죽음으로 인한 것으로 하나님의 완전한 은혜에 의한 것입니다.

　이사야 53장 5절의 하나님과 인간 사이의 "평화"가 인간의 도덕적 변화로 인한 것이 아니며, 인간과 하나님 사이에 새롭게 정립된 관계를 의미하며, 하나님의 절대적인 은혜로 인한 것과 마찬가지로, "평화"의 병행 어구인 11절의 "의롭게 함"(의롭다 함을 받음)도 도덕적 변화로 인한 것이 아니며, 인간과 하나님 사이의 관계의 변화를 뜻하며, 하나님의 절대적인 은혜에 의한 것입니다.

---

6 J. Alec Motyer, *The Prophecy of Isaiah* (Downers Grove: InterVarsity, 1993), 442. Motyer는 구약에서 번제물이 드려지는 목적은 예물을 드리는 자가 하나님께 받아들여지는 것이라는 것을 지적하며, 죄를 짊어지는 것이 먼저며 그 결과가 하나님께 받아들여지는 것임을 언급하고 있다. "많은 사람을 의롭게 하며"는 결과이며 "죄악을 담당"은 원인이 되는 것이다. 그러므로 ּו는 "왜냐하면"으로 번역되는 것이 타당한 것이다. Oswalt, *Isaiah 40-66,* 405도 "죄를 짊어짐"은 "의롭다 함"의 근거라는 것을 분명히 하고 있다.

그 고난받는 종이 죄의 짐을 지고 "많은 사람을 의롭게 하다"(사 53:11)는 말씀의 의미는 그 종이 많은 사람을 "의롭게 만들다"는 의미가 아님에 주의해야 합니다. 즉, 그것은 많은 사람을 실질적으로 의로운 사람으로 변화시킨다는 의미가 아닙니다. 이사야 53장 11절의 "의롭게 하다"는 히브리어 צדק(차다크)의 히필형 동사(사역형 동사)가 사용되고 있는데, 그것은 "의롭다고 선언하다"의 의미입니다.

이 동사는 법정적 의미를 뜻하는데, 법정에서 재판관이 피고를 의롭다고 선언(선포)한다는 뜻입니다(출 23:7; 신 25:1). 그러므로 이사야 53장 11절의 "의롭게 하다"는 고난받는 그 종이 많은 사람을 "법정적으로 의롭다고 선언받게 하다"는 의미입니다. 다른 말로 하면, 그것은 "많은 사람을 의롭다고 여김을 받게 하다"라는 뜻입니다.

(2) 이사야 53장 11절을 주의 깊게 읽어 보십시오.

"여호와의 의로운 종이 많은 사람을 의롭게 할 것이다"라고 증언하고 있습니다.

어떻게 여호와의 의로운 종이 사람들을 의롭다고 선언받게 할 수 있습니까?

이 사람들이 의로운 일을 하지 않았음에도 불구하고 어떻게 의롭다고(의인이라고) 선언(여김) 받을 수 있습니까?

● 의롭게 하다(justify): 이 동사는 '의롭다고 선언하다'의 의미를 나타내고 있습니다(출 23:7; 신 25:1; 왕상 8:32; 잠 17:15; 사 5:23). 즉, 법정에서 재판관이 피고를 의롭다고 선고하는 것입니다. 이 동사의 선언적 의미가 가장 선명하게 드러나는 예인 신명기 25장 1절을 보십시오.

> 사람들 사이에 시비가 생겨 재판을 청하면 재판장은 그들을 재판하여 의인은 의롭다 하고 악인은 정죄할 것이며(신 25:1).

여기에서 "의롭다 하다"는 명백하게 '의롭다고 선고(선언)하다'는 의미인 것을 알 수 있습니다. "의롭다 하다"는 '의롭게 만들다'의 의미가 아닌 것입니다.

● 이사야 53장 11절의 구절 해설은 다음과 같습니다.

> 나의 의로운 종이 자기 지식으로 많은 사람을 의롭게 하며(사 53:11).

자기 지식은 그의 지식 즉 그 종의 지식을 의미하고 있는데, 히브리어 문법에 따라 그 종의 지식(앎)을 의미할 수도 있으며, 그 종에 대한 지식(앎)을 뜻할 수도 있습니다. 만약 "자기 지식"이 그 종의 지식(앎)을 의미한다면, 그 종이 자신의 지식으로 칭의를 이루어 낸다는 것을 뜻합니다.

한편, "자기 지식"이 그 종에 대한 지식(앎)을 의미한다면, 사람들이 그 종에 관해서 실제적으로 알게 됨으로써(믿게 됨으로써) 의롭다 함을 받게 된다는 것을 뜻합니다.[7] 이사야 53장의 문맥은 그 종이 구원자인 것을 나타내고 있습니다. 그러므로 그 고난받는 종이 많은 사람의 죄를 짊어짐으로써, 한편 사람들은 그 종에 대한 믿음을 가짐으로써 칭의가 이루어진다고 이해하는 것이 타당한 해석입니다.[8]

정답과 해설

제3과에서 고찰하였던 것처럼, 어떤 사람이 하나님의 도덕 기준에 부합할 때만 그 사람이 법정적으로 의롭다고 선언되어야 하며, 이 원칙이 지켜지지 않는 것은 죄입니다(출 23:7; 사 5:23; 잠 17:15; 18:5). 출애굽기 23장 7절은 명백히 이러한 원칙을 천명하고 있습니다.

> 거짓 일을 멀리 하며 무죄한 자와 의로운 자를 죽이지 말라 나는 악인을 의롭다 하지 아니하겠노라 (필자 역: 거짓 일을 멀리 하며 무죄한 자와 의로운 자를 죽이지 말라 왜냐하면 나는 악인을 의롭다고 선언하지 아니할 것이니라, 출 23:7).

잠언 17장 15절도 동일한 원칙을 강한 어조로 표명하고 있습니다.

> 악인을 의롭다 하고(의롭다고 선언하며) 의인을 악하다 하는(유죄라고 선언하는) 이 두 사람은 다 여호와께 미움을 받느니라(잠 17:15).

만약 하나님께서 그분의 옳고 그름의 기준(의의 기준)을 어긴 사람을 의롭다고 선언하시게 되면 그분이 스스로 악을 행하시는 것이 될 것입니다.

---

7 Young, *Isaiah*, 3:356-7을 보라.
8 Young, *Isaiah*, 3:356-7을 보라.

그러나 절대적으로 거룩하고 선하신 하나님은 악을 행하실 수 없습니다. 인간이 하나님의 의의 기준을 충족시키지 못함에도 불구하고, 의인으로 선포될 수 있는 역설은 다른 이의 "의"가 죄인인 인간에게 돌려질 때 가능합니다. <u>이사야 53장의 고난받는 종, 즉 신약의 예수 그리스도의 완전한 의로움이 죄인인 인간에게 전가될 때, 하나님은 인간을 의롭다고 선언하실 수 있습니다.</u>

이 고난받는 종이 많은 사람의 죄를 담당했으므로(짊어졌으므로) 그들의 죗값을 다 지불한 것이며, 이들은 무죄의 상태가 되었습니다. 그러나 이들은 단순히 무죄의 상태만 된 것이 아닙니다. 이사야 53장에는 명시적으로 나타나지 않지만, 신약에서 명확히 드러나는 바와 같이(롬 5:18-19; 고후 5:21), 이 고난받는 종(예수 그리스도)의 "적극적인 의"(하나님에 대한 완벽한 순종)가 이들의 것으로 간주됨으로써, 이들은 하나님에 의해서 의롭다고(의인이라고) 선언(선고)받을 수 있습니다.

(3) 이사야 53장 전체 본문에서 당신이 가장 감명 받은 구절을 선택해 보십시오. 그리고 그 이유를 말해 보십시오.

✦ 해설

이 질문에 대한 정답이 정해져 있는 것은 아닙니다. 다만 인도자는 이사야 53장 본문을 통해서, 이 고난받는 종이 죄인들을 위한 대속적 죽음(죄인들을 대신해서 죽음)을 이루셨다는 것을 강조할 필요가 있습니다.

✦ 삶에 적용하기

(1) 다음과 같은 질문들을 마음속 깊이 생각해 보십시오.

① 이사야 53장의 고난받는 종은 사람들이 하나님과 화평을 얻도록, 하나님 앞에서 의롭다 함을 얻도록 모든 고통과 고난과 멸시를 감수했습니다. 결국 그는 죽임을 당했습니다(사 53:8-9, 12). 당신의 죄 때문에 무죄한 자로서(사 53:9) 죽음의 고통을 포함하여, 그가 겪은 모든 아픔을 당신의 마음속 깊이 생각해 보십시오.

당신은 이 종의 사랑의 깊이를 이해할 수 있습니까?
당신은 타인을 위해 고통이나 고난을 받아 본 경험이 있습니까?

② 그러한 경험이 있었다면 그 이유는 무엇 때문이었습니까?
당신이 그러한 체험을 한 적이 있다면, 당신의 고통이나 고난과 그 종이 겪은 고통의 차이점이나 유사점은 무엇입니까?

③ 이사야 53장에 나타난 그 종의 고통과 고난이 당신에게 주는 도전은 무엇입니까?

(2) 오늘 학습을 통해서 당신이 발견한 하나님의 은혜를 다른 사람들과 나누십시오. 또한, 당신이 깨달은 하나님의 은혜와 관련하여 당신의 삶에서 실천이 필요한 것을 적어 보고 나누어 봅시다.

(3) 이 시간 깨달은 하나님의 은혜와 관련해 하나님을 향한 기도문을 적어 보십시오.

요약과 정리

이사야 53장은 고난받는 종에 의해서 속죄가 이루어지며, 칭의(의롭다 함을 받음)가 실현된다는 것을 보여 주고 있습니다. B.C. 8세기 말에서 7세기 초까지 활동한 선지자 이사야는 상당히 상세하게 이 고난받는 종이 신약의 예수 그리스도라는 것을 암시하고 있습니다. 고난받는 종(신약의 예수 그리스도)을 믿는 사람은 누구나가 의롭다 함을 받습니다.

"의롭다 함"은 '의롭게 만들다'를 의미하는 것은 아닙니다. "의롭다 함"은 인간과 하나님 사이에서 새로운 관계가 설정되는 것으로, 죄인인 인간이 하나님 앞에서 의인의 신분을 얻게 되는 것입니다. 다시 말하면, "의롭다 함"은 하나님께서 죄인을 의롭다고 선언하시는 것을 뜻합니다.

제6과

"의인은 그의 믿음으로 말미암아 살리라"(합 2:4): 하박국의 칭의

워밍업

하박국 2장 4절의 후반부("의인은 그의 믿음으로 말미암아 살리라")는 신약에서 세 번(롬 1:17; 갈 3:11; 히 10:38) 인용되고 있습니다. 특히, 바울은 로마서 1장 17절에서 오직 믿음으로 말미암는 칭의를 입증하기 위해서 하박국 2장 4절의 후반부를 인용합니다. 마찬가지로, 바울은 갈라디아서 3장 11절에서 율법이 아니라 믿음으로 의롭다 함을 얻는다는 것을 증언하기 위해서, 하박국 2장 4절 후반부를 인용하고 있습니다. 중요한 문제는 과연 구약 원문의 하박국 2장 4절 본문은 "믿음으로 의롭게 되다"는 진리를 가르치고 있는가 하는 것입니다.

어떤 신약학자들은 사도 바울이 하박국 2장 4절의 원래의 의미를 제대로 전달하고 있다고 생각하지 않습니다. 이들에 따르면, 하박국 본문의 "믿음"(히브리어로 에무나)은 원래 '신실함'(하나님의 율법을 지키는 신실함)의 의미인데 바울은 '믿음'의 의미로 이해하였으며, 하박국 본문의 "살다"도 바벨론 제국의 침략에서 '살아남는 것'을 의미하지만, 바울은 '영적인 구원' 혹은 '영생'의 의미로 이해했다고 생각합니다.[1]

만약 이들의 주장이 옳다면, 바울은 구약성경을 자신의 목적을 위해서 왜곡했다고 볼 수 있습니다. 그러나 모든 성경의 말씀이 성령의 감동에 의해서 기록된 것이라는 사실을 믿는다면, 우리는 바울이 하박국 본문의 의미를 왜곡한 것이 아니라 제대로 전달한 것이라는 것을 믿어야 합니다. 이번 과에서는 B.C. 7세기 말에 활동한 선지자 하박국이 선포

---

[1] Ernst Käsemann, *Commentary on Romans,* trans. and ed. Geoffrey W. Bromiley (Grand Rapids: Eerdmans, 1980), 31-2 및 Longenecker, *Romans,* 185-6을 보라.

한 다음과 같은 말씀의 의미를 살펴보고자 합니다.

> 의인은 그의 믿음으로 말미암아 살리라(합 2:4).

> ≫ 생각하기

- 창세기 15장 6절과 하박국 2장 4절 후반부의 긴밀한 유사성은 다음과 같습니다.[2]

> 아브람이 여호와를 믿으니(히브리어로 헤에민) 여호와께서 이를 그의 의(히브리어로 체다카)로 여기시고(창 15:6).

여기에서, "믿다"의 히브리어 어근(root)은 אמן(amn)이며 "의"의 히브리어 어근은 צדק(chdqh)입니다.

> 의인(히브리어로 차디이크)은 그의 믿음(히브리어로 에무나)으로 말미암아 살리라(합 2:4).

여기에서, "믿음"의 히브리어 어근은 אמן(amn)이며 "의인"의 히브리어 어근은 צדק(chdqh)입니다. 즉, 창세기 15장 6절 본문의 핵심어("믿다"와 "의")와 하박국 2장 4절 본문에서 핵심어("믿음"과 "의인")는 그 어근이 동일하며, 유사한 의미를 나타내고 있습니다.

그뿐만 아니라 창세기 15장 6절의 문맥과 하박국 2장 4절의 문맥은 동일합니다. 아브라함은 하나님께서 주신 자손의 약속에 관해서 그것이 이루어질 것을 믿음으로 기다려야 하며, 하박국은 바벨론에 대한 하나님의 심판을 믿음으로 기다려야 하는 상황입니다.

즉, 하박국과 아브라함 모두에게 무엇보다도 하나님에 대한 신뢰(믿음)가 요구되는 상황입니다. 이러한 두 본문의 유사성을 고려해 볼 때, 우리는 창세기 15장 6절을 바탕으로 하박국 본문을 이해할 수 있는 실마리를 찾을 수 있습니다.

---

[2] O. Palmer Robertson, *The Books of Nahum, Habakkuk, and Zephaniah*, *The New International Commentary on the Old Testament* (Grand Rapids: Eerdmans, 1990), 178-80을 보라.

이러한 사실을 염두에 두고 우리가 하박국 본문을 읽는다면 하박국 2장 4절의 말씀을 바르게 이해할 수 있습니다.

(1) 창세기 15장 6절의 "아브람이 여호와를 믿으니 여호와께서 이를 그의 의로 여기시고"에서 "이"(대명사)는 무엇을 가리킵니까?(창세기 15장 6절의 복습과 아울러 하박국 2장 4절을 이해하기 위한 질문)

정답과 해설
히브리어 원문에서 "이"라는 대명사는 여성 대명사형 접미사로 나타나고 있습니다. 그런데 구체적으로 이 대명사가 대신해야 할 명사는 나타나지 않습니다. 그러나 문맥을 보면, 틀림없이 "아브라함이 하나님을 믿었다"는 것을 가리키고 있습니다. 즉, 이 대명사는 동사적 행위(아브라함이 하나님을 믿었다)를 대신 받아 주고 있습니다.

그런데 왜 하필 여성 대명사형 접미사가 사용되었을까요?

이 점은 히브리어 명사 "에무나"(אֱמוּנָה: 신실함 혹은 믿음으로 번역됨)와 관련되어 있습니다. 히브리어에서 "에무나"는 여성형 명사입니다. 그러므로 창세기 기자는 여성 대명사형 접미사인 "הּ"를 사용하여 "에무나"(믿음)의 의미를 나타내고자 한 것입니다. 다시 말해서, 창세기 기자는 "이"라는 대명사를 사용하여 동사적 행위인 "아브람이 하나님을 믿었다"를 가리키고 있지만, 이 동사적 행위(믿었다)를 명사적인 개념으로 달리 표현한다면 "이"는 "믿음"(에무나)을 지칭하고 있습니다(O. Palmer Robertson, *The Books of Nahum, Habakkuk, and Zephaniah*, 179을 참고).

(2) 위에서 살펴본 바와 같이, 창세기 15장 6절과 하박국 2장 4절의 밀접한 연관성을 고려해 볼 때, 하박국 2장 4절의 "믿음"(히브리어로 에무나)은 "신실함"(하나님의 율법을 지키는 신실함)과 "믿음"(신뢰) 중에서 어떤 의미로 이해하는 것이 옳습니까?(하박국 3장 전체의 문맥을 고려해서 답해야 합니다)

정답과 해설
창세기 15장 6절과 하박국 2장 4절의 긴밀한 연관성을 고려해 볼 때, 하박국 본문의 "믿음"(에무나)은 개역개정 성경의 번역과 마찬가지로, "믿음"으로 이해하는 것이 타당합니다.

그러므로 바울이 로마서 1장 17절에서 다음과 같이 증언한 것은 하박국 본문을 바르게 전달한 것입니다.

> 오직 의인은 믿음으로 말미암아 살리라 (롬 1:17).

그뿐만 아니라 하박국 전체 본문에서 "믿음" 혹은 "신뢰"가 강조되고 있다는 사실을 고려해 볼 때, 하박국 2장 4절의 에무나(אֱמוּנָה)를 '믿음'으로 이해하는 것이 자연스럽습니다.

1장에서는 유다의 패역이 지적되며, 하나님께서 바벨론을 통해서 유다를 심판하실 것이라는 내용이 선포됩니다. 이에 선지자는 더 악한 바벨론이 유다에 대한 심판의 도구로 활용되는 것이 적절한 것인지 하나님께 호소합니다.

2장에서는 하나님께서 선지자의 호소에 관해서 답변을 주시는 내용이 나옵니다. 즉, 하나님께서 반드시 바벨론을 심판하시겠다는 것입니다. 그런데 하나님께서는 묵시의 결과에 관해서 선지자에게 다음과 같이 말씀하십니다.

> 더딜지라도 기다리라 (합 2:3).

이것은 하나님께서 선지자에게 하나님을 "신뢰"할 것을 요구하고 있는 것입니다.

3장에서는 다음과 같이 말씀하시는 하나님의 교훈과 아울러 바벨론에 대한 심판 메시지(하박국 2장)를 이미 받은 선지자가 드리는 기도가 나타납니다.

> 의인은 그의 믿음으로 말미암아 살리라 (합 2:4).

선지자는 특히, 하박국 3장 3-15절에서 하나님께서 현현하셔서 하나님에 의한 바벨론에 대한 심판과 주의 백성에 대한 구원을 묘사하고 있습니다.

이러한 구원과 심판의 주제는 하나님의 백성들에게 하나님을 신뢰하며 인내하라는 메시지를 내포하고 있는 것입니다(각주를 참고하세요).[3]

---

[3] Robertson은 하박국 3장 3-15절이 "기도의 영역"에서 벗어난 것은 아니며, 이 단락은 "모든 시대에 걸쳐

그리고 하박국 3장 17-19절에서 하박국 선지자는 일종의 믿음의 고백을 하고 있습니다. 어떤 상황에 처하든지 "여호와로 말미암아 즐거워한다"는 것은 신자가 할 수 있는 최선의 믿음의 고백입니다. 이처럼 하박국 전체 본문에서 "믿음(신뢰)"의 요소가 강조되는 것은, 하박국 2장 4절의 "에무나"가 "믿음"으로 이해되어야 한다는 것을 강하게 요구합니다.

▶▶▶▶ 더 깊게 생각하기

(1) 하박국 본문 전체를 주의 깊게 읽어 보면, 하박국 선지자가 "의인은 그의 믿음으로 말미암아 살리라"고 선포한 내용에서, "살리라"는 의인이 유대 왕국에 대한 바벨론의 침략과 재난에서 살아남을 것임을 의미하는 것으로 보입니다. 그러나 바울은 로마서 1장 17절에서 "살리라"를 영적 구원 혹은 영생의 의미로 사용하고 있습니다. 그렇다면 하박국 선지자의 "살다"의 의미와 사도 바울의 "살다"의 의미가 서로 다른 것 같습니다.

만약 하박국 2장 4절의 "살다"와 로마서 1장 17절의 "살다"의 의미가 다르다면 어떤 문제가 발생한다고 생각합니까?

왜 이 문제가 중요합니까?

정답과 해설

만약 두 본문에서 "살다"의 의미가 다르다면, 사도 바울은 하박국 2장 4절 말씀을 왜곡한 것이 됩니다. 즉 바울은 하박국 본문이 의도하고 있는 바와는 다르게, 자신이 전달하고자 하는 의미를 전달하기 위해서 구약성경의 본문을 주관적으로 오용한 것입니다.

만약 이런 전제가 옳다고 가정한다면, 성경이 성령님의 감동으로 인해 기록된 것으로서 오류가 없다는 관점을 지지하는, 성경에 대한 복음주의적인 입장은 심각한 문제점을 가지게 됩니다.

하박국 선지자와 마찬가지로 기도로 탄원할 사람들뿐만 아니라 하박국 자신을 지탱해 줄 믿음의 틀을 제공하는 것"이라고 한다. Robertson, *The Books of Nahum, Habakkuk, and Zephaniah*, *The New International Commentary on the Old Testament*, 220. 즉, 하나님의 영광스러운 심판과 구원의 주제는 사람들에게 인내하는 믿음을 요구하는 것이다. 이런 믿음을 가진 자가 결국 구원받는 것이다. 그렇다면 하박국 3장 3-15절에서 하박국 선지자는 하나님을 신뢰하며 참고 기다리라는 메시지를 넌지시 선포하고 있는 것이다.

다시 말해서, 성경은 단순히 인간의 저작물로써 오류를 가지고 있는 것으로 생각될 수 있습니다. 그러나 만약 당신이 성경에 관해서 오류가 없다고 생각하는 진정한 복음주의적 관점을 가지고 있는 사람이라면, 하박국 2장 4절과 로마서 1장 17절이 조화된다고 보아야 합니다.

이 문제가 중요한 이유는 성경은 과연 우리가 신뢰할 수 있는 진리들을 서술하고 있는 문제와 연관되어 있기 때문입니다. 성경을 인간 저자의 창작물이라는 견해를 가진 사람들은 성경에 오류가 있으며, 여러 성경 저자 간에 모순적인 견해를 가지고 있다고 주장합니다.

예컨대, 이들은 사도 바울은 믿음으로 이루어지는 칭의를 언급하였지만, 사도 야고보는 행함으로 되는 칭의를 말했다는 것을 지적하면서, 두 사도는 칭의에 대한 대립적인 견해를 견지하였다고 주장합니다.

그러나 성경을 신뢰하는 사람들은, 성경의 저자들이 성령의 감동에 의해서 성경을 기록하였으며, 그 내용에는 오류가 없으며 성경의 내용들을 신뢰할 수 있다는 것을 믿습니다. 만약 하박국 2장 4절의 "살리라"와 로마서 1장 17절의 "살리라"를 다른 의미로 받아들이게 된다면, 그것은 성경의 신뢰성을 폄하하는 결과를 초래합니다.

(2) 하박국 2장 4절의 "살리라"의 의미와 로마서 1장 17절의 "살리라"의 의미를 조화시킬 수 있는 방법이 있다면, 당신의 생각을 말해 보십시오. 이 문제의 답을 나름대로 생각해 본 후에, 아래에 있는 중요한 성경 해석의 원리를 꼼꼼히 읽어 보십시오.

● 중요한 성경 해석의 원리 이해하기(센수스 플레니오르[*sensus plenior*] 즉 "깊은 의미"[deeper meaning] 혹은 "충만한 의미"[fuller meaning]라는 성경 해석의 원리): 센수스 플레니오르(*sensus plenior*)란 성경해석학에서 사용되는 한 가지 원리로서, 성경의 인간 기록자는 명확하게 의도하지 않았으나, 하나님께서 의도하신 깊은 혹은 충만한 의미가 성경의 단어나 어구 혹은 문장 등에 담겨 있다고 생각하는 것입니다. 이 깊은 의미는 구약성경에서는 명확하게 드러나지 않은 것입니다. 그러나 예수 그리스도께서 오심으로써 하나님의 계시가 명확하게, 충만하게 드러났으므로, 이 깊은 의미는 성령의 감동을 받은 신약성경의 저자들에 의해서 발견될 수 있습니다.

다음과 같은 하박국 2장 4절의 해설에서 우리는 센수스 플레니오르(*sensus plenior*)의 해석 원리를 발견할 수 있습니다.

하박국에게 하신 하나님의 약속은 그 자체로 직접적인 의미를 가지고 있었을 뿐 아니라, 앞으로 더 밝혀져야 하는 보다 더 완전한 의미도 가지고 있었다(James I. Packer et al., 『칭의의 여러 얼굴』, 107-11).

다시 말해서, 하박국 2장 4절의 "살리라"는 직접적으로는 바벨론의 침공으로부터 의인이 살아남는 것을 의미합니다. 그러나 이 "살리라"는 의미 속에는 하박국 선지자는 명확하게 이해하지는 못하였지만, 하나님께서 의도하신 깊은 의미인 '영생', '영적 구원'의 의미가 포함되어 있다는 것입니다. 사도 바울은 바로 이 깊은 의미를 명확하게 드러낸 것입니다.

> 사람이 이를 행하면 그로 말미암아 살리라(레 18:5).

이 말씀에서 "살다"도 흔히 센수스 플레니오르(*sensus plenior*)의 관점에서 이해되고 있습니다. 사도 바울은 로마서 7장 10절과 10장 5절에서 모세 율법에 대한 완벽한 순종은 영생을 가져다 줄 수 있음을 전제하고 있습니다(그러나 사실 완벽한 순종이 불가능하므로 율법으로는 영생을 얻을 수 없습니다).

그러나 레위기 18장 5절의 "살리라"는 사람이 율법을 행하면 '영생'이 아니라 '육체적 생명', 더 구체적으로는 '축복받은 풍성한 삶을 산다는 것'을 의미합니다(신 4:1, 40; 잠 3:1-2을 참고, John E. Hartley, *Leviticus, Word Biblical Commentary*, 293). 그렇다면 레위기 저자의 "삶"에 대한 이해와 바울의 "삶"에 대한 이해가 상이합니다.

이와 관련하여, "살리라"는 센수스 플레니오르(*sensus plenior*)의 관점에서 설명됩니다 (Hartley, *Leviticus*, 293). 즉, 레위기 18장 5절에서 "살리라"는 율법을 행하는 사람들이 축복 받은 삶을 살게 될 것이라는 것을 직접적으로 의미하는 것은 맞지만, "살리라"는 의미 속에는 하나님께서 의도하신, 신약 시대에 분명하게 드러나는 깊은 의미가 있다는 것입니다.

그 깊은 의미는 바로 율법을 완전하게 행하는 사람은 영원한 생명을 가지게 된다는 것입니다. 그러므로 바울은 레위기 18장 5절의 의미를 왜곡한 것이 아니라 그 깊은 의미를 드러내 보여 준 것입니다. 다음 글에서도 센수스 플레니오르(*sensus plenior*)의 해석 원리가 지지되고 있습니다. 즉, "생명(레 18:5)의 충만한 의미가 영생이라는 것을 주장하는 이는 예수님과 바울(마 19:17; 롬 10:5; 갈 3:12), [Gordon Wenham, *Leviticus, New International Commentary on the Old Testament*, 253]입니다."

그러므로 우리는 사도 바울이 하박국 2장 4절의 "살리라"의 의미를 왜곡한 것이 아니라는 결론을 내려야 합니다. 바울은 하박국 2장 4절의 "살리라"에 내포되어 있는 충만한 의미(즉 영적 구원 혹은 영생)를 성령의 인도하심에 따라서 명확히 보여 준 것입니다.

정답과 해설

위에 해설되어 있는 센수스 플레니오르(깊은 의미 혹은 충만한 의미)라는 성경해석학의 원리에 따라서, 인도자는 하박국 본문과 로마서 본문의 "살다"를 설명해야 합니다. 인도자는 이 해석학적 원리에 의해서 두 본문이 서로 조화된다는 것을 명확하게 보여줘야 합니다.

(3) 하박국 선지자는 "의인은 그의 믿음으로 말미암아 살리라"고 선포하였습니다. 그러나 하박국 선지자는 어떻게 사람이 "의인"이 되는지에 관해서는 명시하지 않고 있습니다.
하박국 선지자는 사람이 무엇을 통해서 "의인"(하나님으로부터 의롭다 함을 받은 사람)이 된다고 생각하였을까요?
하박국 2장 4절 후반부와 창세기 15장 6절의 긴밀한 연관성을 고려하여 답해 보십시오.

정답과 해설

우리는 이미 창세기 15장 6절을 공부하면서 아브라함이 믿음을 통해서 의롭다 함을 받았다는 것을 배웠습니다. 하박국 2장 4절 후반부와 창세기 15장 6절의 밀접한 관계를 고려해 보면(위에서 설명한 "창세기 15장 6절과 하박국 2장 4절 후반부의 긴밀한 유사성"을 참고), 우리는 하박국 선지자가 의인됨의 방편을 어떻게 생각하였는지 잘 알 수 있습니다.

아브라함이 믿음을 통해서 의롭다 함을 받은 것처럼, 하박국이 생각하고 있는 의인도 믿음을 통해 의인이 되는 것이라고 결론내릴 수 있습니다. 그러므로 우리는 하박국 선지자도 "믿음을 통해 의롭다 함을 받는다"는 신약의 가르침을 동일하게 증언하고 있다는 것을 알 수 있습니다.

삶에 적용하기

(1) 성경은 오류가 없으며 진리를 선포하고 있는 것임을 당신은 믿습니까? 그렇다면 당신은 성경을 읽을 때 어떤 태도와 마음가짐으로 읽어야 합니까?

해설

성경은 분명하게 오류가 없으며 진리를 선포하고 있는 하나님의 말씀입니다. 그러므로 우리가 성경을 읽을 때, 우리의 이성으로 쉽게 이해되지 않는 부분이 있다면 우리는 겸손한 마음으로 성경을 대해야 합니다. 비록 지금 읽는 순간에 어떤 말씀을 이해할 수 없다고 하더라도, 성경의 원 저자이신 하나님께 성경의 말씀을 깨달을 수 있는 지혜를 간구해야 하며 성경 공부를 소홀히 하지 않아야 합니다.

논리와 이성으로 잘 이해되지 않는 성경의 말씀이 있다고 하여 성경을 의심하거나 회의적인 자세로 성경을 대하지 말아야 합니다. 우리는 기도하며 더 깊은 말씀 공부를 통해 하나님의 진리를 선포하는 성경을 알도록 노력해야 합니다. 건전한 신앙을 가진 믿음의 선배나 교사에게 잘 이해되지 않는 성경 말씀에 대한 조언을 구하는 것도 지혜로울 수 있습니다.

(2) 하박국 선지자가 중요하게 여기는 하나님에 대한 신뢰(믿음)를 깊이 생각해 보십시오.

하박국 전체 본문은 하나님에 대한 신뢰(믿음)를 강조하고 있습니다. 하박국 2장에는 하나님께서 패역한 유다에 대한 심판의 도구로 사용할 바벨론(유다보다 더 패역한 나라)도 심판하실 것을 천명하십니다. 그런데 하나님께서는 이 일의 성취에 관해서 선지자에게 다음과 같이 말씀하십니다.

> 더딜지라도 기다리라 (합 2:3).

이것은 하나님께서 선지자에게 하나님을 "신뢰"할 것을 요구하고 있는 것입니다. 그러므로 하나님은 다음과 같이 말씀하십니다.

> 의인은 그의 믿음으로 말미암아 살리라 (합 2:4).

선지자는 하박국 3장 3-15절에서 하나님께서 현현하셔서 하나님에 의한 바벨론에 대한 심판과 주의 백성에 대한 구원을 묘사합니다. 이러한 구원과 심판의 주제는 하나님의 백성들에게 하나님을 신뢰하며 인내하라는 메시지를 담고 있습니다. 그뿐만 아니라 하박국 3장 17-19절에서 선지자는 하나님에 대한 믿음(신뢰)의 고백을 합니다.

하박국 선지자가 중요하게 여기는 하나님에 대한 신뢰(믿음)를 깊이 생각해 보십시오!
현재 당신의 삶에서 하나님에 대한 신뢰(믿음)가 필요한 영역(부분)은 무엇입니까?
왜 그 영역에서 하나님에 대한 신뢰가 필요합니까?

(3) 오늘 학습을 통해서 당신이 발견한 하나님의 진리를 다른 사람들과 나누십시오. 또한, 당신이 깨달은 하나님의 진리와 관련하여 당신의 삶에서 실천이 필요한 것을 적어 보고 나누어 봅시다.

요약과 정리

사도 바울이 로마서를 기록하기 660여 년 전에 활동한 선지자 하박국은 "의인은 믿음으로 말미암아 살리라"라는 하나님의 말씀을 선포하였습니다. 이 말씀을 통하여 하박국 선지자는, 믿음을 통해 의롭다 함을 받는 의인은 믿음을 통해 살게 될 것이라는 진리를 선포하였습니다. 하박국 선지자가 선포한, "살리라"는 직접적으로는 의인이 바벨론의 침략에서 살아남을 것을 의미합니다.

아울러 "살리라"는 이차적으로 신약 시대에 명확하게 드러나는 "충만한 의미"를 포함하고 있습니다. 그 "충만한 의미"는 바로 영적인 구원 혹은 영생의 의미입니다. 사도 바울은 성령의 감동으로 하박국 선지자가 선포한, "살리라"에 들어 있는 이 "충만한 의미"를 명확하게 드러내었습니다. 우리는 하박국 선지자가, 구약성경과 신약성경에서 공통적으로 증언되고 있는 "믿음을 통하여 의롭다 함을 받는다"는 진리를 선포하고 있음을 기억해야 합니다.

제7과

서기관과 바리새인보다 나은 의(마 5:20), 세리와 바리새인(눅 18:9-14)

신약에서 칭의와 관련된 단어로는 다음과 같습니다.

첫째, 디카이오쉬네(δικαιοσύνη, 의)
둘째, 디카이오시스(δικαίωσις, 의)
셋째, 디카이오마(δικαίωμα, 규정, 요구, 의)
넷째, 디카이오오(δικαιόω, 의롭다 여기다 혹은 선언하다)

먼저 디카이오쉬네의 의미는 다음과 같습니다.

첫째, 디카이오쉬네는 정의 혹은 공의의 의미(히 11:33; 행 17:31 등)를 가집니다.
둘째, 디카이오쉬네는 법적으로 올바른 상태를 나타내는데, "의롭다고 선언받음" 혹은 하나님 앞에서의 의로운 지위나 신분(롬 1:17; 3:21; 5:17; 10:3, 5; 고전 1:30 등)을 의미합니다 ("의롭다고 선언받음"은 하나님의 의롭다 선언하시는 행동에 초점이 있는 것이며, "의인의 지위"는 이 행위의 필연적 결과를 말하는 것으로, 이 둘을 엄밀히 구분할 필요는 없습니다). 즉, 디카이오쉬네는 칭의의 의미를 가집니다.
셋째, 디카이오쉬네는 올바른 행동(롬 6:16, 18-20; 고후 6:14; 약 1:20 등)을 의미합니다.

디카이오시스는 신약에서 두 번 등장(롬 4:25; 5:18)하는데, 그 의미는 법정적으로 하나님 앞에서의 의로운 지위 혹은 의롭다고 선언받음입니다. 즉, 디카이오시스는 칭의의 의미를 나타냅니다.

디카이오마의 의미는 다음과 같습니다.

첫째, 디카이오마는 규정, 요구의 의미를 지닙니다(눅 1:6; 롬 2:26 등).
둘째, 디카이오마는 올바른 행동(롬 5:18; 계 15:4 등)을 의미합니다.
셋째, 디카이오마는 디카이오쉬네, 디카이오시스와 동일하게 하나님 앞에서의 의로운 신분 혹은 의롭다고 선언받음, 즉 칭의를 의미합니다(롬 5:16).

동사인 디카이오오(δικαιόω)의 가장 빈번한 용례는 법적 판결의 관점에서, "의롭다고 선언하다"의 뜻을 지니며(롬 2:13; 3:20, 24, 28; 4:2; 5:1, 9; 갈 2:16; 3:11 등), "의롭게 만들다"의 의미는 없습니다.

> 의롭다고 선언하다(To justify)는, 법정적 용례에 따르면, 유죄인 자에게 무죄판결을 내리고 그 사람을 의롭다고 선언하는 것을 의미합니다(Moo, *Romans*, 86).

디카이오쉬네(δικαιοσύνη, 義, righteousness)의 의미	
정의, 공의	히 11:33; 행 17:31
의롭다고 선언받음/하나님 앞에서의 의로운 지위 = 칭의	롬 1:17; 3:21; 5:17; 10:3; 고전 1:30
올바른 행동	롬 6:16, 18-20; 고후 6:14; 약 1:20

표3. 디카이오쉬네(righteousness)의 의미

🔺 워밍업

예수님은 마태복음 5장 20절에서 상당히 충격적인 말씀을 선포하고 있습니다.

> 내가 너희에게 이르노니 너희 의가 서기관과 바리새인보다 더 낫지 못하면 결코 천국에 들어가지 못하리라(마 5:20).

여기서 "의"(디카이오쉬네)는 분명히 올바른 행동 즉 의로운 행위를 의미하고 있습니다. 예수님께서 선포하신 말씀을 곰곰이 생각해 보면, 예수님께서는 '믿음'이 아니라 '행위'를 통한 구원을 말씀하시는 것 같습니다.

그렇다면 예수님의 가르침과 "믿음을 통한 구원"을 가르치는 바울의 말씀은 서로 모순되는 것 같습니다. 어떤 사람은 예수님의 이러한 가르침(행위를 통한 구원을 가르치는 듯함)과 바울의 가르침을 조화시키기 위해서 기발한 아이디어를 내놓았습니다. 즉 이들은 사람이 처음에는 믿음을 통해서 구원받는 것(바울의 가르침)이 맞지만, 믿고 난 후에는 행위를 통해서 최종 구원을 받는다는 것을 가르칩니다. 이러한 가르침을 교훈하는 사람들이 말하는 구원의 통로는 하나님의 은혜 더하기 인간의 행위입니다.

예수님과 바울의 가르침을 이런 식으로 조화시키는 이들의 해법은 인간의 이성에 호소력이 있습니다. 아울러 이러한 가르침은 구원과 관련하여 때로는 행위를 강조하는 것으로 보이며(약 2:21), 때로는 믿음을 강조하는 성경의 말씀들(롬 3:28)을 손쉽게 이해하도록 돕습니다.

그러나 이들은 구약성경과 신약성경에서 일관되게 가르치고 있는 "오직 믿음을 통한 의롭다 함을 받음(혹은 구원)"의 진리를 외면하고 있습니다. 그러므로 우리는 이들의 가르침을 배격하고 경계해야 합니다.

그렇다면 과연 예수님께서 마태복음 5장 20절에서 하신 말씀의 뜻은 무엇일까요?

오늘 우리는 예수님께서 선포하신 마태복음 5장 20절의 의미를 구체적으로 살펴보고자 합니다. 그뿐만 아니라 누가복음의 기록자 누가는 "의롭다 함을 받는 것"의 통로(방편)에 관해서 어떻게 선포하였는지도 알아보고자 합니다.

〉〉〉 생각하기

(1) 천국에 관한 다음과 같은 질문을 생각해 보십시오.

바리새인은 모세 율법의 세세한 규정들을 지키는 데 그 누구보다 철저한 사람들이었습니다. 그러나 예수님께서 마태복음 5장 20절에서 우리의 "의"(올바른 행동)가 바리새인의 "의"(올바른 행동)보다 뛰어나야 천국에 들어갈 것이라고 말씀했습니다. 바리새인들보다 더 뛰어난 "의"는 현실적으로 불가능한 것처럼 보입니다. 왜냐하면, 바리새인들은 율법을 철저하게 지키기로 유명했던 사람들이기 때문입니다.

그렇다면 아무도 천국에 들어갈 수 없다는 것인가요?
그러나 분명 천국에 들어가는 사람들이 있습니다!
지금까지 우리가 학습한 바에 따르면,
당신은 천국에 누가 들어갈 수 있다고 생각하십니까?

정답과 해설

이 질문은 학습자들이 구원을 받기 위해서 필요한 것이 무엇인지 묻기 위한 것입니다. 학습자는 지금까지 배운 대로, 구원받기 위해서 필요한 것은 믿음이라고 답해야 합니다. 이 믿음은 구원받기 위해서 필요한, 하나님의 은혜에 대한 우리의 반응입니다.

믿음을 가진 사람이 구원받는 것이 확실하다면 이 믿음을 가진 사람이 바리새인보다 더 나은 의를 실천하는 사람임이 틀림없습니다. 믿음(그리스도에 대한 믿음)을 소유한 사람이 바리새인보다 더 나은 의를 어떻게 실행하는지에 관해서는 더 깊게 생각하기 항목에서 다루어집니다.

(2) 누가복음 18장 9-14절을 읽어 보십시오.

① 바리새인과 세리(세금 징수원) 중에 누가 의롭다 함을 받았습니까?
의롭다 함을 받은 세리의 특징은 무엇입니까?(눅 18:13)

정답과 해설

세리가 의롭다 함을 받았습니다. 누가복음 18장 13절에서 세리는 자신의 죄에 대해서 고백하며 회개하는 모습을 보이고 있습니다.

② 본문 속에 드러나는 바리새인의 특징을 말해 보십시오.

정답과 해설

바리새인은 자신의 의(의로운 행동)를 신뢰하며 하나님께 자랑하는 모습을 보여 주고 있습니다(눅 18:9, 11, 12).

>>>>> 더 깊게 생각하기

(1) 의에 관한 다음과 같은 질문을 깊게 생각해 보십시오.

마태복음 5장 20절에서 "서기관과 바리새인보다 더 나은 의"를 실천한다는 것은 양적인 개념으로 이해할 것이 아니라 질적인 개념으로 이해해야 합니다. 단순히 하나님의 법을 양적으로 많이 지키는 것이 문제가 아니라 마음으로부터 하나님의 법을 지켰느냐가 중요한 문제가 됩니다.

예수님께서 율법을 열심히 실천했던 바리새인들의 위선을 지적하며, 이들의 마음은 더러움으로 물들었다(마 23:25-28)고 말씀하신 것을 생각해 보십시오. 바리새인들이 비록 겉으로 율법을 지켰지만 그들의 마음은 악하다는 것을 예수님이 지적하신 것입니다.

이러한 점들을 고려할 때, "서기관과 바리새인보다 더 나은 의"는 무엇일까요?

사람은 어떻게 이러한 "의"를 실천할 수 있을까요?

● 알고 넘어 갑시다!(중생이란 무엇일까요?)

중생은 하나님으로부터 거듭 나서 영생을 소유하게 되는 것입니다. 이 거듭남을 통해서 신자는 새로운 마음을 얻게 되며(렘 24:7; 겔 11:19; 36:26) 하나님의 새로운 창조물이 됩니다(고후 5:17; 엡 4:24).

그러나 중생을 통해서 죄로 얼룩진 옛 본성이 완전히 사라지는 것은 아니므로 신자가 더 이상 죄를 짓지 않는 것은 아닙니다. 그러나 중생한 자의 삶에는 변화가 일어납니다. 왜냐하면, 중생한 자에게 중생 이전의 "지배적인 죄의 통치"가 끝나고 하나님께서 그 사람에게 하나님께 순종하는 "새로운 기질"을 주시기 때문입니다(조동선 외 3인, 「침례교 신학 총서」, 337).

정답과 해설

"서기관과 바리새인보다 더 나은 의"는 하나님에 의해서 변화된 마음으로부터 당연히 흘러나오는 열매로서의 선한 행실입니다.[1]

---

1 Michael J. Wilkins, *Matthew, The NIV Application Commentary* (Grand Rapids: Zondervan, 2004), 230-3; John R. W. Stott, *The Message of the Sermon on the Mount, The Bible Speaks Today* (Downers Grove: InterVarsity, 1978), 74-5.

바리새인들은 바로 이 점에서 실패하였습니다. 그들은 성령에 의해서 변화된 마음을 가지지 못했습니다. 그러므로 그들은 외면적으로는 하나님의 율법을 지켰지만 그들의 마음은 하나님으로부터 떨어져 있었습니다.

그러므로 바리새인들의 행위가 겉으로는 훌륭해 보여도 하나님께는 가증스러웠습니다. 이스라엘의 선지자들은 하나님과 이스라엘의 관계에서 중요한 것은 하나님을 향한 그들의 마음이라고 선포하였습니다(사 29:13; 렘 4:14; 12:2; 욜 2:12-13).

변화된 마음에서 흘러나오는 선한 행실은 구원을 얻기 위한 조건이 아닙니다. 이러한 선한 행실은 구원받은 사람이 구원받은 증거로서 성령의 은혜로 산출하는 열매입니다. 다시 말해서 사람은 선한 행위를 통해서 구원받는 것이 아닙니다. 우리가 지금까지 배운 바와 같이 사람은 믿음을 통해서 구원받습니다. 이들은 성령에 의해서 변화되며 성령으로 인해 선한 행동의 열매를 맺게 됩니다.

구체적으로 이 변화된 마음은 어떻게 가능할까요?

그것은 하나님의 성령으로 가능합니다. 즉 하나님으로부터 거듭나야 하는 것, 바로 중생입니다. 구원받은 사람은 하나님으로부터 나서 변화된 마음을 가지며, 이 변화된 마음의 열매로 선한 행실이 드러납니다. 하나님께서 인정하시는 "의"가 바로 이것입니다. 결국 "바리새인보다 더 나은 의"는 중생(new birth)으로 비롯됩니다. 즉, 이 "의"는 하나님의 은혜로 됩니다. 이 새로운 "의"와 관련하여, 이미 구약의 선지자들은 하나님의 말씀을 선포하였습니다(렘 31:33; 겔 11:19-20).

이 구약의 본문들은 예수 그리스도께서 오심으로써 이루어질 새 언약의 성취를 말합니다. 하나님께서 주신 약속의 내용은 하나님께서 자신의 백성들에게 성령을 주셔서, 그들의 마음을 새롭게 하고 마음으로부터 하나님의 법을 실천하도록 하신다는 것입니다.

이제 새 언약을 성취하시는 예수 그리스도께서 오셨습니다. 예수 그리스도를 믿음으로 받아들이는 사람만이 새 언약의 축복을 누릴 수 있습니다. 믿음으로 예수님께 반응하는 사람만이 하나님의 은혜로 "서기관과 바리새인보다 더 나은 의"를 행할 수 있습니다.

이러한 "의"는 바리새인들의 의와는 질적으로 전혀 다른 "의"이며, 하나님의 은혜입니다. 그러나 예수님 당시 대다수의 서기관들과 바리새인들은 "자기 의"를 의지하고 자랑하며 예수님을 거부하였습니다. 이들은 결코 "하나님의 나라"에 들어갈 수 없습니다.

(2) 마태복음 12장 37절 ("네 말로 의롭다 함을 받고 네 말로 정죄함을 받으리라")을 보십시오. 그리고 이 본문의 문맥에 해당하는 본문(마 12:22-37)을 꼼꼼히 읽어 보십시오. 마태복음 12장 37절은 말(혹은 행위)에 의해서 의롭다 함을 받는다는 것을 가르치고 있습니까?

만약 그렇지 않다면 이 본문이 의미하는 것은 무엇이라 생각하십니까?

정답과 해설

이 문제를 풀기 위해서 본문의 문맥(마 12:22-37)을 꼼꼼히 살펴 볼 필요가 있습니다. 예수님께서 성령의 능력으로 귀신 들린 사람을 치유하며 하나님의 나라(통치)가 이미 임하였음을 명확하게 보여 주셨습니다.

그러나 바리새인들은 예수님께서 사탄의 힘을 빌어서 귀신을 쫓아 낸 것이라 비난하며 예수님께서 전하시는 복음의 진리를 완강히 거부합니다. 이런 상황 가운데서 예수님께서 이들에 대한 심판을 말씀하십니다.

본문은 사람이 예수님에 관해서 말하는 방식이 결국 자신이 어떤 존재인지를 드러낸다는 것을 말하고 있습니다.[2] 즉, 예수님을 비난하며 거부하는 사람들(예를 들어, 바리새인들)은 정죄를 당하며, 예수님을 바르게 평가하고 받아들이는 사람(예를 들어, 예수님의 제자들)은 마지막 심판에서 구원을 받는다는 것을 본문이 말하고 있습니다.

본문은 사람의 말이나 행위가 구원받는 조건(근거)이라고 말하는 것이 아닙니다. 본문은 말이나 행위는 그 사람의 정체를 드러낸다는 것, 즉 말이나 행위는 그 사람이 예수 그리스도를 신뢰하며 의지하는 자인지 아닌지를 밝혀 주는 증거의 역할을 한다는 것을 이야기합니다.

예수님에 대한 진실한 믿음을 가지고 있는 사람은 분명히 구원받습니다. 그러나 예수님에 대한 믿음이 있다고 고백하면서도 믿음의 증거로서 거룩함의 열매는 전혀 찾아 볼 수 없는 사람은, 야고보가 말하는 "죽은 믿음"(약 2:17, 26)을 가진 사람이며, 이들은 결국 정죄받습니다.

아울러 예수 그리스도를 비난하며 끝까지 거부하는 사람들은 심판을 면할 수 없습니다(본문의 바리새인들이 이 경우입니다). 그러므로 마태는 행위로 인한 구원을 말하고 있지 않습

---

2 D. A. Carson, *Matthew*, *The Expositor's Bible Commentary*, vol. 8, ed. Frank E. Gaebelein and J. D. Douglas (Grand Rapids: Zondervan, 1984), 293.

니다. 마태에게 행위는 구원의 조건(근거)이 아니라 구원의 증거요, 열매입니다. 마태복음을 읽어 보면 마태는 야고보서와 마찬가지로 상당히 행위를 강조합니다. 우리가 마태복음을 읽을 때, 마태가 행위를 역설하는 것에만 몰입하여 마태가 말하는 전체 배경과 문맥을 소홀히 한다면, 우리는 마태가 행위 구원을 주장한다고 오판할 수 있습니다.

그러므로 우리는 성경을 읽을 때, 특정 구절(들)을 문맥 속에서 분리하여 읽지 말고 그 구절(들)이 속한 전체 문맥을 신중히 고려하여 읽어야 합니다. 성경을 바르게 읽고 이해하기 위한 문맥의 중요성을 항상 염두(念頭)에 두십시오.

(3) 누가복음 18장 9-14절에는 사도 바울이 사용한 칭의의 단어인 "의롭다 함을 받다"(눅 18:14)가 나타납니다. 그러나 어떤 학자들은 본문의 "의롭다 함을 받다"(dedikaiomenos)가 바울이 사용한 칭의(의롭다 함을 받음. 의인의 신분)의 의미가 아니라, 세리의 기도가 하나님께 받아들여졌다는 것이라고 해석합니다. 이러한 해석에 대한 당신의 생각을 말해 보십시오.
과연 이들의 해석은 타당한 해석일까요?

● 꼭 알아 둡시다!(성경 본문을 이해하기 위한 문맥의 중요성)
우리는 특정한 성경의 단어, 어구, 절, 단락 등을 이해하기 위해서 문맥을 잘 파악해야 합니다. 우리가 문맥을 올바르게 이해하지 않는다면 우리는 엉뚱한 성경 해석을 할 수 있습니다.

누가복음 18장 9-14절도 그 내용을 바르게 파악하기 위해서 그 문맥을 올바르게 이해할 필요가 있습니다. 누가복음 18장 9-14절의 전후 문맥은 명확하게 종말에 있을 심판 혹은 구원과 관련되어 있습니다. 인자의 재림(눅 17:22-37), 과부와 재판장의 비유(눅 18:1-8), 어린아이를 받아들임과 아이들의 신뢰하는 마음(눅 18:15-17), 예수님께 영생을 묻는 부자 관리(눅 18:18-30)의 문맥은, 세리와 바리새인의 비유가 단순히 기도의 응답과 관련하여 예수님께서 가르침을 주신 것이 아니라는 것을 보여 주고 있습니다.

과부와 재판장의 비유(눅 18:1-8)는 설교상에서, 신자가 포기하지 않고 하나님께 기도하면 하나님께서 응답해 주신다는 가르침을 주는 것으로 흔히 이해되고 있습니다. 그러나 사실 이 비유는 박해와 고난을 겪고 있는 신자들에게 믿음을 지키고 기도로 인내할 것을 요구하고 있는 것입니다. 과부와 재판장의 비유는 신자들이 하나님의 공의가 실현되기를 기도하며, 이 공의가 완성될 주님의 재림을 기대하며 기도해야 하는 것을 말하고 있습니다.

왜냐하면, 마지막 심판의 날에 하나님께서 그들을 신원(억울함을 풀어 주심)해 주실 것이기 때문입니다. 즉, 주님의 재림은 모든 악을 바로 잡고 하나님의 공의를 명백하게 보여 줄 것입니다(E. Earle Ellis, *The Gospel of Luke*, 212-3).

어린아이를 받아들임과 아이들의 신뢰하는 마음(눅 18:15-17)에서, 예수님은 하나님의 나라는 어린아이와 같이 신뢰하는 마음을 가진 자가 들어갈 것이라고 말씀하십니다. 예수님께 영생을 묻는 부자 관리(눅 18:18-30)의 이야기에서, 예수님은 영생의 길은 자신(예수 그리스도)과 인격적인 관계(이 관리의 경우는 재산을 팔고 예수님을 따르는 것)를 맺는 것에 있음을 분명히 말씀하십니다. 아울러 예수님은 자신을 따른 제자들에게 내세에 영생이 있을 것임을 확인시켜 주시고 있습니다.

이러한 인자의 재림과 구원론적인 문맥을 고려할 때, 세리와 바리새인의 비유는 구원론적 관점에서 읽는 것이 바람직합니다. 필자의 은사님 중 한 분도 누가복음 18장 9-14에 앞서 있는 두 단락(눅 17:20-37; 18:1-8)이 하나님의 공의를 드러내는 심판과 연관되어 있다는 것을 지적하며, 세리와 바리새인의 비유 본문은 과연 누가 하나님께 의롭다 함을 받을 것인지에 대한 해답을 제공한다고 해석하며, 구원론적 독법(reading)을 지지하고 있습니다 (Ellis, *Luke*, 214). 그러므로 누가가 사용한 "의롭다 하심을 받고"는 바울이 사용한 것과 동일한 의미인, 칭의를 뜻하는 것으로 이해하는 것이 옳습니다.

정답과 해설
위의 "꼭 알아 둡시다"를 보십시오.

(4) 누가복음 18장 9-14절에서 세리는 무엇을 통하여 의롭다 함을 받은 것입니까? 누가가 표현하고 있는 의롭다 함의 방편(통로)은 바울이 선언하는 "믿음으로 의롭다 함을 받는다"는 진리와 일치합니까?

● 알고 넘어 갑시다!(회개와 믿음)

구원받는 믿음이란 죄 용서받음을 위해서 예수 그리스도를 신뢰하고 의지하는 것입니다. 이 구원받는 믿음으로부터 선한 열매들이 흘러나옵니다(롬 1:5; 요일 3:23-24). 회개는 죄에 대해서 슬퍼하는 것이며, 죄를 혐오하는 것이며, 죄를 버리고 살며 하나님을 기쁘시게 하며 살겠다는 인간 내면의 결심(의지)입니다. 이 회개로부터 실제적으로 하나님을 기쁘시게 하는 열매들(행동의 변화)이 흘러나옵니다.

회개와 믿음은 하나님의 은혜로 이루어지며, 하나님의 은혜에 대한 인간의 반응입니다. 하나님의 은혜가 주어지지 않는다면 인간은 절대로 이런 회개와 믿음의 반응을 할 수 없습니다. 회개와 믿음은 동전의 앞면과 뒷면과 같은 것으로서 서로 분리될 수 없습니다. 회개는 죄로부터 돌아서는 것에 초점을 맞추는 것이며, 믿음은 예수 그리스도에게 향하는 것에 초점을 맞추는 것입니다(James Leo Garrett, *Systematic Theology*, 2:271).

회개와 믿음은 전후 관계가 아니며 동시에 일어납니다.

> 이르시되 때가 찼고 하나님 나라가 가까이 왔으니 회개하고 복음을 믿으라 하시더라(막 1:15).

이 말씀을 어떻게 이해해야 할까요?

이 본문은 회개가 먼저이고 믿는 것이 다음이라는 말은 아닙니다. 오히려 회개와 믿음은 함께 가는 것임을 말하고 있다고 보아야 합니다. 회개는 믿음이 전제되지 않고서 일어날 수 없습니다. 내 죄를 인정하고 돌이키며 하나님을 기쁘시게 하며 살고자 하는 결정은 나의 죄를 해결해 줄 수 있는 예수 그리스도에 대한 인정과 신뢰 없이는 불가능합니다. 그렇다면 믿음(신뢰)이 회개보다 먼저인 것 같습니다.

그러나 예수 그리스도에 대한 믿음(신뢰)은 회개 없이 가능합니까?

예수 그리스도를 인정하고 믿기 위해서는 내가 먼저 죄인임을 깨닫고 인정하지 않으면 안 됩니다. 이렇게 보면 회개가 믿음보다 먼저인 것 같습니다.

회개와 믿음 중 무엇이 먼저인가요?

회개와 믿음은 전후 관계가 아닙니다. 믿음은 회개가 전제되어야 하고 회개는 믿음이 전제되어야 합니다. 결국 회개와 믿음은 동시에 발생한다고 보아야 합니다(John Murray, *Redemption Accomplished and Applied*, 113; Wayne Grudem, *Systematic Theology*, 713 참고).

정답과 해설

세리는 "가슴을 치며"(자신을 부끄러워하는 모습) 하나님께 "불쌍히 여기소서"라고 기도하며 자신이 "죄인"임을 고백합니다. 세리의 기도에서 발견되는 중요한 요소는 그가 하나님의 용서하시는 은혜를 의지하여 회개하고 있다는 것입니다. 그러므로 세리는 회개를 방편으로 의롭다 함을 얻은 것이라고 말할 수 있습니다. 그러나 회개는 믿음의 표현입니다. "생명으로 이끄는 회개는 믿는 회개"입니다(John Murray, *Redemption Accomplished and Applied*, 113).

회개와 믿음은 분리될 수 없는 관계이며 한 쪽은 반드시 다른 한 쪽을 전제하고 있습니다. 세리는 분명히 하나님의 은혜를 의지(신뢰)하여 회개하였습니다. 그러므로 세리는 믿음을 방편으로 의롭다 함을 받았다고 말할 수 있습니다. 세계적인 신약학자인 F. F. 브루스(F. F. Bruce)도 세리의 기도에는 믿음이 분명히 암시되어 있음을 지적하고 있습니다.[3] 그러므로 누가는 세리와 바리새인의 비유를 통해 "믿음으로 의롭다 함을 받는다"는 바울의 칭의 교리를 동일하게 선포하고 있습니다.

(5) 누가복음 18장 14절을 당신의 말로 바꾸어 표현해 보십시오.

해설

이 질문은 학습자가 누가복음 18장 9-14절에 나타난 칭의의 가르침에 대한 이해를 확인하기 위한 질문입니다. 학습자는, 사람은 믿음을 통하여 하나님으로부터 의롭다고 선언받는다는 사실을 분명하게 표현할 수 있어야 합니다.

삶에 적용하기

(1) 의와 행위에 관한 다음과 같은 질문을 생각해 보십시오.

우리는 워밍업에서 "서기관과 바리새인보다 나은 의"의 해석과 관련하여, 어떤 사람들은 기발한 해석을 하였다는 것을 언급하였습니다. 이들은 "너희 의가 서기관과 바리새인보다 더 낫지 못하면 결코 천국에 들어가지 못하리라"를 행위를 통해 구원에 이르는 것으로 이해하였습니다. 이들에 따르면, 사람이 처음에는 믿음을 통해서 구원받지만 믿고 난 후에는 행위를 통해서 최종 구원을 받는다는 것입니다.

---

[3] "의롭다 하는 믿음이, 자기 만족과 자기 의존을 완전히 벗어 버리고 하나님의 은혜의 선물로서의 용서하시는 자비를 진정으로 추구하고 감사함으로 받아들이는, 이 신뢰하고 회개하는 마음의 태도에서 보다 더 명확히 발견될 수 있는 곳은 어디이겠는가? 이것이 바로 세리의 태도였다." F. F. Bruce, "Justification by Faith in the Non-Pauline Writings of the New Testament", *The Evangelical Quarterly* vol. 24, no. 2 (April 1952), 68.

이러한 해석의 문제점은 무엇이라고 생각합니까?
당신의 삶에서 하나님을 기쁘시게 하는 선한 행위가 있다면,
그 선한 행위는 무엇 때문에 나타난 것입니까?
당신이 진정으로 하나님을 사랑한다면,
당신의 삶의 영역에서 변화가 필요한 부분은 무엇입니까?

해설

처음에는 믿음으로 구원받고 믿은 후에는 행함으로 최종적인 구원을 받는다고 가르치는 사람들이 말하는 구원의 통로는 하나님의 은혜 더하기 인간의 행위입니다. 그러나 구약성경과 신약성경은 일관되게 "오직 믿음을 통한 의롭다 함을 받음(혹은 구원)"의 진리를 가르치고 있다는 점을 기억해야 합니다.

이들은 구원과 관련하여 하나님의 은혜와 인간의 행위를 말하고 있지만 결과적으로는 행위 구원을 가르치고 있습니다. 왜냐하면, 이들의 관점을 따른다면 최종 구원은 인간의 행위에 의해서 결정되기 때문입니다.

그러나 인간의 행위로는 구원을 담보할 수 없다는 것이 지적되어야 합니다. 행위를 통해서 구원받고자 한다면 하나님의 완벽한 기준을 충족시켜야 하는데 그런 사람은 없습니다(롬 2:13; 갈 3:10; 약 2:10을 참고). 그러므로 사도 바울은 의롭다 하심을 얻는 것은 율법의 행위에 있는 것이 아니라 믿음을 통하여 되는 것이라고 역설하였습니다(롬 3:28).

구원받은 사람에게서 발견되는 선한 행위는 구원을 받기 위해 행하는 선한 행위가 아닙니다. 이들은 칭의를 선물로 주신 하나님에 대한 감사함과 사랑으로 인해 하나님께 순종하여 선한 행위를 하게 됩니다(골 3:17;[4] 요일 5:3-4). 물론 구원받은 사람들에게는 성령의 소욕과 육체의 소욕 간의 갈등이 있으므로 그들은 삶에서 도덕적인 실패를 경험할 수 있습니다(갈 5:16-17).

성경은 하나님께서 우리를 먼저 사랑하셨으며, 그 하나님의 사랑으로 인해 우리가 하나님을 사랑하게 된다고 증언하고 있습니다(요일 4:19). 하나님의 사랑을 먼저 받은 우리

---

[4] 골로새서 3장 17절을 헬라어 원문에서 직역하면 다음과 같을 것이다. 즉 "예수를 통하여 하나님 아버지께 감사를 드림으로써(감사를 통해), 무엇을 하든지 말에나 일에나 다 주 예수의 이름으로 행하라"이다. 여기서 발견될 수 있는 중요한 원리는 감사가 순종이 흘러나오는 원천의 역할을 한다는 것이다. Douglas J. Moo, *The Letters to the Colossians and to Philemon*, The Pillar New Testament Commentary (Grand Rapids: Eerdmans, 2008), 291을 참고.

가 하나님을 사랑하므로, 우리는 하나님을 사랑하는 것에 대한 증거를 보여 주기 마련입니다(요일 5:3 참고). 이것은 마치 우리가 누군가를 사랑한다면 그 사랑에 대한 증거를 보여 주는 것과 마찬가지입니다. 우리가 하나님을 사랑한다면 하나님께 기쁨을 드리는 일을 행합니다. 그러므로 우리의 삶의 영역에서 하나님이 기뻐하시지 않는 부분이 있다면 우리는 그 부분에서 변화를 꾀하게 됩니다.

(2) 마음과 행동에 관한 다음과 같은 질문을 생각해 보십시오.
예수님은 율법을 열심히 지켰던 바리새인들의 위선을 지적하며, 이들의 마음은 더러움으로 물들었다(마 23:25-28)고 말씀하셨습니다. 바리새인들이 비록 겉으로는 율법을 지켰지만 그들의 마음은 악하다(그들이 하나님을 사랑하지 않는다. 혹은 그들의 마음은 하나님으로부터 멀리 떠나있다)는 것을 예수님이 지적하신 것입니다.

당신은 살아가면서 이러한 바리새인적 위선을 행한 적이 있습니까?
예컨대 교회의 형제나 자매를 사랑하지 않고 미워하거나,
그에 대해서 심히 질투하거나 싫어하면서 사랑하는 척 한 적이 있습니까?
이러한 위선은 무엇 때문에 발생했습니까?

올바른 행동은 올바른 마음과 일치해야 합니다. 하나님은 우리의 올바른 마음에서 올바른 행동이 나오기를 원하신다는 것을 기억하십시오.

> 주께서 그들을 심으시므로 그들이 뿌리가 박히고 장성하여 열매를 맺었거늘 그들의 입은 주께 가까우나 그들의 마음은 머니이다(렘 12:2).

(3) 오늘 학습을 통해서 당신이 발견한 하나님의 은혜나 진리를 다른 사람들과 나누십시오. 또한, 당신이 깨달은 하나님의 은혜나 진리와 관련하여 당신의 삶에서 실천이 필요한 것을 적어 보고 나누어 봅시다.

요약과 정리

"서기관과 바리새인보다 더 나은 의"는 성령님에 의해서 변화된 마음으로부터 당연히 흘러나오는 열매로서의 선한 행실입니다. 바리새인들은 외면적으로는 하나님의 율법을 지켰지만 그들의 마음은 하나님으로부터 떨어져 있었습니다.

그러므로 바리새인들의 행위가 겉으로는 훌륭해 보여도 하나님께는 가증스러운 것이었습니다. 변화된 마음에서 흘러나오는 선한 행실은 구원을 얻기 위한 조건(근거)이 아닙니다. 이러한 선한 행실은 구원받은 사람이 구원받은 증거로서 성령의 은혜로 산출하는 열매입니다.

이 변화된 마음은 하나님의 성령으로 가능한 것입니다. 즉 성령으로부터 거듭나야 가능한 것입니다. 구원받은 사람은 성령으로부터 나서 변화된 마음을 가지며, 이 변화된 마음의 열매로 선한 행실이 드러납니다.

주님께서 인정하시는 "의"가 바로 이것입니다. 결국, "바리새인보다 더 나은 의"는 중생(new birth)으로 비롯되는 것입니다. 즉, 이 "의"는 하나님의 은혜로 되는 것입니다. 믿음으로 예수님께 반응하는 사람만이 하나님의 은혜로 "서기관과 바리새인보다 더 나은 의"를 행할 수 있습니다. 이러한 "의"는 바리새인들의 의와는 질적으로 전혀 다른 "의"이며 하나님의 은혜입니다.

제8과

"영생을 얻었고 심판에 이르지 아니하나니"(요 5:24): 요한이 말하는 칭의

⬆ 워밍업

사도 요한은 "믿음으로 말미암는(통한) 칭의"(justification by faith)라는 용어를 사용하지 않습니다.

사도 요한이 이러한 용어를 사용하지 않는다는 것은 요한에게서는 "믿음으로 말미암는 칭의"의 개념(idea)이 없다는 것을 말하는 것일까요?

요한은 구원론적인 주제를 언급할 때 다음과 같은 언어로 구원을 묘사합니다(Andrew Trotter, Justification in the Gospel of John," in Right with God: Justification in the Bible and the World, ed., D. A. Carson [Milton Keynes: Paternoster, 1992], 145을 참고).

첫째, 영생(요 3:15-16, 36; 5:24, 39; 6:27, 40, 47, 54, 68; 10:28; 12:25; 17:2-3; 요일 5:11, 13)
둘째, 중생(요 3:3-5; 요일 5:1)
셋째, 생명의 떡(요 6:32-48)

한편 바울은 구원을 묘사하기 위해서 "칭의"라는 단어를 주로 사용합니다. 구원이 내포하고 있는 포괄적 개념을 영생, 중생, 생명의 떡, 칭의의 용어 등으로 모두 표현할 수는 없지만 요한과 바울은 자신들이 선호하는 용어로 구원의 다양한 이미지를 나타낸 것이라 볼 수 있습니다.

사도 요한이 "칭의"라는 용어로 구원을 표현하지는 않았기 때문에, 바울이 사용한, "믿음으로 말미암는 칭의"라는 개념에 대한 인식이 없거나 그 개념에 대해서 반대했을까요?

"믿음으로 말미암는 칭의"도 결국 구원을 표현하는 한 방법이므로, 요한이 그 개념에 대해서 반대했다고 보기는 어렵습니다. 왜냐하면, 요한도 믿음으로 말미암는 구원을 말하고 있기 때문입니다(요 3:15-16; 5:24; 6:35, 40, 47; 요일 5:1). 오늘 우리는 사도 요한은 칭의(의롭다고 선언받음, 의인의 신분)에 관해서 어떻게 이해하였는지 알아보고자 합니다.

요한은 칭의에 대하여 사도 바울과 동일한 이해를 가지고 있을까요?

≫≫≫ 생각하기

(1) 요한복음 3장 18절을 세심하게 읽어 보십시오.

> 아들을 믿는 사람은 심판을 받지 않는다. 그러나 믿지 않는 사람은 이미 심판을 받았다. 그것은 하나님의 독생자의 이름을 믿지 않았기 때문이다(요 3:18, 새번역).

누가 심판을 받지 않습니까?
심판을 받지 않는다는 것은 무슨 뜻이라고 생각합니까?

● 독생자: 독생자는 하나님께서 유일하게 낳은 아들의 뜻이 아닙니다. 하나님은 사람처럼 아이를 낳는 분이 아닙니다. 독생자의 요한복음 3장 18절의 헬라어 원문은 τοῦ μονογενοῦς υἱοῦ(투 모노게누스 휘우)로서 그 뜻은 하나님의 유일한 아들이라는 뜻입니다. 이 아들이란 의미도 우리가 일반적으로 이해하고 있는 인간 관계에서의 아버지와 아들의 의미와 동일한 것이 아닙니다. 삼위의 하나님(성부 하나님, 성자 하나님, 성령 하나님)을 구별하기 위해서 아버지와 아들이라는 용어가 사용된 것입니다.

● 이미 심판을 받았다: 종말에 있을 최종 심판의 날에 예수님을 믿지 않는 사람은 심판을 받습니다. 그러므로 이 심판은 미래의 일입니다. 그러나 구원을 위해 예수님을 현재 신뢰하고 있지 않는 사람은 이미 하나님의 진노 가운데 있으므로(심판이 확정되었으므로) "이미 심판을 받았다"고 표현한 것입니다.

정답과 해설

예수 그리스도를 믿는 사람이 심판을 받지 않습니다. 본문에서 심판이라는 것은 단순한 판결의 의미가 아니라 정죄의 판결을 의미합니다. 즉, 죄 있다고 판결 받는 것을 의미하는 것입니다. 예수 그리스도를 믿지 않는 사람은 정죄(유죄)의 판결을 받으므로 그에 합당한 형벌을 받게 됩니다. 반면에 예수 그리스도를 믿는 사람은 정죄의 판결을 받지 않습니다.

(2) 요한계시록 7장 9절, 13-14절을 주의 깊게 읽어 보십시오(참고 계 3:4-5; 6:11; 19:8).

> 이 일 후에 내가 보니 각 나라와 족속과 백성과 방언에서 아무도 능히 셀 수 없는 큰 무리가 나와 흰 옷을 입고 손에 종려 가지를 들고 보좌 앞과 어린 양 앞에서 서서(계 7:9).

> 장로 중 하나가 응답하여 나에게 이르되 이 흰 옷 입은 자들이 누구며 또 어디서 왔느냐 내가 말하기를 내 주여 당신이 아시나이다 하니 그가 나에게 이르되 이는 큰 환난에서 나오는 자들인데 어린 양의 피에 그 옷을 씻어 희게 하였느니라(계 7:13-14).

본문에는 흰 옷(혹은 흰 옷과 관련된 용어)이 총 세 번 등장합니다. 본문의 흰 옷은 무엇을 의미한다고 생각합니까?

정답과 해설

사도 요한은 칭의(의롭다 함을 받음, 의롭다고 선언받음, 의인의 지위 혹은 신분)의 의미를 전달하기 위해서 흰 옷이라는 이미지를 사용하고 있습니다. 학습자가 이 문제를 정확하게 답하지 못하였다고 하여 인도자가 너무 신경 쓸 필요는 없습니다.

이 본문은 "더 깊게 생각하기"에서 다시 자세하게 다루어지므로, 거기서 충분한 설명과 토의가 이루어지도록 해야 합니다. 여기서 인도자는 학습자의 답변을 들어 보는 것에 만족하면 됩니다.

>>>>> 더 깊게 생각하기

(1) 요한복음 3장 18절에서 우리는 바울이 선포한 "믿음을 통해서 의롭다 함을 받는다"는 진리를 발견할 수 있습니까?
만약 그 진리를 발견할 수 있다면 그 근거는 무엇입니까?

> 아들을 믿는 사람은 심판을 받지 않는다. 그러나 믿지 않는 사람은 이미 심판을 받았다. 그것은 하나님의 독생자의 이름을 믿지 않았기 때문이다(요 3:18, 새번역).

● 힌트: 의롭다 함을 받는다는 것은 법정에서의 판결이며 심판(정죄의 판결)도 법정에서의 판결이라는 점에 주목하십시오.

정답과 해설

우리는 요한복음 3장 18절에서 "믿음을 통해서 의롭다 함을 받다"는 진리를 발견할 수 있습니다. 왜냐하면, 요한은 "의롭다 함을 받다"(의롭다 함을 선언받다)의 반대 개념을 명확하게 표현하고 있기 때문입니다. 법정에서의 판결에는 언제나 두 가지 판결이 존재합니다.

첫째, 긍정적 판결
둘째, 부정적 판결

긍정적 판결은 "죄 없다"(의롭다)는 판결이며, 부정적 판결은 "죄 있다"(정죄)의 판결입니다. 본문을 보면 예수 그리스도를 믿는 사람은 심판(정죄의 판결)을 받지 않는다고 증언하고 있습니다. 이 표현을 판결에 대한 긍정적 내용으로 바꾸어 말하면, 그리스도를 믿는 사람은 "의롭다 함"을 선고 받는다는 뜻입니다. 즉, 사도 요한은 "믿음으로 의롭다 함을 받는다"고 말하고 있는 것입니다.

이것은 바울이 말하고 있는 칭의에 대한 이해와 동일한 표현입니다. 대조적으로, 사도 요한은 그리스도를 믿지 않는 사람은 정죄의 판결을 받는다고 선포하고 있습니다. 사도 요한의 칭의에 대한 이러한 관점은 요한복음 5장 24절에도 나타납니다.

내가 진실로 진실로 너희에게 이르노니 내 말을 듣고 또 나 보내신 이를 믿는 자는 영생을 얻었고 심판에 이르지 아니하나니 사망에서 생명으로 옮겼느니라(요 5:24).

(2) 요한계시록 7장 9절, 13절, 14절을 다시 한번 읽어 보십시오.

이 일 후에 내가 보니 각 나라와 족속과 백성과 방언에서 아무도 능히 셀 수 없는 큰 무리가 나와 <u>흰 옷</u>을 입고 손에 종려 가지를 들고 보좌 앞과 어린 양 앞에서 서서(계 7:9).

장로 중 하나가 응답하여 나에게 이르되 이 <u>흰 옷</u> 입은 자들이 누구며 또 어디서 왔느냐 내가 말하기를 내 주여 당신이 아시나이다 하니 그가 나에게 이르되 이는 큰 환난에서 나오는 자들인데 어린 양의 피에 그 <u>옷을 씻어 희게</u> 하였느니라(계 7:13-14).

우리는 앞서 "생각하기"에서 "흰 옷"은 칭의의 의미라고 하였습니다. 그러나 왜 "흰 옷"이 칭의의 의미인지 충분히 검토하지 않았습니다. 이제 "흰 옷"의 의미를 자세히 연구해 볼 필요가 있습니다.
왜 "흰 옷"은 칭의를 의미할까요?
시편 51편 7절, 이사야 1장 18절, 64장 6절, 61장 10절(아래에 각 본문들의 내용을 보세요)을 읽고 답해 보십시오.

● 확인하기: 칭의(의롭다고 선언받음, 의인의 신분/지위)에 관해서 우리는 이미 학습했습니다. 우리는 창세기 15장 6절을 공부하면서 어떤 사람이 하나님의 도덕 기준에 부합할 때만 그 사람이 법정적으로 의롭게 선포되어야 하며(즉 칭의), 이 원칙이 지켜지지 않는 것은 죄(출 23:7; 사 5:23; 잠 17:15; 18:5)라는 것을 확인하였습니다.

그런데 우리는 하나님께서 의롭지 않은 아브라함을 의롭다고 여겨 주신 역설도 확인할 수 있었습니다. 이런 역설이 가능한 것은 다른 이의 의로움이 죄인에게 전가될 때 가능하다는 것을 알 수 있었습니다.

우리는 이사야 53장을 공부하면서 이 다른 이는 신약의 예수 그리스도라는 것을 확인했습니다. 시편 32편 1-2절을 공부하면서 칭의에는 죄 용서의 측면이 있다는 것도 배웠습니다.

앞으로 바울의 칭의론에서도 배우게 될 내용이지만, 칭의에는 두 가지 요소가 있습니다.

첫째, 의의 전가
둘째, 죄 용서

사람이 칭의를 받게 된다면, 그 사람은 모든 죄 용서를 받으며 아울러 하나님의 모든 법을 충족시킨 것으로 간주됩니다(예수 그리스도의 완벽하신 순종의 전가로 인해서 가능). 즉 그 사람은 의인의 신분을 얻게 됩니다.

> 우슬초로 나를 정결하게 하소서 내가 정하리이다 나의 죄를 씻어 주소서 내가 눈보다 희리이다 (시 51:7).

> 여호와께서 말씀하시되 오라 우리가 서로 변론하자 너희의 죄가 주홍 같을지라도 눈과 같이 희어질 것이요 진홍 같이 붉을지라도 양털같이 희게 되리라 (사 1:18).

> 무릇 우리는 다 부정한 자 같아서 우리의 의는 다 더러운 옷 같으며 우리는 다 잎사귀 같이 시들므로 우리의 죄악이 바람 같이 우리를 몰아가나이다 (사 64:6).

> 신랑에게 제사장의 관을 씌우듯이 신부를 패물로 단장시키듯이, 주님(여호와)께서 나에게 구원의 옷을 입혀 주시고, <u>의의 겉옷</u>으로 둘러 주셨으니 내가 주님(여호와) 안에서 크게 기뻐하며 내 영혼이 하나님 안에서 즐거워할 것이다 (사 61:10, 새번역).

이사야 61장 10절의 의의 겉옷(새번역)은 개역한글 성경도 "의의 겉옷"으로 번역하고 있으나 개역개정 성경은 "공의의 겉옷"으로 번역하고 있습니다. "의의 겉옷"으로 번역한 새번역이나 개역한글 성경의 번역이 타당한 번역입니다. 왜냐하면, 히브리어 원문의 צְדָקָה(chedaqah, 체다카)는 본문에서 "공의", "정의"의 의미가 아니기 때문입니다.

- 참고하기: 이사야 61장 10절은 요한계시록 19장 7-8절과 밀접한 연관성을 가지며 유사한 의미를 지니고 있습니다.
- 부연 설명: 이사야 61장 1-3절의 "나"는 메시아(예수 그리스도)를 의미합니다.

누가복음 4장 16-21절을 보면 예수님께서 이사야 61장 1-2절을 인용하시며 그 예언이 이루어졌다는 것을 말씀하셨습니다. 이 점을 고려해 보면 이사야 61장 1-3절의 "나"는 틀림없이 예수 그리스도입니다. 한편 이사야 61장 10절에 나타나는 "구원의 옷"과 "의의 옷"을 입은 "나"는 메시아가 아님이 틀림없습니다. 왜냐하면, 메시아는 구원을 이루시는 분이지 구원을 수여 받는 분이 아니시기 때문입니다. 그러므로 이사야 61장 10절에서의 "나"는 구원받는 하나님의 백성을 의미해야 자연스러운 것입니다(Young, *Isaiah*, 3:465).

🌿 정답과 해설

시편 51편 7절, 이사야 1장 18절, 64장 6절을 살펴보면, "흰 옷"은 죄 용서받음을 상징하고 있음을 잘 알 수 있습니다. 그뿐만 아니라 요한계시록 7장 14절을 보면, 어린 양의 피로 인해서 그 옷이 희게 되었음을 알 수 있습니다. 어린 양의 피는 예수 그리스도의 대속을 나타내고 있으며, 이 대속으로 인해서 옷이 희게 되었다는 것은 분명히 죄 용서받음을 의미하고 있습니다. 그러므로 "흰 옷"은 죄 용서받음을 상징합니다. 그러나 이 "흰 옷"은 죄 용서받음 이상의 의미를 내포하고 있습니다.

이 "흰 옷" 입은 자들은 하나님의 심판(정죄의 판결)을 받지 않고(다시 말해 이들은 의롭다는 판결을 받습니다) 영적으로 구원받는 사람들을 의미합니다. 이들이 입은 "흰 옷"은 일종의 신분을 나타내고 있으며, 칭의받는 자들이 지니고 있는 두 가지 상태인, 죄 용서받음과 하나님의 모든 법을 충족시킨 것으로 여김 받는 것(의의 전가)의 의미를 내포하고 있습니다. 의의 전가 개념이 "흰 옷"(칭의를 상징, 의의 겉옷[사 61:10] 참고) 자체에서는 명백히 드러나지는 않지만, 신약에서(롬 5:18-19; 고후 5:21) 칭의라는 개념은 죄 용서받음과 의의 전가를 포함합니다.

"흰 옷"이 칭의를 나타낸다는 것은 이사야 61장 10절에 잘 드러납니다. 이사야 61장 10절은 요한계시록 19장 7-8절("빛나고 깨끗한 세마포 옷"은 "흰 옷"과 비슷한 의미)의 구약적 배경을 이루고 있습니다(Beal, *Revelation*, 938-41; Osborne, *Revelation*, 674). 이사야 본문(사 61:10)에는 요한계시록의 본문(계 19:7-8)과 동일하게 혼인 잔치의 이미지가 나타나며, 하나님께서 하나님의 백성에게 "구원의 옷"을 입히시며 "의(צְדָקָה)의 겉옷으로" 덮으신다는 표현이 나옵니다. 다음과 같은 두 단어는 이사야 61장 10절에서 병행을 이루고 있으며, 사실상 동의어로 쓰이고 있습니다(Young, *Isaiah*, 3:465).

첫째, 구원

둘째, 의

여기서 "의"는 믿는 자가 하나님 앞에서 소유하는 의인의 신분인, "칭의"를 의미하고 있습니다(Lewis and Demarest, *Integrative Theology*, 3:139을 참고).

앞서, 이사야는 이사야 53장에서 고난받는 종의 속죄제물로 인해 많은 "사람들이 의롭다 함을 받을 것이다"(칭의)라고 선포하였습니다. 이사야 53장의 고난받는 종은, 이사야 61장 1-3절(눅 4:18-19)에서 "여호와의 은혜의 해"를 선포하는 인물과 사실상 동일한 인물입니다(Oswalt, *Isaiah Chapters 40-66*, 562-3을 참고).

그러므로 이사야 61장에서 이 인물(고난받는 종, 신약의 예수 그리스도)이 하나님의 백성들을 구원하며, 그들을 기쁨으로 인도하며, 하나님께서 이들에게 "의의 겉옷"을 입히신다는 것의 의미는, 이사야 53장의 이 종(신약의 예수 그리스도)이 이루어내는 성취(많은 사람이 의롭다 함을 받는다. 사 53:11)와 연관시켜 이해되어야 한다는 것을 보여 줍니다. 따라서 이사야 61장 10절의 "의의 겉옷"은 "칭의"(사 53:11)의 관점에서 이해하는 것이 논리적입니다. 즉, "의의 겉옷"은 칭의로 이해하는 것이 바람직합니다.

그렇다면 이사야 61장 10절과 밀접한 연관성을 가지고 있는 요한계시록 19장 7-8절 말씀의 "빛나고 깨끗한 세마포 옷"은 "칭의"를 상징한다고 이해하는 것이 자연스럽습니다. 아울러 "빛나고 깨끗한 세마포"와 유사한 의미로 쓰이고 있는 "흰 옷"도 칭의를 상징하고 있다고 결론 내려야 합니다.

(3) 요한계시록 19장 8절을 자세히 읽어 보십시오.

> 그에게 빛나고 깨끗한 세마포 옷을 입도록 허락하셨으니 이 세마포 옷은 성도들의 옳은 행실이로다 (계 19:8).

우리는 위에서 "빛나고 깨끗한 세마포 옷"은 "칭의"를 상징한다고 확인하였습니다. 그렇다면 요한계시록 19장 8절은 성도들의 옳은 행실이 칭의라고 말하고 있는 것 같습니다.

다시 말해서, 성도들의 옳은 행실이 칭의의 결과를 초래한다는 뜻을 나타내고 있는 것 같습니다. 만약 이것이 사실이라면, 요한의 이러한 언급은 바울의 칭의 교리(믿음을 통해 의롭다 함을 받음)와 대립되는 것입니다. 그러나 우리가 이미 확인한 것처럼, 사도 요한은 요한복음 3장 18절에서 믿음을 통해서 의롭다 함을 받는다는 사실을 증언하였습니다.

그렇다면 "세마포 옷은 성도들의 옳은 행실이다"라는 표현을 어떻게 이해해야 할까요?

정답과 해설

계시록의 문맥을 고려하면, 성도들의 옳은 행실은 구체적으로 다음과 같습니다(Beale, *Revelation*, 934-5; Osborne, *Revelation*, 673-4을 참고).

첫째, 배교하지 않는 것(계 20:4)
둘째, 증인의 삶을 사는 것(계 6:9; 11:7)
셋째, 하나님의 말씀에 순종하는 것(계 12:17; 14:12)

그러나 성도들이 자신들의 이러한 선한 행위들 때문에 그들이 "빛나고 깨끗한 세마포 옷"(혹은 "흰 옷"), 즉 "의의 옷"을 입게 되는 것은 아닙니다. 다시 말해서, 행위가 "칭의"의 근거는 아닙니다. 신자들의 선한 행위들은 그들이 가진 믿음의 표현입니다. 야고보가 강조한 것처럼, 행위 없는 믿음은 죽은 것입니다(약 2:17). 진정한 믿음은 반드시 행위를 열매로 수반합니다(롬 1:5을 참고; 살전 1:3). "이러한 행위들(성도들의 옳은 행실)은 중생이 발생했다는 필수적 증거로서 구원을 뒤따릅니다"(Osborne, Revelation, 674. Beal, Revelation, 935, Mounce, Revelation, 348과 Smalley, Revelation, 483도 유사한 견해를 피력하고 있다).

그러므로 본문이 말하고 있는 것은 진정한 믿음의 결과로 신자들이 "빛나고 깨끗한 세마포 옷"("흰 옷")을 입었다는 것입니다. 다시 말해서 이들은 진정한 믿음을 통해서(믿음을 방편으로) "의"의 옷(칭의의 옷)을 입었다는 것입니다.

요한계시록 7장 14절에도 신자들의 선한 행위가 "흰 옷"(칭의의 옷)을 입는 근거가 아니라는 것이 드러나고 있습니다. 즉, 이들은 "어린 양의 피에 그 옷을 씻어 희게 하였다"고 말합니다. 그들의 옷이 희게 될 수 있었던 원인은 그리스도의 피, 속죄 제사에 있습니다(히 9:23-28을 참고; 요일 1:7).

그들이 행한 것은 자신들의 옷을 어린 양의 피에 씻은 것입니다. 즉, 그들은 어린 양의 피를 받아들인 것입니다. 이들은 하나님의 은혜로 주어진 예수님의 속죄에 반응한 것입니다. 결국, 어린 양의 피에 옷을 씻은 것은 이들이 가진 믿음의 반응을 표현하고 있습니다(Mounce, *Revelation*, 165; Osborne, *Revelation*, 326). 그러므로 이들은 믿음을 통해서 자신들의 옷이 희게 된 것입니다. 다시 말해서 이들은 믿음을 통해서 칭의를 얻었습니다. 이들의 옷이 희게 된 근거는 그리스도의 피(속죄)에 있습니다.

● 알고 넘어 갑시다(요한계시록에서 나타나는 칭의의 시점): 바울은 이미 신자들에게 칭의의 판결이 내려졌다고 말했습니다(롬 5:1, 9; 8:30). 그러나 요한계시록의 문맥(특히 계 3:5; 6:11; 19:8)에 따르면, 이 "의"의 옷(칭의)은 종말에 발생하는 사건으로 보입니다.

그렇다면 칭의는 두 번 발생하는 것입니까?

형식적으로는 두 번 일어난다고 말할 수 있을 것입니다. 그러나 믿는 순간에 이루어지는 칭의와 종말에 있는 칭의의 내용은 똑같은 것입니다. 그러므로 내용적으로는 칭의는 한 번 이루어진다고 말할 수 있습니다. 다시 말해서 믿는 순간 우리의 칭의는 확정되며 완성됩니다. 따라서 믿음을 통해 칭의를 받게 되면 신자는 현재적으로 칭의를 누리게 됩니다(롬 8:1, 33).

다만 종말의 칭의는 신자들이 처음 믿었을 때 받았던 칭의의 공개적인 확인(선언)인 것입니다(Thomas Schreiner, *Faith Alone*, 156-7). 왜냐하면, 처음의 칭의는 신자와 하나님 사이에서 일어나는 사건으로 사람이 명확히 알 수 없으나, 요한계시록에서의 "흰 옷"은 하나님께서 공개적으로 입히시는 것이기 때문입니다.

삶에 적용하기

(1) 사도 요한이 증언하는 것처럼, 우리는 선한 행위로 의롭다 함을 받는 것이 아닙니다. 우리는 하나님의 은혜에 의해서 믿음을 통하여 의롭다 함을 받는 것입니다. 선한 행위는 진정으로 믿은 자들의 열매입니다. 당신은 당신의 노력이나 공로가 아니라 하나님의 은혜로 구원받았습니다. 그런데 하나님의 은혜가 당신에게 담겨 있다면 그 은혜는 밖으로 흘러 갈 것입니다. 지난 한 주간 당신에게서 당신의 주변으로 흘러나간 은혜에 관해서 말해 보십시오. 다시 말해서 당신이 지난 한 주간 다른 사람들에게 베푼 은혜에 관해서 나누어 보십시오.

당신이 지난 한 주간 은혜를 베풀지 못했다면 그 이유는 무엇 때문이었습니까?

(2) 오늘 학습을 통해서 당신이 발견한 하나님의 은혜나 진리를 다른 사람들과 나누십시오. 또한, 오늘 당신이 깨달은 하나님의 은혜나 진리와 관련하여 이번 한 주간에 당신의 삶에서 실천이 필요하거나 변화가 필요한 부분을 적어 보고 나누어 봅시다.

(3) 이 시간 깨달은 하나님의 은혜나 진리와 관련하여 하나님을 향한 기도문을 적어 보십시오.

요약과 정리

사도 요한은 "믿음으로 말미암는(통한) 칭의"(justification by faith)라는 용어를 사용하지 않습니다. 그러나 사도 요한은 다른 표현으로 '믿음을 통한 칭의'라는 의미를 나타내고 있습니다. 우리는 요한복음 3장 18절에서 "믿음을 통해서 의롭다 함을 받다"는 진리를 발견할 수 있습니다. 법정에서의 판결은 긍정적 판결과 부정적 판결로 구성됩니다.

첫째, 긍정적 판결은 "죄 없다"(의롭다)는 판결입니다.
둘째, 부정적 판결은 "죄 있다"(정죄)의 판결입니다.

요한복음 3장 18절을 보면, 예수 그리스도를 믿는 사람은 심판(정죄의 판결)을 받지 않는다고 증언하고 있습니다. 이 표현을 판결에 대한 긍정적 내용으로 전환하여 말하면, 그리스도를 믿는 사람은 "의롭다 함"을 선고 받는다는 뜻입니다. 즉 사도 요한은 요한복음 3장 18절에서 "믿음으로 의롭다 함을 받는다"고 말하고 있는 것입니다.

그뿐만 아니라 사도 요한은 요한계시록 7장 9절, 13-14절(참고 계 3:4-5; 6:11; 19:8)에서 "흰 옷"이라는 단어를 사용하고 있는데, "흰 옷"은 칭의를 상징하고 있습니다. 요한계시록에서도 칭의는 행위가 아니라 믿음을 통해 얻게 된다는 것이 증언되고 있습니다. 요한계시록 7장 14절에 "어린 양의 피에 그 옷을 씻어 희게 하였다"라는 말씀이 나옵니다.

구원받은 자들의 옷이 희게 될 수 있었던 원인은 그리스도의 피, 속죄 제사에 있다는 것이 나타납니다. 그들이 행한 것은 자신들의 옷을 어린 양의 피에 씻었습니다. 즉, 이들은 하나님의 은혜로 주어진 예수님의 속죄에 반응하였습니다. 이것은 이들의 믿음의 반응을 말하고 있습니다. 그러므로 이들은 믿음을 통해서 자신들의 옷이 희게 되었습니다(칭의를 받았습니다).

제9과

"믿음을 따르는 의의 상속자"(히 11:7), "회복된 죄인"(벧전 2:24)

⬆ 워밍업

히브리서의 저자가 누구인지에 대한 학자들의 합의된 견해는 없습니다. 어떤 사람들은 히브서의 기자(記者)가 누가(Luke) 혹은 바울이라고 생각하며, 또 어떤 사람들은 아볼로라고도 생각하며, 다른 사람들은 바나바라고 주장하기도 합니다. 다수의 학자는 히브리서의 기자가 누구인지는 알 수 없다고 말합니다. 히브리서의 기자가 누구인지는 알 수 없지만 히브리서는 칭의에 대한 성경의 가르침을 우리에게 전해 주고 있습니다.

히브리서 기자(記者)의 칭의에 대한 가르침은 사도 바울이 증언하는 "믿음을 통한 칭의"(justification by faith)와 일치할까요?
사도 베드로는 칭의 교리를 우리에게 전해 주고 있을까요?
당연히 사도 베드로도 우리에게 칭의에 대한 가르침을 들려줍니다!

예수님을 절대 버리지 않겠다고 다짐했던 베드로는 예수님을 세 번이나 부인하였던 사람입니다. 그러나 베드로는 회복되었고 예수님의 부활 후에 죽기까지 예수님께 충성을 다하였습니다. 베드로는 예수님을 부인하는 철저한 실패를 경험했으며, 오순절의 설교를 통해서 삼천 명의 사람들이 회심하고 구원받는 하나님의 영광(행 2:14-41)을 목격하기도 하였습니다. 그러므로 베드로는 칭의에 대한 가르침을 어느 누구 못지않게 우리에게 웅변적으로 들려 줄 수 있는 사람입니다.
과연 베드로가 우리에게 전해 주고 있는 칭의의 가르침은 무엇일까요?

> **>>> 생각하기**

(1) 히브리서 11장 7절을 읽어 보십시오.
    이 말씀에서 "의의 상속자가 되었다"는 것은 무엇을 의미한다고 생각합니까?

> 믿음으로 노아는 아직 보이지 않는 일에 경고하심을 받아 경외함으로 방주를 준비하여 그 집을 구원하였으니 이로 말미암아 세상을 정죄하고 믿음을 따르는 의의 상속자가 되었느니라(히 11:7).

정답과 해설

"의의 상속자가 되었다"는 것은 의인의 지위(신분)를 얻었다는 의미입니다. 혹은 의롭다 함을 얻었다는 뜻입니다. 인도자는 학습자가 어떤 대답을 하는지 점검하면 됩니다. 히브리서 11장 7절에 대한 자세한 내용은 "더 깊게 생각하기"에서 충분히 다룰 것입니다.

(2) 사도행전 10장 43절을 읽어 보십시오.
    사도 베드로는 구원을 어떻게 묘사하고 있습니까?
    그 구원의 통로(방편)는 무엇입니까?

> 그에 대하여 모든 선지자도 증언하되 그를 믿는 사람들이 다 그의 이름을 힘입어 죄 사함을 받는다 하였느니라(행 10:43).

정답과 해설

베드로는 본문(고넬료 가정에서의 설교)에서 구원을 죄 사함으로 묘사하고 있습니다. 이 죄 사함의 방편(통로)은 믿음으로 표현되고 있습니다.

(3) 사도행전 2장 38절을 읽어 보십시오.
    사도 베드로는 구원을 어떻게 표현하고 있습니까?
    그 구원의 통로는 무엇입니까?

> 베드로가 이르되 너희가 회개하여 각각 예수 그리스도의 이름으로 세례를 받고 죄 사함을 받으라 그리하면 성령의 선물을 받으리니(행 2:38).

제9과 "믿음을 따르는 의의 상속자"(히 11:7), "회복된 죄인"(벧전 2:24)

정답과 해설

베드로는 구원을 죄 사함으로 표현하고 있습니다. 이 죄 사함의 통로는 회개입니다. 베드로는 오순절 성령강림 사건 때 행한 설교에서 이 본문을 언급하였는데, "회개"를 말하면서 다음으로 "예수 그리스도의 이름으로 세례를 받고 죄 사함을 받으라"고 말했습니다. 직접적으로 베드로가 믿음을 언급하지는 않았지만, "예수 그리스도의 이름으로 받는 세례"라는 표현 속에 이미 믿음이 전제되어 있습니다(I. Howard Marshall, *Acts*, 81).

그러므로 "회개를 통한 죄 사함"은 "믿음을 통한 죄 사함"과 동일합니다. 우리는 이미 제7과에서 "회개"와 "믿음"은 서로를 전제하고 있으며, 동전의 양면과 같고 동시에 발생한다는 사실을 학습했습니다.

≫≫≫ 더 깊게 생각하기

(1) 히브리서 11장 7절을 세심하게 다시 읽어 보십시오.

"생각하기"에 제시한 한글 번역은 개역개정의 번역입니다. 히브리서 본문에 대한 개역개정 성경의 의미가 다소 모호한 점이 있으므로 여기서는 보다 명확하게 번역된 새번역의 번역문을 제시하겠습니다.

> 믿음으로 노아는 하나님께서 아직 보이지 않는 일들에 대하여 경고하셨을 때에 하나님을 경외하고 방주를 마련하여 자기 가족을 구원하였습니다 이 믿음을 통하여 그는 세상을 단죄하고 믿음을 따라 얻는 의를 물려받는 상속자가 되었습니다(히 11:7, 새번역).

"생각하기"에서 "의의 상속자가 되었다"(의를 물려받는 상속자가 되었습니다)는 것은 칭의를 얻었다는 뜻임을 확인했습니다.

왜 "의의 상속자가 되었다"것이 칭의를 얻었다는 것을 의미합니까?

이렇게 해석하는 근거를 말해 보십시오.

- 히브리서 11장 7절의 해설: 히브리서 11장 7절의 "의"는 헬라어로 디카이오쉬네인데 정의, 공의 혹은 칭의, 올바른 행위의 의미를 지니고 있습니다. 제7과를 참고하십시오.

> (이 믿음을 통하여 그는) 믿음을 따라 얻는 의를 물려받는 상속자가 되었습니다(히 11:7, 새번역).

이 말씀(히 11:7 후반부)을 헬라어 원문에서 글자 그대로 직역하면, 그 번역은 즉 "믿음을 통하여 그(노아)는 믿음에 따르는(믿음에 부합하는 혹은 믿음에 조응되는) 의의 상속자가 되었다"라고 할 수 있습니다.

"이로 말미암아"(개역개정 성경)는 새번역에서 "이 믿음을 통하여"라고 번역하고 있는데, 새번역의 번역은 헬라어 원문의 어구(δι' ἧς)를 구체적으로 해석한 번역으로서 잘 된 번역입니다. 히브리서 11장 7절의 δι' ἧς(디 헤스, "이로 말미암아", 개역개정 성경)는 "믿음을 통하여"라는 뜻으로, "세상을 단죄(정죄)하고"와 "믿음을 따라 얻는 의를 물려받는 상속자가 되었습니다"를 동시에 수식하는 역할을 하고 있습니다.

"믿음을 통하여 그(노아)가 세상을 단죄(정죄 즉 정죄의 판결)하였다"라는 것은 노아가 세상에 대해서 정죄의 판결을 내렸다는 뜻은 아닙니다. 왜냐하면, 정죄의 판결은 하나님의 역할이기 때문입니다. "노아가 세상을 단죄(정죄의 판결)하였다"라는 것은 노아(하나님을 신뢰하고 믿음)가 믿음을 통해서, 노아의 대척점에 있는 세상(하나님을 신뢰하고 믿지 않음)이 하나님의 심판 아래에 있는 것을 보여 주었다는 뜻으로 이해하는 것이 좋습니다.

노아는 믿음을 가졌고 세상은 믿음을 가지지 않았습니다. 믿음을 갖지 않은 세상은 하나님의 정죄의 판결에 놓여 있었던 것입니다. 구약에는 언급되고 있지 않지만, 하나님의 홍수 경고를 믿음으로 받아들인 노아는 세상의 사람들에게 하나님의 심판 메시지를 선포하며 회개를 촉구한 것으로 보입니다(벧후 2:5, "의를 전파하는 노아").[1]

그러나 세상의 사람들은 노아의 선포에 귀 기울이지 않았던 것입니다. 왜냐하면, 이들은 하나님을 신뢰하지 않았기 때문입니다. 그러므로 이들을 향한 심판의 확정은 당연한 것입니다.

정답과 해설

히브리서 11장 7절에 대한 새번역의 번역을 살펴보면, 히브리서 기자가 믿음을 통한 칭의를 말하고 있음을 확실히 알 수 있습니다.

---

1 Schreiner는 베드로후서 2장 5절을 해설하면서 노아가 동시대의 사람들에게 하나님의 심판과 구원의 메시지를 선포한 것은 구약에서 당연히 추론할 수 있는 것이라는 것을 지적한다. 아울러 그는 다양한 유대 문서들 속에 노아가 회개를 선포하였다는 것을 보여 주고 있다. Thomas R. Schreiner, *1, 2 Peter, Jude, The New American Commentary* (Nashville: Broadman and Holman, 2003), 339.

이제 몇 가지 관점에서 "의의 상속자가 되었다"(개역개정)의 의미가 칭의를 얻었다는 뜻이라는 것을 확인해 보도록 합시다. 먼저 본문의 "의"가 정의(justice)의 의미가 아닌 것은 분명합니다. 정의는 하나님의 성품과 관련된 것으로서 정의의 상속자라는 말은 어울리지 않습니다. 또한, 올바른 행동의 상속자라는 말도 어울리지 않습니다. 상속자라는 말에 가장 잘 어울리는 말은 "의인의 신분(지위)" 혹은 "의롭다 함을 받음"을 의미하는 "칭의"입니다.

좀 더 구체적으로 본문을 살펴보면, 히브리서 11장 7절은 분명하게 "믿음을 통하여 그(노아)는 믿음에 따르는(믿음에 부합하는 혹은 믿음에 조응되는) 의의 상속자가 되었다"(헬라어 본문의 직역)라고 증언하고 있습니다.

"믿음을 통하여 믿음에 조응되는 의의 상속자가 되었다"에서 "믿음을 통하여"는 "상속자가 되었다"를 수식하며, "믿음에 조응되는"은 "의"를 수식하고 있습니다. 먼저, "믿음을 통하여 상속자가 되었다"는 것은 믿음을 통하여 특정한 신분을 물려받는 것을 의미하거나, 믿음을 통하여 특별한 권리나 재산을 물려받는 것을 의미합니다. 그렇다면 믿음을 통하여 물려받는 목적어로 가장 어울리는 것은 신분이나 지위를 의미하는 칭의입니다.

믿음을 통하여 물려받는(얻게 되는) 칭의는 사도 바울이 가르치고 있는 "믿음을 통한 칭의"(justification by faith)와 꼭 들어맞습니다. 아울러 "믿음에 조응되는 의"라는 어구를 생각해 봅시다.

믿음에 조응되는, 다시 말해서 믿음과 조화되는 의는 무엇입니까?

이 "의"는 올바른 행동을 의미할 수 있습니다. 구원받는 믿음(saving faith)은 선한 행위의 열매를 맺는다는 관점에서 믿음과 선한 행위는 서로 조응(조화)되는 것입니다. 한편, 믿음과 조화되는 "의"는 칭의를 의미할 수도 있습니다. 왜냐하면, 믿음을 통해서 의롭다 함을 얻게 되므로 믿음과 칭의는 서로 조응됩니다. 그런데 "믿음을 통해 상속자가 되었다"는 어구가 명확하게 칭의를 목적어로 가져야 하므로, "믿음에 조응되는 의"는 틀림없이 "칭의"를 의미합니다.

히브리서 11장 7절의 문맥도 히브리서 기자가 믿음을 통한 칭의를 말하고 있음을 지지해 주고 있습니다. 히브리서 기자는 구약의 제사는 속죄를 이루지 못하며, 신약 시대에 나타난 그리스도의 몸으로 드려진 속죄 제사가 완전하며 영원한 속죄를 이루었다고 언급합니다(히 9:1-10:18). 그러므로 신자들은 예수 그리스도에 대한 믿음을 가지고 인내해야 하는 것입니다(히 10:19-39). 다음으로, 히브리서 기자는 인내하는 믿음을 가졌던 구약의 인물들의 예를 통해서, 박해받고 있는 신자들이 그들의 믿음을 본받아야 함을 격려하고 있습니다(히 11:1-40).

결국, 신자는 "믿음의 창시자요 완성자이신 예수"(히 12:2, 새번역)를 바라보며 그들의 믿음을 지켜야 합니다. 그것이 구원을 얻는 길이기 때문입니다(히 12:1-29). 히브리서 11장의 문맥은 명백하게 구원과 예수 그리스도에 대한 굳건한 믿음을 말하고 있습니다. 이러한 믿음과 구원의 문맥을 고려해 보면, 히브리서 11장 7절의 "의의 상속자"는 믿음을 통한 칭의(구원)를 말하는 것이 틀림없습니다.

(2) "생각하기"의 질문들에서 살펴보았지만, 사도 베드로는 바울과 동일한, "믿음을 통한 칭의"라는 표현을 사용하지 않습니다. 베드로가 즐겨 사용하는 개념은 "믿음을 통한 죄 사함"입니다. 곧 학습할 내용에서 우리는 바울이 말하는 칭의에는 죄 사함과 의의 전가가 포함되어 있다는 것을 확인하게 될 것입니다(이전 학습에서도 이러한 점은 지적하였습니다).

베드로는 구원의 개념에서 특히 "죄 사함"을 강조하였고, "믿음을 통한 칭의"(죄 사함과 의의 전가로 구성)라는 표현을 사용하지 않으므로 "의의 전가"에 관해서는 인정하지 않을까요?

당신의 생각을 말해 보십시오.

정답과 해설

성경의 말씀들이 성령의 영감(inspiration)에 의해서 기록되었고 오류가 없다는 것을 믿는다면, 성경 기록자들 간에 모순되거나 대립되는 견해를 가질 수는 없습니다. 그렇다면 사도 베드로가 "믿음을 통한 칭의(죄 사함+의의 전가)"라는 표현을 사용하지 않고, "믿음을 통한 죄 사함"의 개념만 표현하였다고 해서, 베드로가 "의의 전가"에 대해서는 반대했다거나 인식하지 않았다고 말할 수 없습니다.

사도 베드로가 비록 "죄 사함"이라는 표현만 사용했지만, 그는 "의의 전가"의 개념을 당연히 전제하고 있었다고 생각하는 것이 옳습니다. 이런 관점에서 이해할 때 사도 베드로와 사도 바울 간에 구원에 대한 동일한 견해를 가지고 있는 것으로 볼 수 있습니다.

성경의 원 저자는 하나님이시므로 두 사람 사이에 대립적인 관점을 가졌다고 보는 것은 옳지 않습니다. 아래 (3)의 문제를 다룸으로써 우리는 베드로가 "의의 전가" 개념을 당연히 받아들이고 있었다는 것을 확인할 수 있습니다.

(3) 베드로전서 2장 24절을 주의 깊게 읽어 보십시오. 이 본문에서 베드로는 분명하게 구약 예언서의 한 본문을 인용하고 있습니다.

베드로가 인용하고 있는 구약의 예언서 본문은 무엇입니까?

베드로가 인용하는 구약 본문을 통해서 우리는 베드로가 "의의 전가"에 관해서 어떻게 생각하였는지 실마리를 찾을 수 있습니다. 왜냐하면, 이 구약의 예언서 본문은 "의의 전가"에 대한 암시를 제공하기 때문입니다.

베드로가 인용한 이 구약 본문을 고려해 볼 때, 베드로는 "의의 전가"에 대해서 부정적이었을까요?

"의의 전가"에 대한 베드로의 관점은 갈라디아서 2장 16절에도 나타납니다. 갈라디아서 2장 16절을 곰곰이 읽어 보십시오.

당신은 "의의 전가"에 대한 베드로의 입장은 과연 무엇이라고 생각합니까?

친히 나무에 달려 그 몸으로 우리 죄를 담당하셨으니 이는 우리로 죄에 대하여 죽고 의에 대하여 살게 하려 하심이라 그가 채찍에 맞음으로 너희는 나음을 얻었나니 (벧전 2:24).

사람이 의롭게 되는 것은 율법의 행위로 말미암음이 아니요 오직 예수 그리스도를 믿음으로 말미암는 줄 알므로 우리도 그리스도 예수를 믿나니 이는 우리가 율법의 행위로써가 아니고 그리스도를 믿음으로써 의롭다 함을 얻으려 함이라 율법의 행위로써는 의롭다 함을 얻을 육체가 없느니라 (갈 2:16).

🌸 정답과 해설

베드로전서 2장 22-25절에서, 베드로는 신자들에게 선을 행함으로 세상에서 불신자들로부터 부당한 고난을 당하더라도 참아 내는 것이 하나님께 칭찬 받을 일이라는 것을 증언합니다. 그리고 베드로는 그 근거로 예수 그리스도의 십자가의 죽으심을 제시합니다.

베드로는 예수님께서 <u>우리 죄를 짊어지신</u>("우리 죄를 담당하셨으니", 개역개정) 것은 우리가 의롭게 살기 위함이라고 지적합니다(벧전 2:24). 베드로는 여기서 분명히 이사야 53장 본문을 인용하고 있습니다. 이사야 53장 11절의 "그들의 죄악을 <u>친히 담당하리로다</u>"와 12절의 "<u>많은 사람의 죄를 담당하며</u>"는 베드로가 이사야 53장을 인용하고 있음을 보여 줍니다. 베드로는 베드로전서 2장 24절에서 예수님의 대속적 죽음으로 우리의 죄가 용서받았으므로 이제 우리는 새로운 삶을 살아야 한다고 말하고 있습니다.

이어서 베드로는 다음과 같이 말합니다.

<u>그가 채찍에 맞음으로 너희는 나음을 얻었나니</u>(οὗ τῷ μώλωπι ἰάθητε, 벧전 2:24).

이 표현 역시 이사야 53장 5절에 기반을 두고 있습니다. 주목해야 할 것은 "나음을 입었다"는 표현에 있습니다. 이사야 53장에서 "나음"과 "평화"(5절)는 53장 11절의 "<u>그가 많은 사람을 의롭다고 할 것이다</u>"와 병행 어구로 쓰이면서 동일한 뜻을 드러내고 있다는 것은, 앞에서 이사야 53장을 공부하면서 이미 확인하였습니다(제5과를 참고하세요). 그뿐만 아니라 우리는 이사야 53장 11절의 "<u>의롭다고 하다</u>"는 표현은 "<u>의롭다고 선언하다</u>"의 의미이며, "<u>의의 전가</u>"를 내포하고 있다는 것을 배웠습니다(제5과를 참고하세요).

베드로가 이사야 53장을 인용하고 있다는 사실을 볼 때, 우리는 베드로가 이사야 53장의 내용을 잘 알고 있는 것으로 이해할 수 있습니다. 이사야 53장을 잘 알고 있는 사도 베드로가 "나음을 입었다"는 이사야의 표현을 사용한 것은, 비록 그가 명시적으로 "의의 전가"를 그의 서신서에서 표명하지는 않았고 사도행전의 설교들에서도 나타내지는 않았지만, 우리는 베드로가 "의의 전가" 개념을 당연히 인정하고 있는 것으로 이해할 수밖에 없습니다. 왜냐하면, 이사야 53장 5절의 "나음"은 "의의 전가"의 의미를 포함하고 있기 때문입니다.

그뿐만 아니라 갈라디아서 2장 11-21절의 안디옥 사건은 베드로의 칭의 이해와 관련한 확정적인 정보를 제공합니다. 베드로가 안디옥의 이방인 신자들과 함께 식사를 하다가 예루살렘의 야고보에게서 온 유대인들이 도착하자, 급히 식탁의 교제를 물리고 뒤로 물러납니다. 이에 바울은 모든 사람 앞에서 베드로의 잘못을 지적하였습니다. 즉, 바울이 보기에 베드로는 복음의 진리에 위배되게 행동했습니다.[2]

베드로의 잘못과 관련하여 바울은 그의 신학의 핵심적 진술을 합니다. 즉, "사람이 의롭게 되는 것은 예수 그리스도를 믿음으로 되는 것이며 율법의 행위로서는 의롭다 함을 얻을 육체가 없다"(갈 2:16)는 것입니다. 바울은 이 진리를 베드로와 모든 사람 앞에서 선포합니다.

---

[2] 바울이 베드로가 복음의 진리에 반하게 행동했다고 말한 이유는, 베드로가 이방인들과의 식탁 교제를 물림으로써 안디옥 교인들에게 모세 율법을 따라 살아야 한다는 인상을 남겼기 때문이다. 베드로의 이러한 행동은 복음에 드러나 있는 하나님의 은혜를 저버리는 것이다. Douglas J. Moo, *Galatians*, Baker Exegetical Commentary on the New Testament (Grand Rapids: Eerdmans, 2013), 150-1; Thomas Schreiner, *Galatians*, Zondervan Exegetical Commentary on the New Testament (Grand Rapids: Zondervan, 2010), 148을 참고.

그렇다면 베드로가 바울이 선포한 이신칭의의 진리를 몰랐기 때문에 바울이 다시 이 진리를 공표한 것일까요?

헬라어 원문을 직역해 보면 다음과 같습니다.

> 그러나 우리는 사람이 율법의 행위가 아니라 예수 그리스도를 믿음으로 의롭다 함을 받는다는 것을 알고 있습니다. (그러므로) 바로 우리가 예수 그리스도를 믿었습니다. 우리가 율법의 행위가 아니라 그리스도를 믿는 믿음으로 의롭다 함을 받기 위해서입니다. 왜냐하면, 율법의 행위로는 어떤 육체도 의롭다 함을 받지 못할 것이기 때문입니다.[3]

위 번역에서 볼 수 있는 것처럼, "우리"라는 주어는 총 세 번 등장하는데, 문장의 흐름상 "우리"는 바울과 베드로를 포함합니다.[4] 베드로도 바울이 공개적으로 선포한 "믿음으로 말미암는 칭의"에 관해서 이미 알고 있으며 동의하고 있다는 것이 드러납니다. 그러므로 바울은 베드로를 포함한 모든 사람 앞에서 "이신칭의"의 진리를 다시 한번 확인하고 있습니다. 베드로의 문제는 이 "이신칭의"의 진리를 알고 인정하면서도 행동의 측면에서 이 진리를 위배한 것이었습니다.[5] 이것이 바로 베드로의 위선이었던 것입니다.[6]

이러한 사실을 고려한다면 한 가지 결론이 도출됩니다. 즉 베드로는 베드로전후서를 기록할 당시 바울이 표명한 "믿음으로 말미암는 칭의"의 진리를 이미 이해하고 있었으며 동의하고 있었다는 것입니다.[7]

---

3 Moo, *Galatians*, 156-63; Schreiner, *Galatians*, 154-67.

4 Schreiner, *Galatians*, 154, 166; Moo, *Galatians*, 157. 2장 14절은 바울이 베드로에게 직접적으로 한 말이며 15절에 나타난 "우리"는 베드로를 포함한 유대인을 언급하고 있음이 분명하다.

5 최갑종, 『바울연구 III』 (서울: 기독교연합신문사, 2011), 69-72.

6 바울은 갈라디아서 2장 13절에서 베드로의 행동은 외식(위선)이었다고 지적한다. ὑπόκρισις(위선)은 자신의 내면과 부합하지 않는 다른 모습을 공개적으로 만들어 내는 것이다. BDAG, s.v. "ὑπόκρισις." BDAG는 헬라어의 표준적 사전인 A Greek-English Lexicon of the New Testament and Other Early Christian Literature를 지칭하는 약어이다.

7 예루살렘 공의회(A. D. 48 또는 49) 전에 안디옥 사건이 일어났는지 아니면 그 후에 발생했는지에 관해서는 신약학자들 사이에서 의견의 대립이 있다. 안디옥 사건의 발생 시기에 따라 갈라디아서 저작 연대는 A. D. 48년, 50년대 초, 혹은 50-57년 등으로 다양한 의견이 있다. Schreiner, *Galatians*, 22-31; 최갑종, 『갈라디아서』 (고양: 이레서원, 2016), 93-99을 보라. 베드로전서의 기록 연대도 학자들 간에 의견이 분분하지만 베드로의 기록물로 보는 학자들(연구자의 견해)은 네로 황제의 박해가 본격화되기 전인 62-3년으로 본다. 베드로의 이름을 빌린 다른 인물의 저작물로 보는 학자들은 이 보다 훨씬 후대의 작품으로 보고 있다. D. A. Carson and Douglas J. Moo, *An Introduction to the New Testament*, 2nd ed. (Grand Rapids: Zondervan, 2005), 646-7; Thomas R. Schreiner, *1, 2 Peter, Jude*, The New American Commentary (Nashville:

비록 베드로가 한 때 안디옥에서 "이신칭의"의 가르침에 위배되게 행동했지만 그의 "이신칭의"에 대한 확신은 확고하였습니다. 그러므로 베드로는 그의 서신서에서 "믿음으로 말미암는 칭의"의 표현이나 개념을 사용하지 않고, "믿음으로 말미암는 죄 용서"의 개념을 사용했지만,[8] 바울이 표현한 "칭의"의 개념을 받아들이고 있었으므로, 베드로 역시 "의의 전가"를 인정하고 있었던 것입니다. 베드로는 "죄 사함"으로 단순히 표현하였지만 "의의 전가"를 전제하고 있었습니다. 그러므로 베드로는 그의 서신서를 통해서, 사도행전에 드러난 그의 설교를 통해서 바울과 동일하게 칭의(죄 사함+의의 전가)에 대한 진리를 가르치고 있는 것으로 결론내리는 것이 바람직합니다.

● 바울이 베드로를 책망하다(안디옥 사건, 갈 2:11-21): 베드로가 안디옥 교회의 이방인 신자들과 함께 식사를 하다가 예루살렘의 야고보에게서 온 유대인들(구원과 관련해서가 아니라 생활 면에서 모세 율법 준수를 강조했던 사람들로 추정)이 도착하자 급히 식탁의 교제를 그치고 뒤로 물러나는 사건(유대인들의 음식법은 이방인들과의 식탁 교제를 금지함, 행 10:28을 참고)이 발생했습니다. 이 사건의 심각성을 인식한 바울은 모든 사람 앞에서 베드로의 잘못을 지적하였습니다. 즉 사도 베드로가 복음의 진리에 위배되게 행동했다는 것입니다.

베드로가 이방인들과의 식탁 교제(공동체에 받아들이는 상징)를 물림으로써, 베드로는 안디옥 교인들에게 구원받는 하나님의 백성이 되기 위해서는 율법을 따라 살아야 한다는 인상을 남겼습니다. 베드로의 행동은 "오직 믿음을 통해 의롭다 함을 받음"이라는 진리를 훼손하였습니다. 그러므로 바울은 다시 한번 "오직 믿음으로 말미암는 칭의"(갈 2:16)를 재확인하였습니다. 갈라디아서 2장 16절을 보면, 바울은 분명히 베드로를 포함한 우리가 "이신칭의"의 진리를 알고 있으며, 그렇기 때문에 예수 그리스도를 우리가 믿고 있다고 선언하고 있습니다.

베드로는 이신칭의의 진리를 너무나 잘 알고 있었지만 안디옥 사건에서 그 진리의 실천에 있어서 실수를 하였습니다. 그러므로 바울은 베드로를 책망하였습니다(갈 2:11).

Broadman and Holman, 2003), 36-7을 보라. 분명한 것은 베드로전서는 안디옥 사건보다 늦은 시기에 기록되었다는 것이다.

8 베드로전서 2장 24절에 "믿음으로 말미암는 죄 사함"이 직접 표현되지 않았지만 그리스도의 구속으로 인한 "죄 사함"이 분명하게 나타난다. 그리고 베드로는 이 효과가 "우리"에게 적용된다고 하였다. 이 "우리"는 그리스도를 믿는 사람들이다(벧전 1:8-9; 2:7). 그러므로 본문에는 "믿음을 통한 죄 사함"이 드러나고 있는 것이다. 사도 베드로는 이미 그의 설교에서(행 2:38; 10:43) 이 진리를 선포하였다.

앎과 실천의 문제는 누구에게나 발생합니다.

어떤 진리를 받아들이지만 때로는 그 진리대로 살아가지 못할 때가 있습니다. 어떤 진리를 받아들인다고 하면서도 항상 그 진리에 위배되게 살아간다면 그 사람은 사실상 그 진리를 받아들이지 않은 것입니다. 그러나 진리를 받아들이지만 때로는 그 진리대로 생활하지 못하는 경우는 있을 수 있습니다. 기독교의 진리도 마찬가지입니다. 진리를 받는 인간이 실수가 없는 완전한 존재가 아니기 때문입니다. 베드로는 이신칭의의 진리를 받아들였고 확신했지만, 한 때 외부적 압력에 의해서 그 진리에 맞게 행동하지 못했습니다. 베드로의 한때 실수가 그가 이신칭의의 원리를 거부하였다는 것을 증명하지는 않습니다.

● 왜 베드로는 바울이 말하는 "믿음으로 말미암는 칭의"를 받아들이고 확신하면서도 바울과 똑같은 표현을 사용하지 않았을까요?

이것은 앞에서 지적하였던 것처럼, 사도 요한이 바울과 동일한 칭의의 개념을 인정하면서도 "믿음으로 말미암는 칭의"를 명백한 용어로 표현하지 않았던 것과 유사합니다. 베드로는 자신이 선호하는 용어(죄 사함)로 구원을 표현하였습니다.

우리는 복음서가 한 권이 아니고 네 권임을 기억해야 합니다. 복음서 각각의 기록자들은 예수 그리스도의 충만한 복음을 다양한 관점에서 풍성하게 묘사하고 있습니다. 마찬가지로 신약의 기자들은 구원의 충만한 개념을 자신들이 선호하는 다양한 용어로 표현하고 있습니다. 이들이 각자 다양한 용어로 구원을 표현한다고 해서, 이들이 다른 신약의 기자들이 표현한 구원의 용어나 개념들을 거부했다고 보는 것은, 성경의 통일성과 성령의 감동을 믿는 복음주의자들이 받아들일 수 없는 것입니다. 베드로는 "죄 사함"을 사용했지만 바울의 "칭의"(죄 사함과 의의 전가)를 전제하고 있었습니다.

☆ 삶에 적용하기

(1) 다음과 같은 질문을 생각해 봅시다.

우리는 오늘 학습을 통해서 베드로가 "믿음을 통한 죄 사함"이라는 개념을 즐겨 사용하였고 "믿음을 통한 칭의"라는 표현을 사용하지는 않았지만, 그는 바울이 말하는 "믿음을 통한 칭의"라는 진리를 확신하고 있었다는 것을 확인할 수 있었습니다. 이를 통해서 우리는 성경의 통일성을 확인할 수 있습니다. 성경의 통일성이란 성경이 그 가르침이나 교훈에 있어서 일관성을 유지하고 있으며, 그 내용에 있어서 모순이 없다는 것입니다.

그런데 우리는 사도 베드로와 사도 바울을 비교하면서 성경의 다양성도 볼 수 있습니다. 베드로는 "믿음을 통한 죄 사함"이라는 표현으로 구원의 다양한 의미를 나타내었고, 바울은 "믿음을 통한 칭의"라는 표현으로 구원의 다양한 의미를 나타냈습니다.

성경이 통일성을 가진다는 것은 결국 성경의 원 저자는 하나님이신 것을 잘 드러내고 있습니다. 하나님은 성경을 기록하는 데 있어서 인간들을 사용하셨지만, 그들이 다양하게 기록하는 내용에 있어서 서로 모순이 없고 일관성을 유지하도록 감독하시고 지도 하셨습니다.

당신은 성경의 원 저자가 하나님이신 것을 믿습니까?
하나님을 알 수 있는 확실한 방법은 무엇입니까?
당신은 하나님을 더 깊이 알고자 하는 바람이 있습니까?
그런 바람이 없다면 그 이유는 무엇입니까?
하나님을 더 깊이 알고자 한다면 당신의 삶에서 어떤 변화가 필요합니까?

해설

성경의 원 저자는 하나님이시므로 성경에는 하나님의 생각과 마음과 의지와 감정이 담겨 있습니다. 그러므로 하나님을 알고자 한다면 성경을 읽고 묵상해야 합니다.[9] 인간 관계에서도 상대방을 잘 알고자 한다면 그 사람의 생각과 마음과 의지와 감정을 잘 알아야 하듯이 인간과 하나님의 관계에서도 마찬가지입니다. 하나님을 알면 알수록 우리와 하나님의 관계는 더욱 깊어집니다.

즉 우리와 하나님과의 관계가 더 친밀해집니다. 이러한 하나님과 우리의 친밀한 관계로 인해 우리는 하나님의 뜻을 더 실천하게 되며, 하나님을 더 많이 사랑하게 되며, 더 기쁜 삶을 살게 되며, 상황과 환경들을 하나님의 시각으로 보게 되며, 세상을 이기는 삶을 살게 됩니다. 우리가 하나님(예수님)을 믿는다고 하면서도 기쁨이 자취를 감추고, 분노가 쏟아지고 절망감에 허덕이며, 세상에서 계속 넘어지며, 삶의 방향 감각을 잃는다면, 그것

---

9 하나님을 아는 것에 있어서 물론 기도도 중요하다. 그러나 우리의 기도는 대부분 개인적 소망과 욕심에 함몰되어 있다. 먼저 성경을 읽고 공부하고 묵상하며 하나님의 생각과 마음과 의지와 감정을 알아야 한다. 그 바탕 가운데서 우리의 기도가 흘러나와야 할 것이다.

은 우리가 하나님과의 친밀한 관계를 소홀히 하기 때문입니다.

우리가 하나님과의 친밀한 관계 보다 더 중요하다고 여기는 다른 많은 것이 우리의 관심을 지배하고 있는 한, 우리는 크리스천의 축복된 삶에서 멀어질 것입니다. 우리가 복된 크리스천의 삶을 살고 싶다면 하나님을 아는 것에 우선순위를 두어야 합니다.

예레미야 선지자는 지혜나 힘이나 돈이 중요한 것(가치 있는 것)이 아니며, 진정으로 중요한 것(가치 있는 것)은 하나님을 아는 것이라고 선포하였습니다(렘 9:23-24). 하나님을 더 깊이 알아 가며 친밀한 관계를 쌓는 것, 이것보다 인생에 중요한 것은 없습니다. 우리가 성경의 원 저자가 온 우주를 창조하시고 주관하시는 하나님이시라는 것을 믿는다면, 우리의 우선순위는 하나님을 아는 것이어야 합니다.

이 목적을 위해서 우리는 성경을 읽고 공부하고 묵상하고 그 바탕위에서 기도해야 합니다. 그리고 이러한 바탕 위에서 우리의 삶의 실천이 이루어져야 합니다. 단순히 하나님에 대한 지식을 아는 것이 아니라, 하나님을 알아가며 친밀한 관계를 이루어 나가야 합니다.

이런 사람은 하나님의 생각과 마음과 뜻과 감정에 자신의 생각과 마음과 뜻과 감정을 조율해서 살며, 누구보다 가치 있는, 복된 삶을 살게 됩니다. 이런 삶이 에녹(창 5:24)과 노아(창 6:9)처럼 하나님과 동행하는 삶입니다.

(2) 안디옥 사건(갈 2:11-21)을 보면 베드로는 이신칭의의 진리를 확신하면서도 그 진리에 위배되는 행동을 하였습니다. 당신의 경우에 당신이 확신하고 있는 진리와 그 진리에 위배되게 행동한 경우가 있다면 다른 사람들과 나누어 보십시오. 당신이 확신하고 있는 그 진리에 위배되게 행동한 이유도 말해 보십시오.
당신이 확신하고 있는 진리를 제대로 실천하기 위해서 필요한 것은 무엇이라고 생각합니까?

(3) 오늘 학습을 통해서 당신이 발견한 하나님의 은혜나 진리 혹은 교훈을 다른 사람들과 나누십시오. 또한, 오늘 당신이 깨달은 하나님의 은혜나 진리 혹은 교훈과 관련하여 이번 한 주간에 당신의 삶에서 실천이 필요하거나 변화가 필요한 부분을 적어 보고 나누어 봅시다.

📝 요약과 정리

히브리서 기자는 히브리서 11장 7절을 통해서, 바울이 증언하는 "믿음을 통한 칭의"(justification by faith)의 진리를 동일하게 선포하고 있습니다. 사도 베드로는 "믿음을 통한 칭의(죄 사함+의의 전가)"라는 표현을 사용하지 않고 "믿음을 통한 죄 사함"이라는 개념을 나타내고 있습니다. 사도 베드로가 비록 "칭의" 대신에 "죄 사함"이라는 표현만 사용했지만 그는 "의의 전가"의 개념을 당연히 전제하고 있습니다.

베드로는 "그가 채찍에 맞음으로 너희는 나음을 얻었다"(벧전 2:24 후반부)고 말하는데, 이 표현은 이사야 53장 5절에 기반을 두고 있습니다. 이사야 53장에서 "나음"과 "평화"(사 53:5)는 53장 11절의 "그가 많은 사람을 의롭다고 할 것이다"(법정적 의를 의미하며 의의 전가를 내포)와 동일한 뜻을 드러내고 있습니다.

이사야 53장을 잘 알고 있는 사도 베드로가 "나음을 입었다"는 이사야의 표현을 사용한 것은, 비록 그가 명시적으로 "의의 전가"를 그의 서신서에서 표명하지는 않았고 사도행전의 설교들에서도 나타내지는 않았지만, 우리는 그가 "의의 전가" 개념을 당연히 인정하고 있는 것으로 이해해야 합니다. 그뿐만 아니라 갈라디아서 2장 11-21절의 안디옥 사건은, 베드로가 바울이 표명한 "믿음으로 말미암는 칭의"의 진리를 이미 이해하며 동의했다는 것을 보여 줍니다.

제10과

하나님의 은혜로(사도 바울이 말하는 칭의) I

🔊 워밍업

우리는 제10, 11, 12과에서 바울이 들려주는 칭의의 이야기들을 살펴보고자합니다. 물론 우리는 제12과에서 야고보가 말하는 칭의의 주제도 함께 음미할 것입니다. 바울은 칭의의 주제에 관해서 다른 어떤 성경 기록자보다 더 세밀하고 풍성하게 서술하고 있습니다. 그러므로 우리는 바울의 칭의론을 살펴봄으로써, 지금까지 우리가 배운 칭의의 의미가 더 선명하게 우리의 머리와 가슴 속에 자리 잡는 경험을 하게 될 것입니다.

제10과에서는 우선 우리는 바울이 언급하는 하나님의 의(義)와 칭의(稱義)의 의미에 관해서 간략하게 살펴볼 것입니다.

첫째, 이미 우리는 이러한 개념들에 관해서 배웠지만 복습한다는 생각으로 우리의 기억을 더듬어 보면 좋을 것입니다.

둘째, 우리에게는 낯선 주제인 "피스티스 크리스투"(그리스도의 신실 혹은 그리스도를 믿음)의 올바른 뜻에 관해서 탐구해 볼 것입니다. "피스티스 크리스투"가 예수 그리스도의 신실하심을 의미하는 것인지, 아니면 예수 그리스도를 믿는 믿음을 말하는 것인지 성경 본문을 통해서 알아보도록 합시다.

셋째, 마지막으로 칭의의 원천은 무엇인지, 칭의의 토대(근거)는 무엇인지, 칭의의 방편(통로)은 무엇인지 함께 알아보도록 합시다.

우리는 흔히 우리의 믿음 때문에 의롭다 함을 받았다고 이야기하는데, 엄밀히 말하자면 이것은 정확한 표현은 아닙니다. 우리의 믿음이 칭의의 원인이 될 수는 없기 때문입니다.

우리의 칭의가 가능하게 된 원인(근거, 공로)은 그리스도의 죽으심과 그분의 순종에 있습니다. 그러므로 우리는 칭의의 원천, 근거, 방편(수단)에 관해서 정확하게 알아야 합니다.

≫ 생각하기

(1) 우리는 제2과에서 로마서 1장 17절(롬 3:21; 10:3)에 나타나는 하나님의 의(義)의 의미에 관해서 배웠습니다. 제2과를 참고하여 하나님의 의(義)의 뜻에 관해서 말해 보십시오.

정답과 해설

로마서 1장 17절의 하나님의 의는 하나님의 구원하시는 행동이자, 믿는 사람들이 하나님으로부터 받게 되는 의인의 신분(지위)을 의미합니다. 다시 말하면, 하나님의 의는 의롭다고 선언해 주시는 하나님의 행위이면서, 동시에 인간 측에서는 하나님으로부터 의롭다고 선언받는 선물입니다.

(2) 제1과를 참고하여 칭의의 뜻에 관해서 말해 보십시오.

정답과 해설

칭의(稱義, justification)란 인간의 법정에서 재판관이 피고에게 판결을 선고하는 것처럼, 하늘의 법정에서 하나님께서 죄인인 인간을 죄가 없으며 의롭다고 선언하시는 것을 말합니다. 하나님의 이러한 선고에 의해서 죄인인 인간이 의롭다고 여겨집니다.

우리는 칭의가 죄인인 인간을 의롭게 변화시키는 것을 의미하지 않는다는 것에 주의를 기울여야 합니다. 죄인인 인간이 실질적으로 의롭게 변화되는 것을 우리는 성화(聖化, sanctification)라고 부릅니다. 우리는 다음 단원에서 칭의의 요소를 배우게 될 것인데, 거기서 칭의라는 개념에 관해서 좀 더 풍성히 알게 될 것입니다.

(3) 로마서 3장 22절을 읽어 보십시오. 여기서 "예수 그리스도를 믿음으로 말미암아"는 헬라어 원문으로는 διὰ πίστεως Ἰησοῦ Χριστοῦ(디아 피스테오스 예수 크리스투)입니다.

신약학자들은 "피스테오스 예수 크리스투"가 그리스도의 신실하심(십자가에서 죽음의 순종)을 의미하는지 아니면 그리스도를 믿는 믿음을 의미하는지에 관해서 첨예한 논쟁을 벌이고 있습니다. 이 유명한 논쟁은 "피스티스 크리스투" 논쟁으로 알려져 있습니다. 문법적으로는 두 가지 해석이 모두 가능합니다. 주로 바울에 대한 새관점을 지지하는 학자들은 이 어구를 그리스도의 신실하심으로 이해하며, 반면 다른 학자들은 그리스도를 믿는 믿음으로 이해합니다.
과연 어느 해석이 성경 본문에 충실한 해석일까요?

> 곧 예수 그리스도를 믿음으로 말미암아 모든 믿는 자에게 미치는 하나님의 의니 차별이 없느니라 (롬 3:22).

로마서 3장 19-22절을 충분히 음미하면서 당신의 생각을 말해 보십시오. 로마서 3장 19-20절은 명백하게 3장 21-22절과 대조 관계에 있다는 것을 참고하십시오. 이 대조 관계를 좀 더 구체적으로 말하면, 의롭다 함을 얻는 두 가지 대조적인 방법이 나타나고 있습니다.

- 율법 외에(롬 3:21): 새번역은 "율법과는 상관없이"라고 번역하고 있습니다. 하나님의 의 즉 칭의는 율법과는 상관없다는 것입니다. 다시 말해, 율법의 행위로는 칭의를 얻을 수 없다는 것입니다.

✿ 정답과 해설

모든 한국어 성경은 헬라어 원문의 "피스테오스 예수 크리스투"를 "예수 그리스도를 믿음"으로 번역하고 있기 때문에, 우리는 본문과 관련한 논쟁이 있다는 사실을 파악하기 어렵습니다. 어쩌면 우리는 이러한 논쟁에 관해서 알 필요도 없다고 생각할 수 있습니다.

그러나 사도 바울과 칭의에 대한 새로운 이해를 촉발한 새관점 학파의 대표적 주창자이면서 한국 교회에 지속적 영향력을 발휘하고 있는 톰 라이트는 "피스티스 크리스투"를 그리스도의 신실하심으로 해석하고 있으므로, 우리는 이 논쟁에 관해서 개략적으로나마 알 필요가 있습니다. 결론부터 말하자면 라이트의 해석은 옳지 못합니다. "피스티스 크리스투"를 "예수 그리스도를 믿음"으로 이해한 전통적인 해석이 올바릅니다.

이 논쟁을 해결하는 관건은 문법이나 단어나 어구의 용법이 아닙니다. 의미를 결정하기 위해서 최우선적으로 우리가 고려해야 할 것은 문맥이라는 것에 주의를 기울여야 합니다. 로마서 3장 22절의 문맥을 살펴봅시다. 그 앞선 내용을 보면 유대인과 이방인 모두 하나님 앞에 죄인이며 심판의 대상이라는 사실이 제시됩니다(롬 1:18-3:20).

아울러 바로 인접한 로마서 3장 19-20절은 "율법의 행위로는"(ἐξ ἔργων νόμου, ἐξ는 방법, 수단을 의미) 그 누구도 의롭다 함을 받지 못할 것이라는 것을 지적하고 있습니다.[1] 이어서 3장 21절은 Νυνὶ δὲ(그러나 이제)로 시작하고 있습니다. 아쉽게도 개역개정 성경은 명확한 대조 관계를 나타내는 "그러나"(δὲ)를 번역하지 않았습니다. "그러나 이제"(롬 3:21)라는 어구는 국면의 전환, 즉 새로운 시대가 열렸음을 선포하고 있습니다. 새로운 시대가 열렸다는 것은 구약 시대에는 율법으로 구원받고 신약 시대는 믿음으로 구원받는 것을 말하는 것이 아닙니다.

앞서 살펴 본 것처럼, 사람들은 구약의 시대에도 동일하게 믿음으로 의롭다 함을 얻었습니다. 새로운 시대가 도래했다는 것은, 예수님께서 오셔서 십자가에 돌아가심으로써 구약에서 증언된 속죄 사역이 완성되었으며, 구원을 얻는 데 있어서 율법의 무능함이 더욱 선명하게 드러났으며, 의롭다 함을 받는 유일한 길이 예수님께서 오심으로 인해 더욱 분명하게 드러났다는 것을 말하고 있습니다.

간략하게 말하자면, 예수님께서 십자가에서 돌아가심으로 우리의 구원을 이루셨다는 점에서 새로운 시대가 열린 것입니다. 그러므로 바울은 여기서 우리가 초점을 두어야 할 대상이 율법이 아니고 예수 그리스도임을 나타내고 있습니다. 율법으로는 단지 우리가 죄인이라는 사실을 깨닫게 되는 것이며, 그 율법으로는(행위로는) 의롭다 하심을 받을 사람이 없다는 것입니다(롬 3:20).

그렇다면 이 새로운 시대(롬 3:21-22)에 우리는 무엇을 기대하게 될까요?

과연 어떤 방법으로 의롭다 함을 받을 수 있는가(율법의 방법으로는 의롭다 함을 얻을 수 없다. 롬 3:20)에 대한 선명한 해답이 제공되어야 하는 것입니다.[2] 그러므로 로마서 3장 22절의 διὰ πίστεως Ἰησοῦ Χριστοῦ(디아 피스테오스 예수 크리스투, διὰ는 방법, 통로를 의미)는 로마서 3장 20절(율법의 행위로는 의롭다 함을 받지 못한다)과 대조적인 의미를 가져야 자연스

---

1 최갑종, 『바울연구 III』, 158은 이러한 사실을 잘 나타내고 있습니다.

2 최갑종, 『바울연구 III』, 158-9을 참고.

럽습니다. 즉 이 이구는 의롭다 함을 얻는 방법을 의미해야 논리적인 것입니다.³

우리는 로마서 전체를 통해서 의롭다 함을 얻는 방법(수단, 통로)이 무엇인지 잘 알고 있습니다. 아시다시피 그것은 바로 믿음입니다(롬 1:17; 3:30; 4:5, 9, 11, 13, 16; 5:1; 9:30; 10:6; 10:9-10). 그뿐만 아니라 로마서는 분명하게 의롭다 함을 얻는 데 있어서 율법 혹은 행위와 믿음을 대조하고 있습니다(롬 3:27-28; 9:32). 그러므로 로마서 3장 22절의 διὰ πίστεως Ἰησοῦ Χριστοῦ(디아 피스테오스 예수 크리스투)에서 피스테오스는 믿음을 의미하는 것이 확실합니다.

피스테오스에 예수 크리스투가 결합되어 있으므로 그 의미는 "예수 그리스도의 믿음" 혹은 "예수 그리스도를 믿음"인데, 문맥적으로 우리가 예수 그리스도를 향해서 가지고 있는 믿음이 분명합니다. 결론적으로, "디아 피스테오스 예수 크리스투"를 예수 그리스도의 신실하심으로 해석한 톰 라이트(Tom Wright)의 견해는 옳지 못한 해석입니다.

〉〉〉〉〉 더 깊게 생각하기

(1) 앞의 "피스티스 크리스투" 논쟁을 학습하면서 우리는 칭의의 방편(수단, 통로)이 예수 그리스도를 믿는 믿음이라는 것을 확인할 수 있었습니다. 이제 칭의의 원천과 근거(토대)에 관해서 학습해 보도록 합시다. 로마서 3장 24절과 25절 전반부를 읽어 보십시오.

> 그리스도 예수 안에 있는 속량으로 말미암아 하나님의 은혜로 값없이 의롭다 하심을 얻은 자 되었느니라 이 예수를 하나님이 그의 피로써 믿음으로 말미암는 화목제물로 세우셨으니(롬 3:24-25a).

---

3 이러한 대조 관계는 역시 최갑종, 『바울연구 III』, 159가 정확하게 지적하고 있다. 사실 이러한 대조 관계를 좀 더 확장해서 파악하면, "하나님의 의"에 대한 해석의 중요한 실마리도 발견된다. 필자는 앞서 로마서 3장 21-22절의 "하나님의 의"에 관해서 이미 언급하였다. 그것은 하나님께서 의롭다고 선언하시는 구원의 행동이며 인간이 수여받는 의인됨의 지위이다. 이러한 "하나님의 의"에 대한 이해는 위에서 언급한 대조 관계에서도 드러난다. 즉 3장 20절의 ἐξ ἔργων νόμου οὐ δικαιωθήσεται(율법의 행위로는 의롭다 함을 받지 못할 것이다)와 3장 22절의 δικαιοσύνη δὲ θεοῦ διὰ πίστεως Ἰησοῦ Χριστοῦ(예수 그리스도를 믿는 믿음으로 말미암는 하나님의 의)가 정확하게 대조 관계를 형성하고 있는 것이다. 이 대조 관계를 보면 "의롭다 함을 받다"(δικαιωθήσεται)와 "하나님의 의"(δικαιοσύνη θεοῦ)가 명확하게 병행 어구(parallel)이다. 그렇다면 "하나님의 의"는 "하나님의 언약적 신실하심"이 아니라 바로 "칭의"와 관계된 것임을 알 수 있는 것이다.

첫째, 본문에서 칭의의 원천(출발점, 궁극적 근거)이 무엇인지 말해 보십시오.
둘째, 아울러 하나님께서 칭의를 선포할 수 있는 토대(근거)가 무엇인지 적어 보십시오.

- 속량: 원래 몸값이라는 뜻으로 그리스도 예수의 죽음이 죄의 형벌에 대한 몸값의 역할을 했다는 의미이다. 그러므로 예수님을 믿는 사람들은 죄의 형벌로부터, 죄의 권세(power)로부터 해방됩니다.
- 화목제물(속죄제물): 헬라어 원어로는 ἱλαστήριον(힐라스테리온)이다. ἱλαστήριον의 동사형인 "ἱλάσκομαι"는 "진노를 달래다 혹은 없애다"(propitiate)의 뜻이며, 이 동사에 대응하는 히브리어 כָּפַר는 "덮다 혹은 가리다"의 의미이다. 화목제물이라는 단어에는 진노를 없앰과 죄를 용서함이라는 두 가지 개념이 포함되어 있다.

그의 피로써 믿음으로 말미암는 화목제물에서, "그의 피로써"는 화목제물을 수식합니다. 즉 예수님의 피가 화목제물의 수단이 된다는 의미입니다. 다시 말해 예수님께서 피 흘려 돌아가심으로 화목제물이 된다는 것입니다. "믿음으로 말미암는"은 화목제물을 수식합니다. 즉 화목제물의 혜택을 얻기 위해서 사람이 믿음으로 반응해야 함을 의미합니다. 여기서 믿음은 우리의 공로나 업적이 아님을 다시 한번 기억해야 합니다. 믿음이라는 것은 하나님이 거저 주시는 칭의의 선물을 빈손으로 받아들이는 인간의 반응입니다. 믿음은 칭의를 얻는 통로(수단)로서 인간의 반응입니다.

정답과 해설

"값없이"와 "하나님의 은혜로"는 명백하게 칭의가 하나님의 선물이라는 것을 나타내고 있습니다. 사람이 어떤 공로를 세우거나 노력을 통해서 칭의를 얻는 것이 아니라는 것을 두 어구가 웅변적으로 말해 주고 있습니다.

첫째, 값없이
둘째, 하나님의 은혜로

"값없이"와 "하나님의 은혜로"라는 표현은 결국 우리가 의롭다 함을 얻는 출발점(원천, 궁극적 근거)이 하나님의 은혜라는 것을 가르쳐 주고 있습니다.

그런데 로마서 3장 24절과 25절의 전반부에는 하나님께서 죄인인 인간을 의롭다고 선언해 줄 수 있는 토대(근거)가 나타나고 있습니다. 하나님께서는 정의(공의)로운 분이시기에 그냥 죄에 대해서 눈을 감고 용서하시는 분이 아닙니다. 만약 하나님께서 죄를 간과하고 단순히 용서하신다면 하나님의 사랑은 증명되지만 하나님의 공의(정의)는 실추되는 것이기 때문입니다.

그러므로 하나님의 공의와 사랑이 모두 충족되기 위해서는, 죄인인 인간이 죄에 대해서 값을 치르지는 않지만 누군가가 죄에 대한 모든 값을 치러야만 합니다. 누군가 모든 죗값을 치러서 하나님의 공의가 충족될 때 하나님께서는 죄를 용서하시고 의롭다고 하십니다.

본문에서는 예수님께서 인간을 대신해서 십자가에서 돌아가신 희생적 죽음이 죄의 형벌에 대한 몸값 역할을 하였으며, 이로 인해서 우리가 의롭다 함을 얻을 수 있다고 증언하고 있습니다. 즉 예수 그리스도의 희생적 죽음이 칭의의 토대(근거)라는 것입니다. 25절 전반부는 하나님께서 예수님을 화목제물로 세우셨다고 증언하는데, 이것은 예수님께서 화목제물로 드려진 결과 우리 죄에 대한 하나님의 진노가 가라앉았으며 우리가 죄 용서함을 받았다는 것을 의미합니다.

여기서도 칭의의 토대(근거)가 예수님의 대속적 죽음이라는 것이 드러납니다. 그러므로 엄밀히 말하면, 우리는 예수 그리스도의 대속의 죽음 때문에 의롭다 함을 얻었다고 말해야 합니다. 왜냐하면, 믿음은 칭의의 근거(토대, 원인)가 아니며 예수님께서 가능하게 하신 칭의를 얻는 통로로서 인간의 반응이기 때문입니다. 신학자들은 믿음을 도구적 원인으로 그리스도의 십자가 죽음을 공로적 원인으로 부르기도 합니다. 그러나 이러한 표현은 믿음을 칭의를 얻는 수단(통로)으로 말한 것이지 결코 믿음을 칭의의 근거로 말한 것이 아님을 주의해야 합니다.

● 꼭 알고 넘어 갑시다: 우리는 좀 전에 칭의의 근거(토대)가 예수 그리스도의 십자가에서의 죽음이라고 배웠습니다. 그러나 이 대속의 죽음에 덧붙여 예수 그리스도의 완전한 순종이 칭의의 근거라는 것이 지적되어야 합니다. 이 점은 로마서 5장 19절에서 명확하게 드러납니다. 로마서 5장 19절 후반부는 다음과 같이 증언하고 있습니다.

한 사람이 순종하심으로 많은 사람이 의인이 되리라(롬 5:19).

본문은 예수 그리스도의 순종이 칭의의 근거임을 말하고 있습니다.

그렇다면 예수님의 순종은 무엇을 의미할까요?

어떤 학자는 예수님의 순종을 예수 그리스도께서 십자가에서 돌아가신 것을 의미한다고 생각합니다. 다른 학자들은 이 순종을 하나님의 법에 대한 예수님의 완벽한 순종을 포함하여 십자가에서의 죽으심으로 이해하고 있습니다.

필자는 후자의 해석이 바람직한 해석이라 생각합니다. 왜냐하면, 예수님께서 속죄제물로 죽으신 것과 하나님 앞에서 예수님의 완벽한 삶을 따로 떼어 놓고 생각하는 것은 옳지 못하기 때문입니다.

레위기의 제사법에 따르면[4] 희생제물은 흠이 없어야 합니다. 마찬가지로 완전하고 영원한 속죄제물인 예수 그리스도는 죄가 없어야 하는 것입니다.[5] 즉 예수 그리스도의 흠이 없는 완전한 삶이 속죄제물로서 전제가 되어야 합니다. 그러므로 본문에서의 순종은 예수님의, 하나님의 법에 대한 완전한 순종과 그의 죽으심을 포함하고 있는 것으로 이해하는 것이 타당합니다.[6] 따라서 칭의의 근거는 예수님의 죽으심과 그분의 완벽하신 순종이라고 말할 수 있습니다.

(2) 로마서 3장 25-26절을 세밀하게 읽어 보십시오.

25절에 "하나님의 의"(원어를 직역하면 "그분의 의." 개역개정 성경은 "자기의 의로움"으로 번역함)가 다시 등장합니다. 그런데 이 "하나님의 의"는 3장 21절의 "하나님의 의"와는 뜻이 다릅니다.

3장 25절에 나타난 "하나님의 의"는 무슨 뜻일까요?

여러분의 생각을 말해 보십시오.

● 로마서 3장 25-26절에 대한 필자의 아래 헬라어 원문 번역을 참고하세요.

---

4 레위기는 제사와 관련하여 제물로 드리는 짐승이 흠이 없어야 한다는 것을 총 19번이나 기록하고 있습니다(1:3, 10; 3:1, 6: 4:3, 23, 28, 32; 5:15, 18; 6:6; 9:2, 3: 14:10; 22:19, 20, 21: 23:12, 18).

5 F. Godet, *Commentary on the St. Paul's Epistle to the Romans*, trans. by A. Cusin (Edinburgh: T. & T. Clark, n.d), 1:384.

6 "그리스도의 죽음과 그의 거룩한 삶을 분리하는 것은 불가능하다. 순종이라는 용어는 둘 다를 포함하고 있는 것이다"(빌 2:8 참고). F. Godet, *Commentary on the St. Paul's Epistle to the Romans*, trans. by A. Cusin (Edinburgh: T. & T. Clark, n.d), 1:384. 빌립보서 2장 8절은 예수님의 순종의 절정이 십자가에서의 죽음이라는 것을 지적하고 있다. 다시 말해 예수님은 죽기까지 모든 순종을 다 하셨다는 것을 말하고 있는 것으로 보인다. 그러므로 빌립보서 본문(빌 2:8)이 언급하는, 예수님께서 십자가에서 죽으신 순종은 다른 순종들을 전제하고 있는 것으로 생각된다.

하나님께서 이 예수를 화목제물(속죄제물)로서 공개적으로 나타내셨습니다. 이 화목제물(속죄제물)은 예수님의 피로 되는 것이며, 믿음을 통해 유효합니다. 하나님께서 이렇게 하신 것은 (예수님을 화목제물로 나타내신 것은) 하나님께서 길이 참으시는 중에 (사람들이) 전에 지은 죄를 간과하셨기 때문에, 그분의 의(하나님의 의)를 나타내시기 위함이었습니다 (또한 하나님께서 예수님을 화목제물로 나타내신 것은) 현재에 그분의 의(하나님의 의)를 나타내시기 위함입니다. 다시 말해, 하나님께서 예수님을 믿는 사람들을 심지어 의롭다고 선포하실 때조차도 그분(하나님)이 의로우시기 위함입니다.

- 필자가 번역한 로마서 3장 25-26절 해설 참고
- 전에 지은 죄: 예수님께서 오시기 전 행해졌던 죄들, 즉 구약 시대의 죄들을 말합니다.
- 간과: 하나님께서 죄를 간과했다는 것은 죄를 전혀 처벌하지 않았다는 뜻이 아닙니다.

하나님께서는 분명히 구약 시대에 죄를 처벌하셨습니다. 본문에서 죄를 간과한다는 의미는 하나님께서 자비를 베푸셔서 죗값대로 완전하게 처벌하지는 않으셨다는 뜻입니다. 만약 하나님께서 죗값대로 사람들을 완전히 처벌하시면 살아남을 사람이 하나도 없습니다. 물론 하나님은 대홍수를 통해 인류를 심판하신 경우가 있었지만, 이후에는 이런 대규모의 심판은 없었습니다.

하나님께서는 죄에 대해서 즉각적으로 처벌하시고 완전한 처벌(예를 들어, 노아 홍수)을 하실 수도 있었지만, 많은 경우 하나님께서 진노를 자제하셔서 약하게 처벌하시거나 심판을 상당한 기간 동안 연기하시곤 했습니다(예를 들어, 유대나 이스라엘 멸망).

혹은 하나님께서는 악인들을 우리가 기대하는 방향으로, 이 세상에서 처벌하시지 않는 경우도 있습니다. 그러나 하나님께서 죄에 대해서 바로 형벌로 갚지 않으시고 죄의 형벌을 자제하시고, 죄에 대해서 참으시는 모습을 보이시는 것은 하나님의 성품과 관련하여 한 가지 문제를 야기합니다. 그것은 바로 하나님의 공의(정의)가 사람들에게 의심받게 되는 것입니다. 그래서 다음과 같은 의혹이 발생되는 것입니다.

"왜 정의로운 하나님께서 죄에 대해서 제대로 처벌하시지 않는가?"

하나님의 의로운 성품 곧 하나님의 공의에 대한 의혹이 해소되려면 하나님께서 죄에 대해서 분명하게 처벌하시는 것이 나타나야 합니다. 하나님께서는 예수님을 화목제물(속죄제물)로 세우심으로 이러한 의혹을 해소합니다. 즉 예수 그리스도께서 인간의 죄를 짊어지시고 십자가에서 돌아가심으로, 하나님은 죄를 심판하시고 죄에 대해서 진노를 쏟으시는 정의롭고 공의로운 분이시라는 것을 증명하신 것입니다. 예수께서 화목제물(속죄제물)로 돌아가신 십자가 사건은 바로 하나님의 정의(공의)를 보여 주는 것입니다.

> 필자 역(롬 3:26 후반부): 하나님께서 예수님을 믿는 사람들을 심지어 의롭다고 선포하실 때조차도 그분(하나님)이 의로우시기 위함입니다.

필자가 번역한 이 어구(롬 3:26 후반부)는 전통적으로, "하나님이 의로우시기 위해 또한 하나님께서 예수님을 믿는 자를 의롭다 선포하기 위해서"로 번역됩니다. 그러나 헬라어 원문은 필자의 번역처럼 번역될 수 있습니다. 필자의 번역은 현대 복음주의 신약학자들의 관점과 궤를 같이하고 있습니다.[7] 로마서 3장 25절은, 구약 시대의 죄들에 대해서 하나님께서 제대로 처벌하지 않으셨기 때문에 제기되는 하나님의 정의(공의)에 대한 의혹을 예수님의 십자가 사건이 해소하였다는 것을 말해 줍니다. 앞서 언급한 것처럼, 예수님께서 화목제물이 되심으로 죄의 형벌을 받았으므로, 하나님의 정의가 드러난 것이었습니다. 한편, 로마서 3장 26절은 신약 시대에(예수님께서 오신 이후) 발생하는 또 하나의 중요한 하나님의 공의(정의)의 문제를 다루고 있습니다.

과연 하나님께서 어떻게 죄인을 의롭다고 할 수 있는가?

죄인을 죄인이라 하지 않고 의인이라고 하는 것은 심각한 범죄이며, 정의에 어긋나는 일입니다(신 25:1; 잠 17:15). 여기서 다시 한번 하나님의 정의(공의)에 관해서 의혹이 제기되는 것입니다. 그러나 하나님은 예수님을 화목제물로 세우심으로 그분의 정의를 드러내며 이러한 의혹을 말끔히 제거합니다. 하나님께서는 하나님의 정의에 위배되지 않으면서 예수님을 믿는 죄인을 의인이라고 선포해 주실 수 있습니다.

이것은 어떻게 가능할까요?

예수님께서 이미 화목제물로 죄를 짊어지고 죄의 형벌을 받으셨기 때문입니다. 하나님께서 이미 불경건한 죄인들의 죄를 그분의 아들 안에서 심판하셨기 때문입니다. 그러므로 믿는 자들은 죄인임에도 불구하고, 예수님께서 화목제물 되심으로 인해 의롭다고 선포 될 수 있는 것입니다.

---

[7] Moo, *Romans*, 242, Schreiner, *Romans*, 198, Osborne, *Romans*, 100을 참고하라

정답과 해설

로마서 3장 25-26절에 나타나는 하나님의 의는 하나님의 의로운 성품 혹은 하나님의 정의(공의)를 말하는 것입니다. 자세한 사항은 위의 필자의 해설과 번역을 참고하십시오.

로마서 3장 21-26절은 로마서의 주제(롬 1:16-17)에 관해서 구체적으로서 설명하며 로마서의 핵심을 이루고 있습니다. 그러므로 사도 바울이 이해하고 있는 복음과 칭의를 파악하는 데 아주 유익하므로 전체 내용을 잘 숙지하시기 바랍니다.

로마서 3장 21-26절 내용을 쉽게 정리해 보면 이렇습니다. 즉, 행위로는 하나님 앞에서 의롭다 함을 얻지 못합니다. 하나님께서는 십자가를 통해서 의롭다 함을 받는 길을 명확하게 드러내셨습니다. 죄인은 믿음을 통해서 의롭다 함을 받습니다. 인간이 죄인임에도 불구하고, 하나님께서는 믿음의 빈손을 들고 그분께 나아오는 죄인을 의롭다고 선언하십니다. 죄인을 의롭다고 선포하심에도 불구하고 하나님은 여전히 의로우십니다. 이 역설적 사실이 진실인 것은 하나님께서 예수 그리스도를 화목제물로 세우셔서, 불경건한 죄인들의 죄를 예수 그리스도 안에서 심판하셨기 때문입니다. 이 모든 것에는 인간의 어떤 공로나 노력이 작용한 것이 아니며, 온전히 하나님의 은혜가 일한 것입니다(엡 2:8-9 참고).

그러므로 우리는 루터나 칼뱅이 주장한 "오직 은혜로"와 "오직 믿음으로"라는 명제에 동의할 수 있습니다. 칭의는 온전히 하나님의 선물입니다. 우리의 공로는 전혀 없습니다. 따라서 "오직 은혜"입니다. 우리가 칭의를 얻는 수단(통로)은 믿음입니다. 우리가 칭의라는 하나님의 선물에 관해서 믿음으로 반응할 때 우리는 칭의를 얻을 수 있는 것입니다. 믿음은 어떤 공로가 아님에 주의해야 합니다. 믿음은 빈손 들고 칭의를 받아들이는 우리의 반응입니다. 예컨대 10억의 빚을 진 사람에게 어떤 엄청난 부자가 10억을 거저 준다고 가정해 봅시다. 이 채무자는 거저 그 10억의 돈을 받고 10억의 채무를 변제합니다.

이 채무자가 모든 채무를 변제한 것은 누구의 공로일까요?

이 채무자의 공로(기여)는 전혀 없습니다. 채무의 변제는 그에게 10억이라는 거금의 은혜를 베푼 사람의 공로입니다. 채무자는 단지 빈손으로 10억을 받아들인 것뿐입니다. 믿음은 어떤 점에서 바로 이와 비슷한 것이라고 볼 수 있습니다. 칭의를 얻는 통로(수단)로 그 어떤 행위(공로서의 행위)도 작용하지 않습니다. 칭의를 얻는 유일한 통로(수단)는 믿음인 것입니다. 그러므로 "오직 믿음"은 정확한 표현입니다.

혹자는 바울이 "오직 믿음"이라는 말을 한 적도 없는데, 루터가 "오직"이라는 단어를 마음대로 만들어 냈고 한국어 성경도 이를 수용하였다고 말합니다. 그래서 이들은 "오직 믿음"을 비판하기도 합니다. 사실 헬라어 원문에는 "의롭다 함을 받다"와 관련하여

"오직"이라는 말이 들어 있지 않습니다. 루터는 그의 독일어 번역 성경에서 "오직"이라는 단어를 사용하지는 않았습니다. 그러나 루터는 1535년 『갈라디아서 주석』에서 아주 단호하고 명백하게, 다음과 같이 해설하고 있습니다.

> 우리는 오직 믿음으로 의롭다고 선언받습니다.[8]

과연 루터의 해석이 틀린 것일까요?

우리가 방금 로마서 3장 21-26절의 내용에서 확인할 수 있었던 것처럼, 성경의 해석상 "오직 믿음"이라는 것은 당연한 결론입니다. 어떤 행위도 칭의에 기여하지 못합니다. 칭의는 오직 하나님의 은혜이며, 이 은혜를 얻는 유일한 수단은 믿음입니다.

✒ 삶에 적용하기

(1) 여러분은 "오직 믿음으로 의롭다 함을 받는다"는 전통적인 칭의 교리에 대한 반박을 책이나 설교 혹은 강의를 통해서 경험한 적이 있나요?

전통적인 칭의 교리를 반박하는 내용을 읽거나 들었을 때 당신은 어떤 느낌이 들었나요?

앞으로 여러분이 "오직 믿음"을 부정하는 내용을 접하게 될 때 어떤 자세를 취하고 싶은가요?

(2) 오늘 학습을 통해서 당신이 발견한 하나님의 은혜나 진리 혹은 교훈을 다른 사람들과 나누십시오. 또한, 오늘 당신이 깨달은 하나님의 은혜나 진리 혹은 교훈과 관련하여 이번 한 주간에 당신의 삶에서 실천이 필요하거나 변화가 필요한 부분을 적어 보고 나누어 봅시다.

(3) 이 시간 깨달은 하나님의 은혜나 진리 혹은 교훈과 관련하여 하나님을 향한 기도문을 적어 보십시오.

---

8 Luther, *Luther's Works*, 26:137. 앞으로 Luther's Works는 *LW*로 표기한다.

요약과 정리

로마서 1장 17절(롬 3:21; 10:3)에 나타나는 하나님의 의(義)는 사실상 칭의(稱義)와 동일한 뜻을 나타냅니다. 칭의는 사람을 의롭게 변화시키는 것을 의미하는 것이 아닙니다. 칭의(稱 義, justification)란 인간의 법정에서 재판관이 피고에게 판결을 선고하는 것처럼, 하늘의 법정 에서 하나님께서 죄인인 인간을 죄가 없으며 의롭다고 선언하시는 것을 의미합니다.

로마서 3장 22절의 διὰ πίστεως Ἰησοῦ Χριστοῦ(디아 피스테오스 예수 크리스투)를 흔히 새관점을 지지하는 학자들은 예수 그리스도의 신실하심(십자가에서의 죽음)이라고 해석하 지만, 전체 문맥 속에서 이 어구는 분명하게 "예수 그리스도를 믿음"을 의미합니다. 그러 므로 한글 개역개정 성경이나 새번역의 번역은 올바른 번역입니다.

우리가 칭의를 얻게 되는 출발점(원천)은 하나님의 은혜이며, 칭의의 근거(토대)는 예수 그리스도의 십자가상의 대속의 죽음(엄밀히 말하면, 예수 그리스도의 완전한 순종이 칭의의 근거 에 포함됨)이며, 칭의를 얻는 유일한 수단은 믿음입니다.

로마서 3장 25-26절에 나타나는 "하나님의 의"(그분의 의, 개역개정은 "자기의 의로우심"으 로 번역)는 하나님의 의로운 성품 곧 하나님의 공의(정의)를 의미합니다. 하나님께서는 그 리스도를 믿는 죄인을 의롭다고 선포하심에도 불구하고 그분은 여전히 의로우십니다. 왜냐하면, 하나님께서 예수 그리스도를 화목제물로 세우셔서, 불경건한 죄인들의 죄를 예수 그리스도 안에서 심판하셨기 때문입니다.

제11과

하나님의 은혜로 (사도 바울이 말하는 칭의) II

🔼 워밍업

오늘 우리는 칭의(justification)라는 개념이 포함하고 있는 두 가지 구성 요소에 관해서 공부합니다. 이 두 가지는 다음과 같습니다.

첫째, 죄 용서
둘째, 의의 전가(imputation of righteousness)

칭의의 두 가지 구성 요소 중에서 죄 용서라는 개념에 관해서 학자들은 이구동성으로 지지합니다. 그러나 일부 학자는 의의 전가라는 칭의의 구성 요소는 받아들이지 않습니다. 그러므로 우리는 사도 바울이 실제로 의의 전가를 가르치고 있는지 아닌지 확인하기 위해서 성경 본문을 세밀히 검토할 것입니다.

그리고 우리는 칭의와 성화의 관계에 관해서 학습하게 됩니다. 현대에 존재하는 잘못된 칭의론의 대부분은 칭의와 성화의 관계를 제대로 정립하지 않기 때문에 발생합니다. 성경적으로 오류가 있는 칭의론은 대개 칭의라는 용어 속에 성화라는 개념을 포함시킵니다. 두 가지 개념들이 뒤섞이기 때문에 혼란이 발생합니다.

이 혼란으로 인해 현재 믿는 자들이 가지고 있는 칭의는 불완전한 것으로 생각되며, 사실상 구원의 확신이라는 개념은 존재할 수 없게 됩니다. 그러므로 우리는 칭의와 성화가 어떤 관계에 있는가를 유념해서 학습할 필요가 있습니다.

제11과 하나님의 은혜로(사도 바울이 말하는 칭의)Ⅱ 139

> **》》》 생각하기**

(1) 로마서 4장 6-8절을 읽어 보십시오.
 이 본문에서 칭의는 어떤 관점에서 설명되고 있습니까?
 다시 말해, 바울은 칭의를 어떤 개념으로 풀이하고 있습니까?
 다윗이 말하고 있는 복에 초점을 맞추어서 답해 보십시오(로마서 8장 33-34절도 참고하십시오).

정답과 해설

로마서 4장 6-8절에서 바울은 그가 이미 언급한 로마서 4장 4-5절의 말씀(사람이 의롭다고 선포되고 인정받는 것은 전적으로 하나님의 은혜로운 선물이다)의 논리적 근거를 다윗의 예를 통해서 증거하고 있습니다. 바울은 시편 32편 1-2절을 인용하고 있는데 그 내용은 죄를 용서받는 것입니다. 시편 32편 전체 내용은, 다윗이 용서하시는 하나님의 은혜를 신뢰하고 의지하여 회개함으로써 하나님의 은혜로 죄 용서받았음을 증거하고 있습니다. 시편 32편 본문은 자신의 공로나 노력이 아니라 <u>은혜로 죄가 용서받았음을 말하고 있으므로, 은혜로 칭의받는 것</u>을 증언하고 있는 로마서 4장 4-5절과 매끄럽게 연결되고 있습니다. 바울은 로마서 4장 6-8절에서 죄 용서의 측면에서 칭의를 설명하고 있는 것입니다.

로마서 8장 33-34절에서도 칭의의 소극적 측면인 죄 용서가 나타납니다. 의롭다 하시는 분이 하나님이시므로 그 누구도 믿는 자를 정죄할 수 없다는 것을 바울은 역설하고 있습니다.

왜 누구도 믿는 자들을 정죄할 수 없을까요?
이들이 죄 용서를 받았기 때문입니다!
하나님께서 믿는 자들을 의롭다 하심에는 죄 용서가 포함되어 있는 것을 알 수 있습니다!

더구나 예수 그리스도께서 하나님의 우편에 앉으신 대제사장으로서, 믿는 자들의 칭의에 대한 확실한 담보자이시므로 믿는 자들은 최후 심판에서 정죄되지 않습니다. 신자들이 모든 정죄에서 자유로운 것은, 예수 그리스도의 십자가에서 대속의 죽으심으로 인해, 그들의 과거, 현재, 미래의 모든 죄가 용서받았기 때문입니다(히 10:12, 14).

(2) 로마서 4장 5-6절을 세밀하게 읽어 보십시오.

개역개정 성경은 헬라어 원문의 능동태를 수동태로 번역하고 있으므로, 헬라어 원문과 동일하게 능동태로 번역한 아래의 새번역을 보십시오.

> 그러나 경건하지 못한 사람을 의롭다고 하시는 분을 믿는 사람은 비록 아무 공로가 없어도 그의 믿음이 의롭다고 인정을 받습니다(롬 4:5).

> 그래서 행한 것이 없어도 하나님께서 의롭다고 여겨 주시는 사람이 받을 복을 다윗도 다음과 같이 말하였습니다(롬 4:6).

① 로마서 4장 5절의 밑줄 친 부분과 로마서 4장 6절의 밑줄 친 부분은 동일한 의미를 나타내고 있습니까?

정답과 해설

로마서 4장 5절과 4장 6절의 밑줄 친 부분은 동일한 의미를 드러내고 있습니다.

첫째, 4장 5절의 골자는 아무 공로가 없는데(일한 것이 없는데) 하나님께서 경건하지 못한 사람을 의롭다고 하시는 것입니다.

둘째, 4장 6절의 골자는, 일한 것이 없는데 하나님께서 의롭다고 여겨 주시는 것입니다.

그러므로 4장 5-6절의 밑줄 친 부분은 동일한 의미입니다. 보다 구체적으로 살펴보면, 로마서 4장 5절에서 바울은, 일한 것이 없지만 하나님을 신뢰하는 자(비록 불경건한 자이지만)를 하나님께서 의롭다고 선포하시며, 이 사람은 믿음을 통해 의롭다 함을 받는다는 사실을 언급하고 있습니다. 로마서 4장 6-8절은 καθάπερ(꼭 ~처럼)로 시작하면서 바울이 로마서 4장 5절에서 말한 내용의 근거를 성경의 예를 통해서 보여 주고 있습니다. 이 성경의 예는 죄 사함을 받은 다윗의 사례입니다. 다윗은 죄로 인해서 불경건한 자였지만 하나님께서 그에게 죄를 셈하지 않고 용서하셨습니다. 바울은 로마서 4장 6절에서 다윗의 사건에 대한 서론적 서술을 하는데, 그 핵심은 하나님께서 그 사람의 계좌에, 일한 것이 없지만 의를 넣어 준다는 것입니다. 그러므로 로마서 4장 5절과 4장 6-8절의 관계를 고려해 보면, 로마서 4장 5절과 6절은 동일한 내용을 서술하고 있는 것입니다.

② 로마서 4장 5절과 4장 6절이 동일한 내용을 담고 있다면,

4장 5절의 핵심 주어와 동사인 "하나님께서 의롭다고 하신다"와 4장 6절의 핵심 주어와 동사인 "하나님께서 의롭다고 여겨주신다"는 동일한 의미임에 틀림없습니다(D. A. Carson, "The Vindication of Imputation", *What's at Stake in the Current Debates*, ed. Mark Husbands and Daniel J. Treier ([Downers Grove: IVP, 2004], 61-3 참고). 4장 5절에 쓰인 헬라어 동사 형태는 τὸν δικαιοῦντα (톤 디카이운타, 의롭다고 하시는 분)로, 그 뜻은 "의롭다고 선언하다"의 의미입니다.

4장 6절에 쓰인 동사 형태는 λογίζεται δικαιοσύνην(로기제타이 디카이오쉬넨, 하나님께서 의롭다고 여겨 주신다)로, 동사 λογίζεται(로기제타이)는 "~의 계좌에 넣어주다", "셈하다" 입니다.[1] λογίζεται(로기제타이)의 목적어 δικαιοσύνην(디카이오쉬넨)은 "의"(義)를 의미합니다. 그러므로 헬라어 원어의 의미를 최대한 살려서 번역하면, 4장 6절의 핵심 어구는 "~의 계좌에 의를 넣어 주다" 입니다. 그렇다면 "의롭다고 선언하다"(롬 4:5)의 의미는 "~의 계좌에 의를 넣어 주다(계산해 주다)"(롬 4:6)와 똑같은 의미인 것입니다(Carson, "Vindication", 61-3을 보라). 결국, 칭의는 누군가의 계좌에 의(righteousness)를 셈해서 기입해 준다는 뜻이 됩니다.

로마서 4장 5-6절을 보면, 자신의 계좌에 의(righteousness)를 기입 받는 사람은 분명히 경건하지 못한 죄인이며 공로가 없는데, 믿음을 통해서 이러한 혜택을 받게 됩니다.

하나님은 불경건하지만(죄인이지만) 믿음을 가진 사람의 계좌에 대체 무슨 의를 이전(移轉, transfer)해 주시는 것일까요?

❋ 정답과 해설

이 의(義)는 불경건한, 그 죄인에게는 없는 의입니다. 이 의(義)는 그 사람이 결코 이루어 내지 못하는 의입니다. 이 의(righteousness)는 루터가 말한 "낯선 의"이며 "그리스도의 의"(그리스도께서 이루신, 하나님의 법에 대한 완벽하신 순종)입니다(Carson, "Vindication", 61-76을 보라). 그러므로 칭의에는 "그리스도의 의"가 믿는 자에게 전가된다고 하는 개념이 포함되어 있음을 알 수 있습니다. 옷을 비유로 들자면, 믿는 사람이 죄인임에도 불구하고 그리스도의 의(義)를 옷 입고 있기 때문에 의인으로 인정되는 것입니다(갈 3:27 참고).

---

[1] BDAG, s.v. "λογίζομαι."

⟫⟫⟫⟫ 더 깊게 생각하기

(1) 로마서 5장 18-19절을 자세히 읽어 보십시오.

> 그런즉 한 범죄로 많은 사람이 정죄에 이른 것 같이 한 <u>의로운 행위</u>로 말미암아 많은 사람이 <u>의롭다 하심을 받아</u> 생명에 이르렀느니라(롬 5:18). 한 사람이 순종하지 아니함으로 많은 사람이 죄인 된 것 같이 한 사람이 <u>순종</u>하심으로 많은 사람이 <u>의인이 되리라</u>(롬 5:19).

"의인이 되리라"의 헬라어 원문을 직역하면 '의로운 지위로 임명될 것이다'의 의미입니다. 이 어구는 18절의 칭의와 대칭관계를 이루며 동일한 의미를 나타냅니다. 원문에서는 미래 시제이지만 문법적으로는 "논리적 미래"로서 예수 그리스도를 믿게 되면 당연히 발생하는 논리적 결과를 말합니다.

로마서 5장 19절은 5장 18절을 부연 설명하고 있는데, 한 의로운 행위와 한 사람의 순종은 사실상 동의어입니다. 앞에서 우리가 학습한 것처럼, 한 사람의 순종은 하나님의 법에 대한 예수님의 완벽한 순종과 아울러 십자가에서의 죽으심입니다. 그러므로 본문이 의미하는 것은, 하나님의 법에 대한 예수님의 완벽하신 순종과 십자가에서 죽으심은 예수 그리스도를 믿는 모든 사람에게 칭의를 초래한다는 것입니다.

예수님의 완벽하신 순종과 믿는 사람의 칭의의 상관 관계를 신자와 그리스도의 연합의 관점에서 설명해 보십시오(예수님이 순종하셨는데 어떻게 우리가 순종한 것처럼 여겨지느냐의 질문입니다).

- 연합을 이야기 할 때, 모든 인류와 아담의 연합과 믿는 사람들과 예수 그리스도의 연합이 있습니다. 이에 관해서는 본서 제1과 "더 깊게 생각하기" (1)의 ③문제에서 간략하게 다루었습니다. 그 부분을 참고 하십시오.

✱ 정답과 해설

<u>신자와 그리스도의 연합</u>: 신자와 그리스도의 연합(롬 6:3-6; 고전 15:21-22; 갈 2:20; 3:27)은 신자와 예수 그리스도의 긴밀한 연대관계를 말하는 것으로, <u>그리스도께서 이루신 것들이 신자에게 혜택으로 돌아가게 하는 결과를 초래합니다.</u> 예를 들어, 그리스도께서 부활하셨지만 신자가 새 생명으로 부활한 것으로 여겨집니다(롬 6:4-5; 엡 2:6; 골 2:12). 그리스도께서 십자가

에서 돌아가셨지만 신자가 십자가에서 죽은 것으로 여겨집니다(롬 6:3-6; 갈 2:20).

그뿐만 아니라 그리스도께서 하나님의 법에 대한 모든 것을 지키셨지만, 신자가 그러한 모든 법을 실행한 것으로 여겨지는 것입니다. 그러므로 신자는 그리스도의 대속적 죽음으로 인해 죄 용서를 받으며(칭의의 소극적 측면), 그분의 완벽한 순종으로 인해 신자가 완전한 순종을 이룬 것으로 간주됩니다(칭의의 적극적 측면). 즉 신자는 죄인임에도 불구하고 그리스도를 믿는 믿음을 통해 하나님 앞에서 완전한 의인으로 간주됩니다.

그러므로 그리스도의 완전한 순종과 신자와 그리스도의 연합을 고려할 때, 그리스도의 의(그리스도의 완전하신 순종)가 신자에게 전가된다고 이해할 수 있습니다(Schreiner, 『오직 믿음』, 320-3을 참고).

● 꼭 알아 둡시다(로마서 5장 12-19절에서 나타나는 "전가"[imputation])의 개념): 로마서 5장 12-19절은 아담의 행동과 그리스도의 행동이 사람들에게 미친 엄청난 영향을 언급하고 있습니다. 바울은 아담과 그리스도를 대조하면서 두 인물의 상반된 영향을 진술하고 있습니다. 아담의 불순종은 죄와 죽음을 가져왔으며, 그리스도의 순종은 칭의와 생명을 초래했다는 것입니다. 아담에게 연합되어 있는 모든 사람은 죄인이며 하나님의 심판 아래에 놓여 있으나, 그리스도에 연합되어 있는 모든 사람은 칭의와 생명을 누립니다.

믿는 모든 사람은 그리스도와의 연합의 결과로 그리스도께서 이루신 하나님의 법에 대한 완벽하신 순종을 자신들이 이룬 것처럼 여겨집니다. 즉, 그리스도께서 이루신 의(righteousness)가 믿는 모든 자의 의(righteousness)로 간주됩니다. 이것이 바로 의의 전가(imputation of righteousness)입니다. 그리스도께서 이루신 이 의(righteousness)는 바로 루터가 말한 "낯선 의"입니다.

로마서 5장 12-19절에서 중요한 문제는, 인간이 실제적으로 개인적인 범죄를 행하였기 때문에 죽음의 결과를 초래했느냐 아니면 아담과 연합하여 아담과 함께 죄를 지었기 때문에 죽었느냐하는 것입니다(롬 5:12 끝부분. 이 문제는 이미 제1과에서 다루었습니다). 일반적으로 아르미니우스의 전통을 지지하는 신약학자들은 본문에서의 "모든 사람이 죄를 지었다"를 인간의 개인적인 죄를 언급하고 있는 것으로 이해합니다.[2]

---

[2] Osborne, *Romans*, 138; Ben Witherington, *Paul's Letter to the Romans* (Grand Rapids: Eerdmans, 2004), 146; Cranfield, Romans, 278-9; *Dunn, Romans 1-8*, 273.

반면 개혁주의 관점을 따르는 신약학자들은 본문에 나타난 모든 사람의 죄가 개인의 개별적 죄가 아니고 아담과 연합한 상태에서 지은 죄로 간주합니다. 즉, 인간의 대표자인 아담이 죄를 지었으므로 그와 연합된 모든 인간이 아담과 함께 죄를 지은 것으로 여겨진다는 것입니다.[3]

로마서 5장 15-19절에 나타나는 한 사람의 범죄와 모든 사람의 죽음(정죄, 죄인 됨)이라는 분명한 인과 관계는, "모든 사람이 죄를 지었다"는 표현은 모든 사람이 아담과 연합하여 죄를 지은 것으로 이해하는 것이 타당함을 보여 줍니다.[4]

아울러 개인적으로는 실제적인 죄를 짓지 않은 유아도 죽음의 실재(물리적 죽음)를 경험한다는 사실을 고려해 볼 때, 로마서 5장 12절의 "모든 사람이 죄를 지었으므로 모든 사람이 죽었다"는 표현은, 모든 인간이 아담과 함께 죄를 지었다고 이해하는 것이 논리적인 해석으로 보입니다.[5]

모든 사람이 실제적으로 금단의 열매를 먹고 하나님께 죄를 지은 것은 아니지만, 모든 인간은 아담과 연합되어 있으므로 아담의 죄가 그들의 죄로 간주되고 죄책이 그들에게 있게 됩니다. 그러므로 아담의 죄가 인간에게 전가된다고 말할 수 있습니다(제1과의 더 깊게 생각하기 (1)의 ③문제에 대한 해설에 있는 각주를 확인하십시오).

마찬가지로, 믿는 사람들은 그리스도와 연합되어 있으므로, 비록 자신들이 의를 행하지는 않았지만, 그리스도의 의가 신자들의 것으로 여겨집니다. 그렇다면 로마서 5장 12-19절에 나타나 있는, 아담과 그리스도의 대비에서 의의 전가 개념은 자연스럽게 나옵니다.

(2) 고린도후서 5장 21절을 세밀하게 읽어 보십시오.

> 하나님이 죄를 알지도 못하신 이를 우리를 대신하여 죄로 삼으신 것은 우리로 하여금 그 안에서 하나님의 의가 되게 하려 하심이라 (고후 5:21).

① 본문에서 대조 관계에 있는 두 쌍의 단어(어구)를 찾아 보십시오.

---

3 Moo, *Romans*, 327-8; Morris, *Romans*, 230-2; Hodge, *Romans*, 232-3; Bruce, *Romans*, 129.

4 Morris, *Romans*, 232; Moo, *Romans*, 326-7.

5 Grudem, *Systematic Theology*, 494, 각주 9을 참고. 아울러 Hodge, *Romans*, 233도 참고.

첫째, 두 인물이 대비되고 있습니다.
둘째, 하나님께서 이 두 인물들에게 행하신 행동이 대조되고 있다는 것을 참고하십시오.

🌿 정답과 해설

첫 번째 대조 관계에 있는 어구는 "죄를 알지 못하는 분"과 "우리"입니다.
두 번째 대조 관계에 있는 어구는 "하나님께서 죄로 삼으셨다"와 "우리가 하나님의 의가 되다"입니다.

② 이 두 가지 대조 관계를 통해서 알 수 있는 것은 무엇입니까?
"죄를 알지 못하다"는 것은 실제적으로 전혀 죄를 짓지 않았다는 것을 의미합니다.

🌿 정답과 해설

먼저 그리스도와 우리가 대비되고 있는데, "그리스도"는 죄인이 아니며 "우리"는 죄인이라는 것입니다. 즉, 죄인이 아닌 분과 죄인인 두 대상이 있습니다. 그런데 죄인이 아닌 분(그리스도)이 우리(죄인)를 대신하였습니다(ὑπὲρ ἡμῶν).[6] 이것의 구체적 의미는 그 다음 어구에서 나타납니다. 즉 하나님께서 그리스도(죄 없는 분)를 죄로 삼으셨다(ἁμαρτίαν ἐποίησεν)는 것입니다.[7]

실제로는 그리스도가 죄인이 아닌데 죄인으로 삼아진 것입니다.[8] 그리스도가 죄인이 아님에도 불구하고 죄인으로 삼아진다는 것은 역설입니다. 이것이 의미하는 바는 그리스도께서 죄를 행하지 않았지만 "하나님께서 우리의 죄가 그리스도에게 속하는 것으로 간주하다"는 의미입니다.[9] 그러므로 그리스도께서는 우리의 죄에 대한 책임을 지시고 십자가의 형벌을 받으셨던 것입니다.

---

6 ὑπὲρ ἡμῶν은 "우리를 위해서"와 "우리를 대신해서"의 의미를 동시에 지니고 있다. Murray J. Harris, *The Second Epistle to the Corinthians*, The New International Greek Testament Commentary (Grand Rapids: Eerdmans, 2005), 453.

7 헬라어 원문에서 주어는 생략되어 있으나 문맥을 보면 주어는 하나님인 것이 분명하다. 아울러 ἐποίησεν의 목적어는 그리스도임이 분명하다(고후 5:20을 보라).

8 Harris, *The Second Epistle to the Corinthians*, 451. Ralph P. Martin, *2 Corinthians*, Word Biblical Commentary (Dallas: Word, 1986), 144을 참고.

9 Wayne Grudem, *Systematic Theology* (Grand Rapids: Zondervan, 1994), 574.

여기서 나타나는 의미는 다름 아닌 바로 "전가"의 개념입니다. 즉 우리의 죄가 그리스도에게 전가 된 것입니다(고후 5:19 참고).[10] 이러한 해석은 본문에서 자연스럽게 나타나는 논리인 것을 알 수 있습니다.

고린도후서 5장 21절에서 또 하나의 대조 관계를 나타내는 한 쌍의 어구는 다음과 같습니다.

첫째, "하나님께서 죄로 삼으셨다"(ἁμαρτία ἐποίησεν)
둘째, "우리가 하나님의 의가 되다"(γενώμεθα δικαιοσύνη θεοῦ)[11]

이 대조 관계에서 알 수 있듯이, "하나님의 의"는 죄(죄인)와 명백한 대척점에 위치하는 의미를 가져야만 논리적입니다. 그렇다면 "하나님의 의"는 의인과 관계된 의미를 가질 수밖에 없습니다. 즉 "우리가 하나님의 의가 된다"는 것은 죄인인 우리가 의인이 된다는 의미가 됩니다.

다시 말해 "우리가 하나님의 의가 된다"는 것은, 믿는 자들이 하나님으로부터 제공되는 "올바른 신분"(의인의 신분)을 갖게 된다는 것을 의미해야 자연스럽습니다.[12] 예수님이 죄인이 아니었음에도 죄인으로 삼아진 것처럼(고후 5:21 상반절), 믿는 자들(우리)이 죄인임에도 불구하고 의인의 신분을 소유하게 되는 것입니다(고후 5:21 하반절).

고린도후서 5장 21절 후반부에는 또 하나의 역설이 나타나고 있습니다. 우리가 명백하게 의인이 아님에도 불구하고, 하나님께서 의인(의인의 신분)으로 인정하신다는 것은 일종의 모순처럼 보입니다.

---

10 Harris, *The Second Epistle to the Corinthians*, 455. Scott J. Hafemann, *2 Corinthians*, *The NIV Application Commentary* (Grand Rapids: Zondervan, 2000), 248과 Thomas R. Schreiner, 『오직 믿음』, 박문재 역 (서울: 부흥과개혁사, 2017), 327-8을 참고.

11 Harris, *The Second Epistle to the Corinthians*, 456, 각주 207과 M. E. Thrall, *2 Corinthians 1-7, International Critical Commentary* (London: T&T Clark, 1994), 443 참고. 이들은 "하나님의 의"와 "죄"가 대조 관계에 있음을 정확하게 지적하고 있다.

12 Harris, *The Second Epistle to the Corinthians*, 455; Hafemann, *2 Corinthians*, 248; C. K. Barrett, *The Second Epistle to the Corinthians*, *Black's New Testament Commentaries* (Peabody: Hendrickson, 1973), 180. George H. Guthrie, *2 Corinthians*, *Baker Exegetical Commentary on the New Testament* (Grand Rapids: Baker Academic, 2015), 315 및 Paul Barnett, *The Second Epistle to the Corinthians*, *The New International Commentary to the Corinthians* (Grand Rapids: Eerdmans, 1997), 314-5을 참고.

그러나 이와 비슷한 모순이 고린도후서 5장 21절 전반부에서 우리의 죄가 그리스도에게 전가됨으로써 해결되었듯이, 본 절의 후반부에서는 그리스도의 의가 우리에게 전가됨으로써 해결됩니다.

본 절 전반부와 후반부의 명확한 대조 관계를 고려할 때, 고린도후서 5장 21절 후반부는 그리스도의 의가 믿는 자에게 전가되는 것을 의미하고 있다고 보아야 합니다.[13] 그러나 새관점 학파의 대표적 주창자인 톰 라이트(Tom Wright)는 고린도후서 5장 21절을 해석하면서, "우리로 하여금 그 안에서 하나님의 의가 되게 하려 하심이라"는 표현을 바울 자신이 "하나님의 신실함"을 증언하는 임무를 가진 것으로, 즉 대사(고후 5:20)의 직분을 의미하는 것으로 이해하고 있습니다(Wright, 『톰 라이트 칭의를 말하다』, 213-26). 왜냐하면, 톰 라이트(Tom Wright)는 "하나님의 의"를 계속 "하나님의 신실하심"으로 해석하려고 하기 때문입니다. 톰 라이트(Tom Wright)에 관해서는 나중에 구체적으로 학습하게 됩니다.

(3) 고린도전서 1장 30절을 읽어 보십시오.
아래에 헬라어 원문의 구조를 최대한 반영하여 번역한 필자의 번역문(고전 1:30)을 참고하십시오.

> 그러나 하나님으로부터, 여러분들은 그리스도 예수와 연합되어 있습니다. 이 예수님은 하나님으로부터 오신, 우리를 위한 지혜가 되었습니다. 즉 예수님은 (하나님으로부터 오신, 우리를 위한) 의로움(칭의), 거룩함(성화), 속량이 되었습니다.

① 고린도전서 1장 30절은 믿는 자들이 하나님으로 인해 그리스도와 연합되어 있다고 말하고 있습니다.
이 연합의 결과로 믿는 사람들이 누리는 복들은 무엇입니까?

---

[13] Hafemann, *2 Corinthians*, 248; Harris, *The Second Epistle to the Corinthians*, 455; Schreiner, 『오직 믿음』, 327-30. 본문에는 "그리스도의 의"라는 단어가 나오지 않으며, 오히려 "하나님의 의"가 등장하므로 "그리스도의 의"가 전가되었다는 것을 언급하는 것이 옳지 못한 것인가? "하나님의 의"에서 "하나님의"(속격, genitive)는 주어적 속격(genitive of subjective) 또는 원천의 속격(genitive of source)으로 이해할 수 있다. 그렇다면 이 "하나님의 의"는 하나님께서 제공하시는 의로 이해할 수 있는 것이다. 여기서 중요한 질문은 하나님 아버지께서 자신의 의를 제공하시는가의 문제이다. 성경 어디에도 하나님 아버지의 의가 전가된다거나 그분의 의로운 성품이 신자에게 제공된다는 증언은 없다. 그러나 로마서 5장 18-19절을 고려해 보면, 그리스도의 의(하나님의 법에 대한 완벽한 순종)가 신자에게 전가된다고 이해하는 것이 논리적인 귀결일 것이다. Harris, *The Second Epistle to the Corinthians*, 455, 각주 207을 참고.

정답과 해설

이 복들은 칭의와 성화 그리고 속량입니다. 개역개정이나 새번역에서의 번역처럼, 지혜와 세 가지 복들이 등위(等位)관계에 있지 않습니다. 의로움, 거룩함, 속량은 지혜를 설명하고 있는 것입니다. 다시 말해, 예수 그리스도가 우리를 위한 의로움, 거룩함, 속량이 되었다는 것이 하나님의 지혜라는 것을 말하고 있습니다(Ciampa and Rosner, *First Letter to the Corinthians*, 109, Garland, *1 Corinthians*, 79, Fee, *First Epistle to the Corinthians*, 86을 참고).

"하나님으로부터 오신"이라는 말은 복의 출처를 말합니다. 다시 말해, 이러한 복들은 하나님의 선물이라는 것입니다. 그러므로 이러한 선물의 관점을 반영하여 하반절을 다시 번역하면, 예수님은 우리를 위한 칭의의 선물, 성화의 선물, 속량의 선물이 되었습니다의 뜻이 됩니다.

헬라어 원문에서의 δικαιοσύνη(디카이오쉬네, 의로움)는 도덕적 의로움을 말하는 것이 아니라 "법정적 의" 즉 칭의를, ἁγιασμός(하기아스모스, 거룩함)는 성화를, ἀπολύτρωσις(아폴뤼트로시스, 속량)는 죄의 노예 됨과 죄의 형벌로부터 해방됨을 의미합니다.

고린도전서 1장 30절의 말씀은 철저하게 하나님의 은혜를 강조하고 있음에 주목해야 합니다. 고린도 교인들이 현재 하나님과 누리고 있는 관계는 그들의 잘남이나 지위나 업적에서 나온 것이 아닙니다.

그러므로 바울은 고린도전서 1장 31절(고전 1:26-29 참고)에서, 고린도 교인들이 자기 자신들을 자랑할 이유는 없으며 오로지 주님을 자랑해야 함을 말하고 있는 것입니다. 개역개정 성경은 고린도전서 1장 31절을 다음과 같이 번역합니다.

> 주 안에서 자랑하라(고전 1:31).

그러나 보다 정확한 번역은 다음과 같습니다.

> 주를 자랑하라(필자 역).

● **신자와 그리스도의 연합**: 신자와 그리스도의 연합(believer's union with Christ)은 이미 앞에서 간략하게 언급하였지만 여기서 다시 한번 상기할 필요가 있습니다. 이 개념은 기독교의 신학을 알기 위해서 반드시 알아야 하는 개념이기 때문입니다. 신자는 믿음으로 그리스도와 연합되며 이 연합의 결과로 인해서 하나님께서 주시는 모든 복을 향유할 수 있

습니다. 모든 복은 다음과 같습니다.

첫째, 칭의
둘째, 성화
셋째, 양자 됨
넷째, 속량
다섯째, 화목
여섯째, 영화 등

신자와 그리스도가 연합되어 있으므로 신자는 그리스도께서 성취하신(그리스도 안에 있는) 영적인 복들을 누리는 것입니다. 그리스도와의 연합이 신자와 그리스도의 물리적 결합을 말하는 것은 아닙니다. 아울러 이 연합에서 신자는 그리스도가 가진 신적 본질을 나누고 있다는 것을 말하는 것도 아닙니다.

이 연합은 그리스도와 신자가 가지는 밀접한 영적 관계를 의미하는 것으로 이해해야 합니다. 신자가 그리스도 안에 거하며(롬 8:1; 고전 15:22) 그리스도는 신자 안에 거하는(롬 8:10; 갈 2:20) 친밀한, 영적인 유대관계를 이 연합의 개념이 설명하고 있는 것으로 이해하면 좋습니다.

이 연합을 통해서 신자는 앞에서 언급한 모든 영적인 복들을 누리며 성령과 친밀한 교제를 누리게 됩니다. 바울은 이 연합 개념을 주로 "그리스도 안에"(ἐν Χριστῷ, 엔 크리스토)라는 용어로 표현하고 있습니다(조동선 외 3인, 「침례교 신학총서」, 338-341과 김용복, 『회중 주체적 조직신학』[대전: 하기서원, 2017], 451-2을 참고하십시오).

② 고린도전서 1장 30절의 의미를 고려해 볼 때, 칭의와 성화는 동시에 일어납니까?
아니면 칭의의 결과 혹은 칭의의 열매로서 성화가 발생하는 것입니까?
칭의와 성화는 동의어입니까, 아니면 칭의와 성화는 구별되는 각각의 개념입니까?

정답과 해설

칭의와 성화는 모두 그리스도와 신자의 연합의 결과입니다. 성화가 칭의의 결과가 아님에 주의해야 합니다. 믿음으로 그리스도와 연합된 모든 사람은 반드시 성화의 열매를 가지고 있어야 합니다. 성화의 열매가 없는 자는 그리스도와 연합된 자가 아닙니다.

아울러 본문은 칭의와 성화가 동시에 주어지는 것임을 증언합니다. δικαιοσύνη(칭의) τε καὶ ἁγιασμὸς(성화) καὶ ἀπολύτρωσις(속량)는 접속어 καὶ(카이, ~와)에서 나타나듯이, 병렬 관계를 나타내고 있는 것이지 전후 관계를 나타내는 것이 아닙니다. 그러므로 칭의와 성화는 동시적인 하나님의 은혜라고 보는 것이 타당합니다. 즉, 본문은 칭의를 받는 동시에 성화가 시작된다는 것을 말하고 있는 것입니다. 하나님께서 신자를 의롭다고 선포하는 순간 성화가 동시에 이루어지는 것입니다(필자의 각주를 꼭 보십시오).[14]

본문의 고찰에서 한 가지 더 지적할 것이 있습니다. 즉 바울은 하나님의 복을 나타내기 위해서 칭의, 성화, 속량이라는 각각 다른 용어를 사용하고 있다는 것입니다. 바울은 구원의 풍성한 실재를 나타내기 위해서 구원이 내포하고 있는 다양한 의미를 각각의 단어들로 표현한 것입니다. 바울에게서 칭의는 성화가 아니며 속량이 아닙니다. 마찬가지로 성화는 칭의가 아니며 속량이 아닙니다. 각각의 용어는 구별되어야 합니다.

그러나 본문에서 알 수 있는 것처럼, 각각의 용어들은 구원과 관련하여 밀접한 연관성을 가지고 있습니다. 바울은 구원에 내포되어 있는 풍부한 이미지와 개념들을 전달하기 위해서 구원과 관련된 여러 용어를 사용했다는 것을 유념해야 할 것입니다. 그러므로 오늘날 칭의와 성화를 동의어로 이해하며 바울 서신들을 접근하고자 하는 모든 시도는 바울의 신학적 맥락에서 벗어나는 결과를 초래하고 말 것입니다.

바울에게서 칭의와 성화가 구별되지만, 아울러 칭의와 성화가 분리될 수 없는 긴밀한 관계성을 가지고 있다는 점은, 바울이 칭의의 주제를 다루는 로마서와 갈라디아서에도 분명하게 나타납니다.

---

[14] John Murray, *Collected Writings of John Murray* (Carlisle: Banner of Truth, 1977), 2:277-304는 성화의 의미를 설명하는 데 있어서, "결정적 성화"(definitive sanctification)와 "점진적 성화"(progressive sanctification)의 개념으로 구분함으로써, 성화에 대한 이해의 폭을 넓혀 주었다. Murray에 따르면, "결정적 성화"는 "죄가 다스리며 결국 죽음으로 가는 영역으로부터 단번에 이루어지는, 결정적인, 되돌릴 수 없는 절연"이며 죄의 지배에서 벗어나 새로운 은혜의 영역에 들어가는 것이다(고전 1:2, 6:11 등). "점진적 성화"는 그리스도의 형상을 점진적으로 닮아가는 것이다(롬 12:2; 고후 7:1; 골 3:5 등). 중요한 것은 성화의 이 두 측면이 칭의와 성화의 동시성을 이해하는 데 도움이 될 수 있다는 것이다. 필자가 보건대, 칭의받는 순간 동시에 결정적 성화가 이루어진다. 이점은 Anthony A. Hoekema, 『개혁주의 구원론』, 류호준 역 (서울: 기독교문서선교회, 1990), 337도 지적하고 있다. Murray, *Collected Writings*, 277-8도 참고. 아울러 경험적 관점에서 볼 때, 결정적 성화에 이어 즉각적으로 점진적 성화가 이루어지는 것으로 보인다. 그렇다면 칭의는 단회적 사건이며, 성화는 단회적 사건(결정적 성화)이면서 동시에 과정(점진적 성화)이 되는 것이다. 그러므로 칭의가 이루어지는 순간 동시에 성화는 시작되는 것이다. 성화에는 또 하나의 측면인 완전성화가 있다는 것이 지적되어야 할 것이다. 개혁주의 구원론에서는 이 성화는 신자가 부활 시에 얻게 되는 것이다. 침례교 조직신학자인 조동선은 이 "완전한 성화"에 관해서 상세히 지적하고 있다. 조동선 외 3인, 「침례교 신학 총서」, 351-3.

바울은 로마서에서 이신칭의를 주제로 하면서도 6장에서 신자는 죄의 노예 상태에서 해방되었으므로 필연적으로 의의 종이 되어야 함을 주장합니다. 또한, 로마서 12-15장에서 바울은 이신칭의의 복음으로 인해 변화되는 신자들의 삶을 역설하고 있습니다. 갈라디아서에서도 바울은 칭의를 다루면서도(갈 1:1-5:12) 성령에 의한 신자들의 새로운 삶을 강조합니다(갈 5:13-6:10).[15] 그러므로 바울은 칭의와 성화를 구별하면서 동시에 칭의와 성화의 긴밀한 관계성을 역설합니다.

삶에 적용하기

(1) 당신의 삶에서 예수님을 믿은 후에 나타난 변화된 행동들을 적어 보십시오. 다시 말해서 당신에게서 예수님을 닮아 가고 있는 삶의 모습은 무엇입니까?

(2) 오늘 학습을 통해서 당신이 발견한 하나님의 은혜나 진리를 다른 사람들과 나누십시오. 또한, 오늘 당신이 깨달은 하나님의 은혜나 진리와 관련하여 이번 한 주간에 당신의 삶에서 실천이 필요하거나 변화가 필요한 부분을 적어 보고 나누어 봅시다.

---

[15] 갈라디아서 1장 1절에서 5장12절의 내용은 전반적으로는 '칭의'를 다루는 것이지 '성화'를 다루는 것이 아니다. 한편 갈라디아서 5장 13절에서 6장 10절의 내용은 '성화적인 측면'을 다루는 것이지 '칭의'를 다루는 것이 아니다. 그러므로 바울은 칭의와 성화를 분명히 구별하고 있다. 그럼에도 불구하고 바울은 갈라디아서의 전체 흐름에서 '칭의'와 '성화'의 긴밀한 연결성을 보여 주고 있다. 즉 바울은 칭의와 성화는 반드시 함께 가는 것임을 나타내고 있다. 바울이 갈라디아서에서 성화의 부분을 빠뜨리지 않은 이유가 바로 여기에 있는 것이다. Moo가 지적하듯이, 갈라디아서 2장에는 칭의와 성화, 신자와 그리스도의 연합 개념이 함께 등장하고 있다. Moo의 분석에 따르면, 바울은 믿음을 통한 칭의를 웅변적으로 주장한다(갈 2:16-18). 갈라디아서 2장 17절에서는 칭의가 "그리스도 안에"서 이루어진다고 증언되는데, 이것은 신자와 그리스도와의 연합으로 되는 칭의를 말하고 있는 것이다. 다음으로 바울은 신자가 율법의 구속에서 벗어났다("율법에 대하여 죽었다")는 것을 증언하며, 이는 하나님을 위하여 살고자 하는 목적을 이루기 위한 것이라고 말한다(갈 2:19). 이 목적에는 성화의 삶이 내포되어 있다. 이어서 바울은 그리스도와 신자가 연합된 삶을 언급하고 있는데(갈 2:20), 신자와 그리스도의 이러한 연합의 삶이 갈라디아서 2장 19절의 변화된 삶을 가능하게 하는 것이다. Moo의 분석에 따르면, 결국 신자와 그리스도의 연합의 결과가 칭의와 성화이며 이 둘은 "구별되면서"도 "분리되지 않는" 것이다. Moo, *Galatians*, 155, 157-72.

(3) 이 시간 깨달은 하나님의 은혜나 진리와 관련하여 하나님을 향한 기도문을 적어 보십시오.

요약과 정리

칭의(justification)이라는 용어 속에는 죄 용서의 개념과 의(義)의 전가(轉嫁)라는 두 가지 개념이 포함되어 있습니다. 의의 전가에서 "의"는 그리스께서 이루신, 하나님의 법에 대한 완벽한 순종을 의미합니다.

전가(轉嫁)의 한자를 풀이해 보면, "전"은 "옮기다"를 의미하며 "가"는 "떠넘기다"를 의미합니다. 즉, 누군가의 것을 다른 이에게 옮겨서 그 사람에게 떠넘긴다는 것입니다. 전가(轉嫁)라는 한자어는 imputation(전가)의 의미를 잘 드러내고 있습니다. 왜냐하면, 의의 전가는 그리스도께서 이루신 의를 그리스도를 믿는 사람이 이루지는 않았지만, 하나님께서 그 사람이 그 의를 가진 것으로 여겨주다(간주하다)의 의미이기 때문입니다.

칭의(justification)와 성화(sanctification)는 분명하게 구별되는 개념입니다. 칭의는 믿는 자가 하나님의 법정에서 의롭다고 선언받는 것을 의미합니다. 한편, 성화는 믿는 자가 예수님을 닮은 모습으로 변화되는 것을 의미합니다.

그러나 칭의와 성화는 분리될 수 없습니다. 다시 말해서, 칭의는 있는데 성화가 없을 수는 없으며, 성화가 있는데 칭의가 없을 수는 없습니다. 칭의와 성화는 반드시 함께 가는 개념입니다. 만약 당신이 칭의받았다고 주장하지만 성화의 모습이 없다면 당신은 당신의 구원을 점검해 보아야 합니다.

제12과

하나님의 은혜로 (사도 바울이 말하는 칭의) III
그리고 사도 야고보

🔺 워밍업

　사람들은 흔히 믿음을 예수 그리스도가 하나님의 아들이며, 그분께서 구원을 이루셨다는 사실을 인정하고 동의하는 것이라고 생각합니다. 물론 이것은 믿음을 구성하는 요소가 맞습니다. 그러나 단지 이것이 구원받는 믿음을 의미하지는 않습니다. 그러므로 우리는 구원받는 믿음이 무엇인지 바울을 통해서 간략히 살펴보고자 합니다.

　한편 바울에게서 "행위에 따른 최후 심판"이라는 주제가 발견됩니다. 이 주제는 행위를 근거로 최종 칭의가 이루어진다는 것을 의미하는 것처럼 보입니다. "행위에 따른 최후 심판"이라는 주제를 잘못 이해하게 된다면, 우리는 처음에는 믿음으로 의롭다 함을 받지만, 마지막 심판 때는 행위로 의롭다 함을 받게 된다는 생각을 하게 됩니다. 그러나 이러한 견해는 성경적으로 옳지 못합니다. 그러므로 우리는 "행위에 따른 최후 심판"이 실제로 의미하는 바를 탐구할 것입니다.

　마지막으로, 야고보서는 사람이 행위로 의롭다 함을 받는다는 인상을 강하게 주고 있습니다(약 2:17-21). 그렇다면 야고보서는 바울의 칭의론과 모순되는 것이 틀림없어 보입니다. 그러나 성경은 모순이 없으며, 성령 하나님의 영감으로 저술되었다는 사실을 받아들이는 복음주의자들은, 바울의 칭의론과 야고보의 칭의론을 모순 관계로 이해하지 않습니다. 그러므로 우리는 야고보가 말한, "아브라함이 행함으로 의롭다 하심을 받았다"는 표현의 진정한 의미를 탐구해 볼 것입니다. 이 학습을 통해서 우리는 바울과 야고보의 칭의론은 서로 조화되고 있음을 알게 됩니다.

≫≫≫ 생각하기

(1) 로마서 1장 5절을 읽어 보십시오.

아래에 헬라어 원문의 구조를 반영한 필자의 번역을 참고 하십시오. 본문에서 드러나는 믿음과 순종의 상관 관계를 말해 보십시오. 아울러 바울이 생각하는 믿음이란 어떤 것인지 말해 보십시오(롬 10:9을 참고).

> 그(그리스도)를 통하여 우리가 은혜로운 사도의 직분을 받았습니다. 우리의 사도 사역의 목적은, 모든 이방인이 믿음으로부터 흘러나오는 순종을 하도록 하는 것입니다. 궁극적으로 우리의 사도 사역의 목적은 그리스도의 이름(영광)을 위해서입니다.

정답과 해설

개역개정 성경은 로마서 1장 5절의 하반절을 다음과 같이 번역하고 있습니다.

> 모든 이방인 중에서 믿어 순종하게 하나니 (롬 1:5).

위에 표기된 필자의 번역을 반드시 참고하십시오. 바울은 본문에서 자신의 사도 직분의 목적을 언급하고 있는데, 이 목적이 바로 이방인들이 믿어 순종하게 하는 것임을 말하고 있는 것입니다.

"믿어 순종하게"는 헬라어 원문에서 εἰς ὑπακοὴν πίστεως(아이스 휘파코엔 피스테오스)로 표현되고 있습니다. 이 어구를 직역하면, "믿음의 순종"입니다. 그러나 이 직역의 의미로는 이 어구가 정확하게 나타내는 의미가 무엇인지 알 수 없습니다. 문법적으로 볼 때, 이 어구는 "믿음으로부터 흘러나오는 순종"의 의미로 보는 것이 자연스럽습니다.[1]

그렇다면 바울에게 있어서 믿음은 당연히 순종을 기대하는 것입니다. 하나님을 향한 순종은 우리가 가진 믿음으로부터 당연히 흘러나와야 합니다. 만약에 어떤 사람이 믿는다고 말하면서도 하나님을 향한 순종의 증거가 없다면, 그 사람의 믿음이라는 것은 진정한 믿음이 아닙니다.

---

1 NIV(2011), Bruce, *Romans*, 74를 참고. Bruce는 "그리스도에 대한 믿음에 기반을 두고 있는 순종"으로 이해하고 있다.

이 점은 야고보서의 칭의론을 공부할 때 보다 명확해질 것입니다. 믿음과 순종이 함께 가는 것임을 사도 요한도 드러내고 있습니다(요일 3:23). 주의할 것은, "믿음과 순종은 함께 가는 것이지만 이 둘이 똑같은 개념은 아니다"라는 것입니다(Morris, Romans, 50).

그러므로 바울에게서 구원받는 믿음은 단순히 지적인 동의나 감정적인 반응이 아닙니다. 사탄의 무리들도 그리스도께서 하나님의 구원을 이루기 위해서 이 세상에 오셨다는 사실을 알고 인정합니다(약 2:19 참고).

그러나 이들이 예수님을 믿는 것은 아닙니다. 왜냐하면, 이들은 그리스도께 순종하고자 하지 않기 때문입니다. 단지 하나님의 진리에 관해서 기뻐하고 즐거워하는 마음의 반응도 구원받는 믿음이 아닙니다(마 13:20-21; 눅 8:13).

예수님의 씨 뿌리는 자의 비유에서 알 수 있듯이, 이들은 말씀을 기쁨으로 받지만 환난이나 핍박을 겪으면 예수님을 더 이상 따르지 않습니다. 즉, 이들은 배교(背敎)하는 것입니다. 이들에게도 예수님께 진정으로 순종하고자 하는 마음이 없습니다.

바울에게 구원받는 진정한 믿음이란 구원을 위해 그리스도를 신뢰하며, 주님(Lord)이신 그분을 향한, 헌신하는 마음입니다(롬 10:9). 이러한 믿음으로부터 그리스도를 향한 순종은 당연히 흘러나오게 됩니다.

● 조직신학에서 말하는 믿음의 정의: 조직신학적으로 구원받는 믿음은 다음과 같은 요소를 모두 포함하고 있습니다.

첫째, 지식
둘째, 감정
셋째, 의지[2]

구원받는 믿음의 요소는 다음과 같이 설명할 수 있습니다.

첫째, "구원자와 주님 되시는 그리스도의 정체성과 그분의 대속적 죽음과 부활에 대한 기본적인 지적 이해와 동의"를 가지는 것이 구원받는 믿음의 지적인 측면입니다

---

[2] 조동선 외 3인, 「침례교 신학 총서」, 335.

(요 17:3; 롬 10:9; 고전 15:3-4; 살전 4:14; 살후 2:13).[3]

둘째, 다음으로 구원받는 믿음의 감정적인 요소로서 "진리에 대한 기쁜 감정적 반응" 입니다(시 106:12; 마 13:20; 요 5:35).[4]

셋째, 마지막으로 구원받는 믿음의 의지적 요소로서 "그리스도에 대한 의지적이며 인격적인 신뢰"를 의미합니다. 이것이 구원받는 믿음에서 핵심적 요소입니다.[5] 즉 구원을 위해 그리스도에게 자신을 의탁하며 그분께 온전히 "순복하고자 하는 헌신"입니다 (마 11:28-30; 요 1:12; 8:12; 롬 1:5).[6]

● 바울이 "믿다"는 동사와 함께 쓰는 전치사를 통해 알아보는 믿음의 요소: 바울은 "믿다"(πιστεύω, 피스튜오)라는 동사를 예수 그리스도와 연결시킬 때 주로 ἐπί(에피)라는 전치사를 사용합니다(롬 4:24; 9:33; 10:11; 딤전 1:16). 그런데 ἐπί는 대상을 향한 "감정, 신뢰, 소망"을 표현할 때 사용되는 전치사입니다.[7]

그렇다면 πιστεύω ἐπί(피스튜오 에피)에 예수 그리스도가 연결되면 그 의미는 예수 그리스도를 향한 신뢰를 의미하는 것으로 이해할 수 있습니다. 이것을 통해서 바울은 구원받는 믿음이 단순한 지적 동의와 같은 것이 아니라는 것을 보여 줍니다. 바울은 πιστεύω(피스튜오)와 ἐπί(에피)의 결합을 통해서 구원받는 믿음의 가장 중요한 요소인 "인격적인 신뢰"를 드러내고 있는 것입니다.

아울러 바울은 πιστεύω εἰς(피스튜오 에이스)와 예수 그리스도를 연결시킨 형태를 그의 서신서에서 총 두 번 사용하고 있는데(갈 2:16; 빌 1:29), 이 형태도 바울이 이해하고 있는 믿음에 대한 중요한 정보를 제공해 줍니다. 이 εἰς(에이스)는 "방향"(-를 향하여, -속으로)의 의미를 가집니다.

---

3   조동선 외 3인, 「침례교 신학 총서」, 335.
4   조동선 외 3인, 「침례교 신학 총서」, 335.
5   조동선 외 3인, 「침례교 신학 총서」, 335.
6   조동선 외 3인, 「침례교 신학 총서」, 335. 조동선은 구원받는 믿음에서 이 세 번째 요소가 가장 중요하다고 한다. 지적인 요소만으로, 감정적 요소만으로는 구원받는 것이 아니다. 어떤 사람의 믿음이 구원받는 믿음인지 아닌지 분별하는 시금석은 결국 구원자이며 주님이신 예수 그리스도에 대한 신뢰와 그분에 대해 순종하고자 하는 열심인 것이다. 어떤 사람이 세 번째 요소를 갖추고 있다면 첫 번째와 두 번째 요소는 이미 갖추었다고 전제할 수 있을 것이다. 왜냐하면, 그리스도에 대한 신뢰와 헌신은 지적요소와 감정적 요소 없이 이루어질 수는 없기 때문이다.
7   BDAG, s.v. "ἐπί."

그러므로 πιστεύω εἰς(피스튜오 에이스)는 단순히 예수 그리스도에 관하여 믿는 것이 아닙니다. 이 어구는 지식적인 것을 포함하여 "신뢰와 헌신"을 내포하고 있는 것입니다.[8] 따라서 πιστεύω εἰς(피스튜오 에이스)를 구체적으로 설명하자면, 사람이 믿어 예수 그리스도를 향해간다는 의미가 될 것입니다. 믿는 사람에게는 예수 그리스도가 목표(지향점)가 되는 것입니다.

(2) 야고보서 2장 21절을 읽어 보십시오.

> 우리 조상 아브라함이 그 아들 이삭을 제단에 바칠 때에 행함으로 의롭다 하심을 받은 것이 아니냐(약 2:21).

창세기부터 사도 바울에 이르기까지 우리가 학습한 내용을 상기해 보면, 분명 성경의 가르침은 "믿음으로 의롭다 함을 받는다"는 것이었습니다. 그러나 야고보는 다른 모든 성경의 가르침과 반대되는 이야기를 하고 있는 것 같습니다.

야고보는 정말 성경의 다른 기록자들의 칭의에 대한 가르침과 모순되는 이야기를 하고 있는 것일까요?
야고보는 본문을 통해서 대체 무엇을 말하려고 하는 것일까요?
당신의 생각을 말해 보십시오!

✿ 정답과 해설

이 문제에 대한 정답은 곧 학습할 "더 깊게 생각하기"에서 얻을 수 있습니다. 이 문제는 학습자들이 야고보서가 드러내는 칭의의 가르침을 어떤 태도로 이해해야 할지 주의를 환기시키기 위해서 주어진 것입니다.

다시 말해서, 우리가 성경을 읽을 때 가져야 할 기본 전제에 대한 주의를 기울이기 위한 문제입니다. 성경의 내용들은 서로 모순 없이 하나님의 진리를 바르게 전달하고 있다는 것을 믿는 복음주의자들은 성경을 읽을 때 성경의 기록자들의 내용이 서로 상치(相馳)된다고 생각해서는 안 됩니다.

---

8 Moo, *Galatians*, 163.

성경의 내용들이 서로 충돌된다고 생각되는 부분이 있다면, 그것은 우리가 그 내용들을 올바르게 파악하지 못했기 때문이지, 내용들이 서로 모순되기 때문이 아님을 기억해야 합니다. 왜냐하면, 성경 내용들 간에 모순이 있다면, 그것은 결국 성경의 원 저자이신 하나님께 모순이 있다는 결론이 나오기 때문입니다.

그러므로 야고보서 2장 21절을 읽을 때, 우리는 바울의 가르침과 야고보의 가르침이 충돌하고 있다고 이해해서는 안 됩니다. 야고보서 2장 21절의 전체 문맥을 주의 깊게 읽으면서 야고보가 진정으로 말하고자 하는 바가 무엇인지 탐구해야 합니다.

또한, 우리 앞서서 야고보서를 공부하고 연구한 복음주의적 학자들의 의견도 참고할 필요가 있습니다. 아울러 성령 하나님께서 우리에게 지혜를 주셔서 우리가 말씀을 바로 깨닫고 적용할 수 있도록 기도해야 합니다.

〉〉〉〉〉 더 깊게 생각하기

(1) 로마서 2장 6-11절을 세밀하게 읽어 보십시오. 로마서 2장 12-13절도 참고하십시오. 이 본문은 대표적인, "행위에 따른 심판"의 주제를 나타내고 있습니다.
본문은 오직 믿음을 통해 의롭다 함을 받는다는 이신칭의의 원리를 부정하고 있습니까?
우리는 이 본문을 어떻게 이해해야 할까요?

정답과 해설

로마서 2장 6-11절의 내용을 요약해 보면, 하나님은 행한 대로 갚아 주신다는 것입니다. 하나님께서는 선을 행하는 자에게는 영생을 주시고 악을 행하는 자에게는 진노의 심판을 행하신다는 것입니다. 더구나 로마서 2장 13절은 다음과 같이 말하고 있습니다.

> 율법을 행하는 자라야 의롭다 하심을 얻는다 (롬 2:13).

이러한 내용은 바울 자신이 말하는 이신칭의의 내용을 부정하고 있는 것으로 보입니다. 그러나 만약 바울이 말한, 오직 믿음으로 말미암는 칭의를 자신이 부정한다면 자기 모순입니다. 그러므로 우리는 본문의 내용을 다른 관점에서 파악해야 합니다.

성경의 통일성을 믿는 복음주의 진영의 학자들은 본문을 두 가지 측면에서 이해하고 있습니다. 어떤 학자들은 로마서 2장 6-11절의 본문이 구원받은 신자가 성령의 능력을 힘입어 행하는 선한 행위를 언급하는 것이라고 지적합니다.

신자들의 행위는 구원을 얻기 위한 행위가 아닙니다. 신자들의 행위가 완전하지는 않지만 이들은 구원받은 증거로서 선한 행위를 한다는 것입니다. 신자들의 믿음의 열매인 선한 행위는 그들이 진정으로 믿었다는 것을 의미하므로, 하나님께서 결국 진정한 믿음에 따라 판단하시는 것으로 이해할 수 있는 것입니다.[9]

반면 다른 학자들은 로마서 2장 6-11절은 심판에 대한 하나님의 행위 기준을 말하는 것이라고 지적합니다. 행위를 기준으로 의롭다 함을 받으려면, 인간이 하나님께 완벽하게 순종해야 한다는 것입니다. 하나님은 공평하신 분이므로 유대인이나 이방인 모두 이 기준을 완전하게 충족시켜야 하는 것입니다. 유대인의 경우 그들이 단순히 율법을 소유하고 할례를 행하는 것만으로는 의롭다 함을 얻을 수 없는 것입니다. 유대인들도 율법을 온전히 행해야만 의롭다 함을 받을 수 있는 것입니다(롬 2:12-13).

그러나 문제는 이러한 하나님의 심판의 행위 기준을 그 누구도 충족시킬 수 없다는 것입니다(갈 3:10; 약 2:10). 그러므로 이들은 로마서 2장 6-11절의 내용을 "가설적"(hypothetical)인 것으로 이해합니다. 즉 하나님의 심판의 행위 기준을 충족시키는 것은 '이론적'으로 가능해 보이나 '실제상'으로는 적용이 불가능한 기준입니다.

그러므로 본문에서 바울은 행위 구원을 지지하고 수용하고 있는 것이 아닙니다. 다만 바울은 행위를 기준으로 할 때 의롭다 함을 받으려면 인간이 어떻게 해야 하는지 보여 주고 있는 것입니다. 그러나 이 행위 기준은 인간이 이룰 수 없는 것입니다. 결국 바울이 주장하는 유일한 칭의의 길은 믿음의 길임이 분명합니다(롬 3:21-4:25).[10]

두 가지 견해 모두 가능한 해석입니다. 어느 견해를 취하든 믿음으로 말미암는 칭의와 대립하지 않습니다. 그러나 필자는 후자의 견해가 좀 더 타당하다고 생각합니다. 왜냐하면, 행위를 기준으로 하나님께서 판단하실 때, 그 누구도 구원받을 수 없다는 사실을 바울은 로마서 2장 1-29절, 3장 1-20절에서 반복적으로 설파하기 때문입니다.

바울의 이러한 반복적 주장은 그가 진정한 구원의 방법이 무엇인지 논증하는 데 그 원인이 있는 것으로 보입니다. 인간이 빠져 나올 수 없는 죄라는 난국과 이로 인한 필연적

---

9 Osborne, *Romans*, 63-7; Schreiner, *Romans*, 112-5; Cranfield, *Romans* 1-8, 146-53.

10 Hodge, *Romans*, 75-80; Moo, *Romans*, 135-57. Longenecker, *Romans*, 250-71을 참고.

인 하나님의 심판을 철저히 보여 줌으로써, 바울은 칭의의 유일한 길은 하나님의 은혜에 의한, 믿음을 통한 것이라는 것을 강조하고자 하는 것으로 보입니다(롬 3:21-4:25). 그러므로 이러한 문맥 속에서, 로마서 2장 6-11절은 하나님의 공정하고 엄격한 심판의 기준을 보여 주면서 인간의 난국을 더 강조하고 있는 것으로 보는 것이 자연스럽습니다.[11]

아울러 로마서 2장 12-13절은 로마서 2장 6-11절과 매끄럽게 연결되고 있습니다. 개역개정 성경과 새번역, 일부 영어성경(NIV, NRSV, NLT 등)들은 헬라어 원문에 있는 접속사(γαρ, 가르, 2장 11절과 12절은 γαρ로 연결됨)를 번역하지 않았습니다. 이 접속사는 대개 '원인'을 나타내지만 본문에서는 '설명'의 의미로 받아들이는 것이 자연스럽습니다(BDAG 참고).

이러한 점은 복음주의 진영에서 널리 알려진 로마서를 저술한 타머스 슈라이너(Thomas Schreiner)도 정확하게 지적하고 있습니다(Schreiner, Romans, 116). 즉, 로마서 2장 12절은 하나님께서 외모로 사람을 취하지 아니하심(롬 2:11)이 어떤 의미인지 보충 설명하고 있는 것입니다.

그러므로 로마서 2장 11-12절을 요약해 보면, 율법에 따라 사람들을 심판하시는 하나님은 공정하신 분이라는 것입니다. 로마서 2장 13절은 다시 헬라어 접속사(γαρ, 여기서는 '이유')로 시작하면서, 범죄한 자가 율법으로 말미암아 심판을 받는 이유를 말해 줍니다. 즉, 율법을 행하는 자가 의롭다 하심을 받으므로 율법을 어긴 자는 심판을 받는다는 것입니다.

이러한 내용을 고려해 보면, 로마서 2장 6-13절에서의 선한 행위는 율법을 지키는 행위라는 것을 알 수 있습니다. 그러므로 로마서 2장 6-11절은 신자가 믿음의 결과 행하는 선한 행실을 말하는 것이 아니라, 모든 사람이 하나님의 법(율법)을 충족시켜야 영생을 얻는 것이라고 말하고 있는 것으로 보입니다.

결론적으로 로마서 2장 6-11절은 완전한 행위라는 하나님의 엄격한 심판 기준을 말하고 있는 것으로 생각됩니다. 그러나 이 기준을 충족시킬 수 있는 사람은 아무도 없습니다. 따라서 칭의를 얻는 유일한 방법은 믿음 밖에 없다는 결론으로 나아갑니다(롬 3:21-4:25).

● "행위에 따른 심판": 이 주제를 주의 깊게 이해하지 못한다면 우리는 성경이 칭의의 방법에 관해서 서로 모순적인 주장을 하는 것으로 보게 될 것입니다. 그러므로 우리는 특히 이 주제에 관해서 각별한 관심을 가지고 올바르게 이해해야 합니다. 바울은 최후 심판 때에 우리의 행위를 근거로 영생이 주어지는 것 같은 이야기를 합니다(롬 2:6-11; 고후 5:10;

---

11 Moo, *Romans*, 142.

참고. 갈 6:7-9 등). 만약 이것이 사실이라면, 자신이 주장해온 믿음으로 말미암는 칭의를 부정하는 것이 됩니다. 이것은 결국 성경이 모순이라는 결론으로 나아갈 수밖에 없는 것입니다. 그러므로 우리는 바울이 말하고 있는 진정한 의미를 발견해야 합니다.

결론부터 말하자면, 이 본문들은 행위에 근거한 최종 칭의(혹은 영생)를 주장하는 것이 아닙니다(필자의 각주를 꼭 보십시오).[12] 행위를 칭의의 근거로 한다면 행위에 대해서 완벽을 요구하시는 하나님의 기준에 이를 사람은 아무도 없습니다(갈 3:10; 약 2:10). 그러므로 "행위에 따른 심판"에서 행위는 진정한 믿음에 필연적으로 수반 되는 행위를 말하는 것으로 간주하는 것이 타당합니다. 이러한 행위는 완전한 행위는 아니지만 신자가 믿음의 열매로서 드러내는 행위들입니다.

이러한 열매를 통해서 신자는 자신의 믿음이 구원받는 믿음이라는 것을 드러내는 것입니다.[13] 그렇다면 "행위에 따른 심판"은 진정한 믿음에 따르는 심판으로 바꾸어 표현할 수 있습니다. 그러므로 "행위에 따른 심판"은 "믿음을 통한 칭의"와 대립하지 않습니다.[14]

교회에는 언제나 구원받은 신자와 구원받지 못한 사람이 섞여 있기 마련입니다. 구원받은 신자는 믿음의 열매요 증거로서의 선한 행위가 있지만 구원받지 못한, 단지 교회에 출석

---

12 성경에는 믿는 순간에 이루어지는 칭의(롬 4:3; 5:1, 9; 8:30)뿐만 아니라 종말에 있는 칭의(갈 2:17; 5:4-5)에 관해서도 언급하고 있다. 여기서 중요한 문제는, 최종 칭의는 행위에 근거해서 이루어지는 것인지 아니면 최초의 칭의의 재확인 혹은 공개적 선언인지에 대한 것이다. 이 문제는 행위에 따르는 심판과 궤를 같이 하고 있는 문제이다. 만약, 최종 칭의가 행위에 근거하고 있는 것이라면 칭의는 실제적으로 두 번 이루어지는 것이며, 최종 칭의의 결과는 최초 칭의의 결과와 상이할 수 있는 것이다. 그러나 최종 칭의가 믿는 순간 얻었던, 최초 칭의가 하나님의 법정에서 공개적으로 재확인되는 것이라면, 최초 칭의와 최종 칭의의 결과는 동일한 것이며 사실상 칭의는 최초 믿는 순간의 한 번의 칭의로 확정되고 완성되는 것이다. 사실상 마지막 심판 혹은 최종 칭의는 행위에 근거하는 것이 아니라 진정한 믿음에 따른 것이다. 즉 믿음의 열매인 선한 행위로서 자신의 믿음이 진정한 믿음이라는 것을 드러낸 사람이 마지막 심판에서 구원을 누리는 것이다. 이들은 믿는 순간 진정한 믿음으로 이미 의롭다 함을 받은 사람들이다. 이들에게 있어서, 마지막 심판(칭의)에서 자신들이 이미 받았던 칭의가 하나님 앞에서 공개적으로 드러나고 확인되는 것이다. 칭의받은 신자들이 이미 그리스도 안에서 누리고 있는 칭의의 "현재적 실재"는 이러한 해석을 지지해 주고 있다(롬 8:1; 8:33). 조동선 외 3인, 「침례교 신학 총서」, 348을 참고. 이러한 관점에서 행위에 따른 최후 심판을 이해한다면, 바울이 말한 이신칭의와 행위에 따른 최후 심판은 모순이 아니다.

13 Schreiner에 따르면, "참된 믿음이 우리의 것이 되었을 때, 그 믿음은 행위로 표출되고 행위 안에서 드러난다. 따라서 칭의는 오직 믿음으로 말미암지만, 그 믿음은 선행으로 표출되는 믿음이다. 선행은 칭의의 기초가 아니지만, 칭의가 어떤 사람에게 존재할 때 반드시 수반되는 칭의의 증거이자 열매이다." Schreiner, 「오직 믿음」, 364.

14 Schreiner는 "선행이 참된 믿음의 증거이기 때문에, 오직 믿음으로 말미암는 구원이라는 개념을 훼손하지 않는다"는 것을 분명히 지적하고 있다. Schreiner에 따르면, 선행은 마지막 심판에서 구원을 얻기 위한 믿음의 증거로서 필요한 것이지 구원을 위한 근거로서 필요한 것이 아니다. Schreiner, 「오직 믿음」, 350.

하고 있는 사람은 그렇지 않을 것입니다(필자의 각주를 참고하세요).[15] 결국 최종 심판에서 행위는 심판의 대상자가 진정한 믿음을 가진 자인지 그렇지 않은 자인지를 증명해 주는 역할을 하는 것입니다. 행위는 최종 칭의의 근거도 아니며 조건도 아닙니다.[16] 그러므로 결국 진정한 믿음의 결과물인 행위에 따른 심판은 믿음에 의한 칭의와 대립하지 않습니다.

> 이는 우리가 다 반드시 그리스도의 심판대 앞에 나타나게 되어 각각 선악간에 그 몸으로 행한 것을 따라 받으려 함이라(고후 5:10).

● 고린도후서 5장 10절에 대한 이해: 복음주의 신학자들은 이 해석에 대한 두 가지 관점을 가지고 있습니다.

첫째, 신자들은 믿음으로 칭의를 이미 받았으므로 그 지위는 흔들림이 없다는 것입니다. 다만, 신자들의 믿음의 열매에 따라 신자들이 상급의 평가를 받는다는 것입니다(고전 3:10-15; 4:5).[17]

둘째, 한편 그리스도의 심판은 구원의 문제와 관련된 것이라고 보는 신약학자들도 있습니다.[18]

---

[15] 이것은 교회 내에 있는, 구원받는 믿음 없이 단지 교회에 출석하고 있는 사람들이 아예 선한 행위를 하지 않는다는 것을 말하는 것이 아니다. 이들도 때로는 선한 행위를 한다. 그러나 이들의 선한 행위와 구원받는 믿음을 가진 자들의 선행은 차이가 있다. 구원받는 믿음을 갖지 못한 사람들의 행위는 구원받음으로 인한, 성령으로부터 나오는 열매가 아니다. 이들의 행위는 오히려 구원을 받기 위해서 시도하는 선행일 수도 있으며 자신의 영광을 위한 선행일 수도 있다. 이들의 선행은 중생에서 비롯된 선행이 아니다. 그러나 구원받는 믿음을 가진 사람들의 선행은 구원받음으로 인해 나타나는, 성령으로부터 흘러나오는 선행이다. 이러한 점에서 두 집단의 선행에 차이가 있는 것이다.

[16] James Leo Garrett, *Systematic Theology,* 2nd ed. (N. Richland Hills: BIBAL Press, 2001) 2:858-9; Thomas R. Schreiner, "Justification Apart from and by Works: At the Final Judgment Works Will Confirm Justification", *Four Views on the Role of Works at the Final Judgment,* ed. Alan P. Stanley (Grand Rapids: Zondervan, 2013), 95-98; Richard B. Gaffin, *By Faith, Not by Sight: Paul and the Order of Salvation* (Milton Keynes: Paternoster, 2006), 97-8; Anthony A. Hoekema, 『개혁주의 종말론』, 이용중 역 (서울: 부흥과개혁사, 2012), 360-2을 보라.

[17] Harris, *The Second Epistle to the Corinthians,* 405-9; Barnett, *2 Corinthians,* 276-7; Linda L. Belleville, *2 Corinthians, The IVP New Testament Commentary Series* (Downers Grove: InterVarsity, 1996), 142-3.

[18] Hafemann, *2 Corinthians,* 216-7; Garland, *2 Corinthians,* 266-7.

전자의 견해를 취할 경우 믿음을 통한 칭의와 대립되지 않습니다. 후자의 견해를 취한다 하더라도 신자의 선행을 믿음의 결과요 증거로서 이해하는 한 믿음으로 말미암는 칭의와 대립하지 않습니다.

마지막 심판과 관련해서 기억해야 할 중요한 요소는 신자는 그리스도와 연합하여 죄 용서와 의롭다는 선포를 이미 받았다는 것입니다(롬 5:1; 8:1, 30, 33-34; 고후 5:18). 그러나 의롭다는 선포를 이미 받았기 때문에 신자들은 자만하는 것이 아니라 하나님께 감사함으로 하나님이 기뻐하시는 삶을 추구하며 살아야 합니다(참고. 롬 12:1-2; 갈 5:13; 엡 4:23-24). 이러한 삶은 신자들이 진정한, 구원받는 믿음을 가졌다는 것을 증명해 줍니다.

(2) 야고보서 2장 14-21절을 자세히 읽어 보십시오.

① 야고보는 본문에서 믿음을 비판하고 있습니다.
   이 믿음은 어떤 믿음인가요?
   이 믿음은 바울이 이해하고 있는 믿음과 어떤 차이가 있습니까?

정답과 해설

그러므로 사람이 의롭다 하심을 얻는 것은 율법의 행위에 있지 않고 믿음으로 되는 줄 우리가 인정하노라(롬 3:28).

사람이 의롭게 되는 것은 율법의 행위로 말미암음이 아니요 오직 예수 그리스도를 믿음으로 말미암는 줄 알므로 우리도 그리스도 예수를 믿나니 이는 우리가 율법의 행위로써가 아니고 그리스도를 믿음으로써 의롭다 함을 얻으려 함이라 율법의 행위로써는 의롭다 함을 얻을 육체가 없느니라(갈 2:16).

바울이 사람이 믿음으로 의롭다 함을 받는다(롬 3:28; 갈 2:16)고 말했을 때, 그가 언급하는 믿음은 기독교의 정통적인 믿음으로서, 예수 그리스도를 신뢰하며 그 믿음의 결과로서 열매가 나타나는 믿음입니다. 이것은 우리가 앞서 학습한 내용입니다.

> 내 형제들아 만일 사람이 믿음이 있노라 하고 행함이 없으면 무슨 유익이 있으리요 그 믿음이 능히 자기를 구원하겠느냐 이와 같이 행함이 없는 믿음은 그 자체가 죽은 것이라(약 2:14, 17).

한편, 야고보가 "그 믿음이 능히 자기를 구원하겠느냐"(약 2:14), "행함이 없는 믿음은 그 자체가 죽은 것이라"(약 2:17)라고 말했을 때, 그가 비판하고 있는 믿음은 단순한 교리 등에 대한 지적 동의를 말합니다.[19] 즉 이 믿음은 하나님께 순종하는, 선한 행위를 동반하지 않습니다.

사람이 믿음이 있다고 고백은 하지만 믿음의 열매인 선한 행위가 없는 것입니다. 이러한 믿음은 진정한 믿음이 아니기 때문에 야고보는 비판하는 것입니다. 열매로 드러나지 않는 믿음은 허위 믿음인 것입니다. 야고보는 심지어 귀신들도 이런 종류의 믿음(진리에 대한 단순한 지적 동의)은 가지고 있다고 언급하고 있습니다(약 2:19).

② 본문에서 야고보는 칭의와 관련해서 '행함'을 긍정적으로 평가하고 있습니다. 한편, 우리의 기억을 상기해 보면, 바울은 칭의와 관련해서 '행함'을 비판했습니다(롬 3:20; 4:2; 9:32; 갈 2:16; 엡 2:8-9).

두 사람의 행위에 대한 평가는 왜 상반된다고 생각합니까?

두 사람이 생각하는 행위의 의미는 동일한 것입니까?

✿ 정답과 해설

바울이 율법의 행위로는 의롭다 함을 받을 수 없다(롬 3:20; 갈 2:16)고 말했을 때, 그가 언급하는 행함은 사람들이 의(義)를 얻기 위해 율법에 대해 순종하는 행위를 말합니다. 이것은 우리가 이미 학습한 내용을 통해서 알 수 있습니다.

한편, 야고보가 본문에서 긍정적으로 평가하고 있는 행함은 진정한 믿음의 증거로 드러나는, 하나님께 대한 순종을 말하는 것입니다.[20]

---

[19] Craig L. Blomberg and Mariam J. Kamell, 『강해로 푸는 야고보서』, 정옥배 역 (서울: 도서출판 디모데, 2014), 138-144, 148: Dan C. McCartney, 『야고보서』, 강대이 역 (서울: 부흥과개혁사, 2016), 215-22; Douglas J. Moo, *The Letter of James, The Pillar New Testament Commentary* (Grand Rapids: Eerdmans, 2000), 38, 122-32.

[20] Blomberg and Kamell, 『강해로 푸는 야고보서』, 140-1, 148; Moo, *James,* 42-3; 참고. McCartney, 『야고보서』, 216.

바울이 칭의와 관련해서 행위를 비판한 것은 율법의 행위로는 칭의를 얻을 수 없기 때문입니다. 우리가 이미 학습한 바와 같이, 칭의를 얻는 유일한 방편은 오직 믿음입니다. 야고보가 칭의의 관련해서 행함을 치켜세우는 것은 허위의 믿음으로는 의롭다 함을 받지 못하기 때문입니다. 앞에서 학습한 바와 같이, 진정한 믿음은 필연적으로 선한 열매를 맺게 되어 있습니다. 그러므로 야고보는 진정한 믿음의 열매로서 행함을 긍정적으로 평가하고 있는 것입니다. 이러한 행함은, 어떤 사람이 주장하는 자신의 믿음이 진실임을 드러내 주기 때문입니다.

③ 본문의 "의롭다 하심을 받다"(약 2:21)를 어떻게 이해해야 할까요?
아브라함은 행위로 의롭다 함을 받았습니까?
우리가 바울을 공부하면서 학습한 바에 따르면, "의롭다 하다"는 "의롭다고 선언하다"의 의미입니다.
도대체 아브라함이 행위로 의롭다 함을 받았다는 말은 무슨 뜻일까요?
야고보서 1장 22에서 2장 26절을 전부 읽고 <u>문맥</u>에 주의해 보십시오. 야고보가 이 <u>문맥</u>에서 진정으로 말하고 싶은 것이 무엇인지 깊이 생각해 보십시오.

✤ 정답과 해설

우리가 야고보서 2장 21절을 제대로 이해하기 위해서는 야고보가 전달하고자 하는 핵심이 무엇인지 파악하는 것이 필요합니다.

본문에서 야고보는 하나님께 순종하는 선한 행위가 칭의의 수단 혹은 근거임을 이야기하고 있을까요?

문장이 쓰인 형식을 고려하면 분명 그렇게 보입니다. 이것이 사실이라면 야고보는 바울과 칭의에 관해서 대립하고 있는 것이 분명합니다. 그러나 이러한 관점을 복음주의자들이 받아들일 수 있는 것은 아닙니다.

다시 한번 강조하는 것이지만, 문장에서 문법이나 용어의 쓰임은 문장의 의미를 결정 짓는 데 중요한 역할을 합니다. 그러나 문장의 의미를 결정하는데, 이것보다 더 중요한 것은 <u>문맥</u>입니다.

어떤 문장을 둘러싸고 있는 문맥은 그 문장의 의미를 결정하는 데 중추적인 역할을 합니다. 그러므로 우리는 야고보서 2장 21절을 둘러싸고 있는 문맥을 살펴보아야 합니다. 이를 통해서 야고보서 2장 21절의 의미에 접근하는 것이 좋습니다.

너희는 말씀을 행하는 자가 되고 듣기만 하여 자신을 속이는 자가 되지 말라 누구든지 말씀을 듣고 행하지 아니하면 그는 거울로 자기의 생긴 얼굴을 보는 사람과 같아서 제 자신을 보고 가서 그 모습이 어떠했는지를 곧 잊어버리거니와 자유롭게 하는 온전한 율법을 들여다보고 있는 자는 듣고 잊어버리는 자가 아니요 실천하는 자니 이 사람은 그 행하는 일에 복을 받으리라 누구든지 스스로 경건하다 생각하며 자기 혀를 재갈 물리지 아니하고 자기 마음을 속이면 이 사람의 경건은 헛것이라 하나님 아버지 앞에서 정결하고 더러움이 없는 경건은 곧 고아와 과부를 그 환난중에 돌보고 또 자기를 지켜 세속에 물들지 아니하는 그것이니라 (약 1:22-27).

야고보서 1장 22-27절에서 야고보는 믿는 사람들의 행함을 강조하고 있습니다. 특히, 1장 27절에서 진정한 경건(예배)은 자비(자선)를 행하는 것이라고까지 표현하고 있습니다. 이러한 자비를 베푸는 것은 사랑의 실천이라고 볼 수 있습니다.

내 형제들아 영광의 주 곧 우리 주 예수 그리스도에 대한 믿음을 너희가 가졌으니 사람을 차별하여 대하지 말라 만일 너희 회당에 금 가락지를 끼고 아름다운 옷을 입은 사람이 들어오고 또 남루한 옷을 입은 가난한 사람이 들어올 때에 너희가 아름다운 옷을 입은 자를 눈여겨 보고 말하되 여기 좋은 자리에 앉으소서 하고 또 가난한 자에게 말하되 너는 거기 서 있든지 내 발등상 아래에 앉으라 하면 너희끼리 서로 차별하며 악한 생각으로 판단하는 자가 되는 것이 아니냐 내 사랑하는 형제들아 들을지어다 하나님이 세상에서 가난한 자를 택하사 믿음에 부요하게 하시고 또 자기를 사랑하는 자들에게 약속하신 나라를 상속으로 받게 하지 아니하셨느냐 너희는 도리어 가난한 자를 업신여겼도다 부자는 너희를 억압하며 법정으로 끌고 가지 아니하느냐 그들은 너희에게 대하여 일컫는 바 그 아름다운 이름을 비방하지 아니하느냐 너희가 만일 성경에 기록된 대로 네 이웃 사랑하기를 네 몸과 같이 하라 하신 최고의 법을 지키면 잘하는 것이거니와 만일 너희가 사람을 차별하여 대하면 죄를 짓는 것이니 율법이 너희를 범법자로 정죄하리라 누구든지 온 율법을 지키다가 그 하나를 범하면 모두 범한 자가 되나니 간음하지 말라 하신 이가 또한 살인하지 말라 하셨은즉 네가 비록 간음하지 아니하여도 살인하면 율법을 범한 자가 되느니라 너희는 자유의 율법대로 심판 받을 자처럼 말도 하고 행하기도 하라 긍휼을 행하지 아니하는 자에게는 긍휼 없는 심판이 있으리라 긍휼은 심판을 이기고 자랑하느니라 (약 2:1-13).

야고보서 2장 1-13절에서도 역시 야고보는 믿는 사람들의 행함을 강조하고 있습니다. 야고보는 그들이 그리스도에 대한 믿음(진정한 믿음)을 가지고 있으니 형제를 차별하지 말아야 함을 강조합니다(약 2:1).²¹ 야고보서 2장 8-9절을 보면, "차별하지 마라"는 내용은 이웃 사랑의 관점에서 말한 것임을 알 수 있습니다. 즉, 가난한 자를 차별하는 것은 이웃 사랑이라는 예수님의 가르침을 위배한다는 것입니다. 야고보는 2장 13절에서 "긍휼(자비, 사랑)은 심판을 이긴다"고 말합니다.

결국, 야고보서 2장 1-13절의 내용은 형제를 차별하지 말고 사랑(긍휼)을 실천하라는 권고입니다. 왜냐하면, 이러한 긍휼을 실천하지 않는 자는 심판을 면치 못하기 때문입니다(참고. 마 25:31-46). 야고보서 2장 1-13절의 논리의 흐름상 중요한 것은, 그들(신자들)이 진정한 믿음을 가지고 있다면 긍휼을 실천해야 한다는 것입니다.

진정한 믿음은 긍휼의 열매를 맺을 수밖에 없다는 것입니다. 만약 신자라는 사람들이 긍휼의 열매를 맺지 않는다면, 그들의 믿음은 거짓이며 결국 심판을 받을 것이라는 것을 야고보는 강조하고 있습니다. 결국, 야고보가 1장 22절에서 2장 13절까지 말하고 있는 핵심은, 진정한 믿음은 실천으로 증명된다는 것입니다. 다음으로 야고보서 2장 14절에서 20절까지 내용을 개략적으로 살펴봅시다.

> 내 형제들아 만일 사람이 믿음이 있노라 하고 행함이 없으면 무슨 유익이 있으리요 그 믿음이 능히 자기를 구원하겠느냐 만일 형제나 자매가 헐벗고 일용할 양식이 없는데 너희 중에 누구든지 그에게 이르되 평안히 가라 덥게 하라 배부르게 하라 하며 그 몸에 쓸 것을 주지 아니하면 무슨 유익이 있으리요 이와 같이 행함이 없는 믿음은 그 자체가 죽은 것이라 어떤 사람은 말하기를 너는 믿음이 있고 나는 행함이 있으니 행함이 없는 네 믿음을 내게 보이라 나는 행함으로 내 믿음을 네게 보이리라 하리라 네가 하나님은 한 분이신 줄을 믿느냐 잘하는도다 귀신들도 믿고 떠느니라 아아 허탄한 사람아 행함이 없는 믿음이 헛것인 줄을 알고자 하느냐(약 2:14-20).

야고보서 2장 14절에서 야고보는 단순한 명목상의 믿음은 사람을 구원할 수 없다고 말합니다. 믿음의 열매가 결여된, 단순한 지식적인 믿음은 진정한 믿음이 아니기 때문입니다(약 2:17). 야고보에 따르면, 귀신들도 이러한 믿음(진리에 대한 단순한 동의)은 가지고 있습니다(약 2:19). 그러나 단순한 지식적인 믿음은 쓸모없는 것입니다(약 2:20).

야고보는 2장 21절로부터 26절까지, 믿음의 열매로서 행함이 없는, 거짓 믿음은 쓸모없다는 것을 아브라함과 라합의 예를 통해서 증명하고자 합니다.

---

21 여기서의 믿음은 진정한 믿음을 의미한다. Moo, *James*, 38; McCartney, 『야고보서』, 190 참고.

우리 조상 아브라함이 그 아들 이삭을 제단에 바칠 때에 행함으로 의롭다 하심을 받은 것이 아니냐 네가 보거니와 믿음이 그의 행함과 함께 일하고 행함으로 믿음이 온전하게 되었느니라 이에 성경에 이른 바 아브라함이 하나님을 믿으니 이것을 의로 여기셨다는 말씀이 이루어졌고 그는 하나님의 벗이라 칭함을 받았나니 이로 보건대 사람이 행함으로 의롭다 하심을 받고 믿음으로만은 아니니라 또 이와 같이 기생 라합이 사자들을 접대하여 다른 길로 나가게 할 때에 행함으로 의롭다 하심을 받은 것이 아니냐 영혼 없는 몸이 죽은 것 같이 행함이 없는 믿음은 죽은 것이니라 (약 2:21-26).

즉 야고보의 논리를 따르면, <u>아브라함과 라합은 믿음의 열매로서 행함이 있었으므로, 그들의 믿음은 진정한 구원받는 믿음입니다.</u> 야고보서 2장 22절에서 야고보는 아브라함의 믿음이 행함으로 온전하게 되었다고 말하는데, 아브라함의 행함으로 그의 믿음이 결실(結實) 되었다는 것입니다. 즉, 아브라함의 행함으로 아브라함의 믿음이 진정한 믿음이라는 것으로 드러났고 성숙해졌다는 것입니다.[22]

2장 23절은 2장 22절의 논리적 귀결을 말하고 있습니다. 즉 아브라함의 믿음은 진정한 믿음으로 행함을 동반하고 있었다는 점에서, 창세기 15장 6절의 의미가 <u>구체적으로 드러났다는 것입니다.</u>[23] 다시 말해, 창세기 15장 6절에 나타나는 아브라함의 믿음은 단순한 지적 동의가 아니라, 살아있는, 행함으로 표출되는(증명되는) 진정한 믿음이었다는 것입니다. 결국, 야고보는 창세기 15장 6절의 의미를 명료하게 밝히고 있는데, <u>아브라함은 진정한 살아 있는 믿음을 통해 의롭다 함을 받았다</u>는 것을 말합니다.

그러므로 야고보서 2장 24절에서, 야고보는 믿음(단순한 지식적인 믿음, 거짓 믿음)만으로는 의롭다 함을 받지 못하며, 행함(진정한 믿음의 열매로서 행함)으로 의롭다 하심을 받는다고 이야기 합니다. 야고보에게서, <u>행함으로 열매 맺는 진정한 믿음이 구원에 있어서 관건입니다.</u>

우리가 지금까지 야고보의 논리를 제대로 따라왔다면, 2장 24절에서 말하는 "행함으로 의롭다 하심을 받는다"는 표현은 행함이 칭의의 근거나 통로가 아니라는 것을 알 수 있습니다. 야고보는 2장 23절에서, <u>아브라함이 믿음을 통해 의롭다 하심을 얻었다는 것</u>

---

22 McCartney, 『야고보서』, 231-2 참고. 동사는 τελειόω(teleioo)의 과거수동형으로서, τελειόω는 의무나 요구를 수행하다. 실행하다의 뜻이다. 그러므로 이 동사의 뜻을 살려서 번역하면, 그의 믿음이 행함으로 실행되었다(실현되었다, 현실화되었다, 시각적으로 발현되었다)가 될 것이다.

23 참고. Blomberg and Kamell, 『강해로 푸는 야고보서』, 147; Moo, *James*, 137-8. "말씀이 이루어졌고"에서 동사는 πληρόω(pleroo)의 과거수동형이 쓰이고 있다. 이 동사는 어떤 것을 의도된 목적으로 이끌다/데리고 오다는 뜻이다(BDAG). 그렇다면 야고보서 2장 23절이 의미하는 바는, 창세기 15장 6절의 성경 말씀의 원 뜻(진정한 뜻)이 성취되었다(구체화되었다, 드러났다)는 것이다.

을 인정하고 있으며, 다만 그 믿음은 진정한 믿음(행함으로 열매 맺는 믿음)이었음을 말하고 있다는 것에 주목하십시오. 야고보서 2장 24절을 살펴보면, 문법적으로는 행함이 칭의의 근거나 통로로 보입니다.

그러나 야고보가 줄곧 이야기하고 있는 것은, 진정한 믿음은 반드시 행함의 열매로서 증명되어야 하며, 행함으로 드러나는 진정한 믿음이 심판을 이겨낸다는 것입니다. 즉, 행함이 아니라 진정한 믿음을 통해서 칭의가 가능하다는 것을 야고보는 말하고 있는 것입니다. 허위의 믿음을 통해서는 칭의를 얻을 수 없다는 것이 야고보의 핵심입니다.

그러므로 이제 우리는 야고보서 2장 21절의 의미를 바로 이해할 수 있습니다. 야고보는 아브라함이 행위를 근거로 혹은 수단으로 의롭다 함을 받았다는 것을 이야기하는 것이 아닙니다. 야고보는 아브라함이 열매로서 그 믿음을 증명하는, 진정한 믿음을 통해서 의롭다 함을 받았다는 것을 말하고 있습니다.

야고보서 1장 22절로부터 2장 26절에서 야고보가 말하고자 하는 주제는, 진정한 구원받는 믿음은 믿음의 열매인 행위로서 증명되며, 이러한 진정한 믿음을 가진 사람이 종말의 심판을 면할 수 있다는 것입니다. 그러므로 진정한 믿음이 있다면, 순종의 열매를 맺으라(본문에서는 특히 자비의 실천)는 권고를 야고보는 하고 있습니다. 우리는 이러한 전체 문맥 속에서 야고보서 2장 21절을 이해해야 합니다.

> 우리 조상 아브라함이 그 아들 이삭을 제단에 바칠 때에 행함으로 의롭다 하심을 받은 것이 아니냐(약 2:21).

● 이해하고 넘어 갑시다(야고보서 2장 21절의 δικαιόω(디카이오오, 의롭다 하다)의 의미): 바울과 야고보는 칭의를 말할 때 동일한 δικαιόω(디카이오오, 의롭다 하다)를 사용하고 있습니다.

그러나 두 사도가 이 단어를 쓰는 용법과 관련해서는 다소 차이가 있습니다. 어떤 학자들은 바울과 야고보 모두 동일한 의미로서 δικαιόω(의롭다 하다)를 사용했지만, 이 어휘가 사용된 상황이 다르다고 합니다. 다시 말해서, 바울은 이 용어를 예수님을 믿을 때 얻는 최초의 칭의를 언급하기 위해서 사용하였고, 야고보는 "종말의 심판에서 의롭다고 선언하다"의 의미로 사용했다는 것입니다.[24]

---

24 Moo, *James*, 132-6; Thomas R. Schreiner, "Justification Apart from and by Works: At the Final Judgment Works

이들은, 야고보서 2장 21절에서 아브라함이 행함(아들을 바침으로써)으로 의롭다 하심을 받았다는 것은, 아브라함이 행함을 수단으로 하여 의롭다 함을 받았다(최초 칭의)는 것을 의미하는 것이 아니라, 아브라함의 행함으로 드러난 그의 진정한 믿음을 통해 그가 최후 심판에서 의롭다 함을 받을 것이라는 것을 의미한다고 이해합니다.[25]

즉 믿음의 열매로 드러난 행함은 아브라함의 믿음이 진정한 것임을 증명했으며(이 행함은 최종 칭의의 근거가 아니다), 따라서 아브라함은 최후 심판(정죄의 심판)을 면하게 될 것이라는 것입니다. 최후 심판에서 행함은 진정한 믿음의 증거로 작용합니다.

이 견해의 문제점은, 야고보서 2장 21절에서 야고보가 마지막 심판에서의 칭의를 의미했다면, 왜 미래 시제를 사용하지 않고 과거 시제를 사용했느냐는 것입니다.[26] 물론, 헬라어 문법에서 과거(aorist)시제가 미래를 표현할 수 있습니다. 이것은 히브리어가 확실한 미래를 표현하기 위해서 미완료 시제 대신 완료 시제를 쓰는 것과 마찬가지입니다(Wallace, *Greek Grammar*, 563-4. BDF, 171을 참고).

그러나 야고보서 2장 22절(아브라함과 관련된 사실을 과거로 묘사)과 23절(아브라함과 관계된 사실을 과거로 표현)이 모두 과거 시제를 사용하여 과거를 표현하고 있다는 것을 볼 때, 야고보서 2장 21절의 과거 시제가 미래를 나타내고 있다고 보기에는 다소 무리가 있습니다. 그러나 이러한 견해는 문법적으로 가능합니다. 아울러 야고보서 2장 12-13절에 나타나는 최후 심판의 문맥은 이 견해를 지지하는 방향으로 나가고 있습니다.

한편, 어떤 학자들은 야고보가 이 용어를 "의롭다는 것을 증명하다"의 의미로 사용했다고 생각합니다.[27] 이 견해를 취할 경우 본문을 설명하기가 아주 간명합니다. 야고보가 "아브라함이 행함으로 의롭다 하심을 받았다"(약 2:21)라고 말했을 때, 야고보의 의도는 아브라함이 아들 이삭을 바침으로써 그가 의롭다(의인의 신분)는 것이 드러났다(증명되었다)는 것입니다.

Will Confirm Justification", *Four Views on the Role of Works at the Final Judgment,* ed. Alan P. Stanley (Grand Rapids: Zondervan, 2013), 89-90.

[25] Moo, *James*, 135-6, 141-2.

[26] McCartney, 『야고보서』, 227.

[27] Luke Timothy Johnson, *The Letter of James*, *The Anchor Bible* (New York, Doubleday, 1995), 242; Blomberg and Kamell, 『강해로 푸는 야고보서』, 146; Guy Waters, 『칭의란 무엇인가』, 신호섭 역 (서울: 부흥과개혁사, 2011), 71-83.

바울은 야고보의 이런 주장에 대해서 반대하지 않을 것입니다. 왜냐하면, 바울은 "의롭다 하는 믿음"은 행함의 열매를 동반한다고 믿기 때문입니다(롬 1:5; 갈 5:6). 즉 "의롭다 하는 믿음"은 행함으로써 증명되기 때문입니다.

바울은 율법의 행함으로 의를 얻고자 하는 율법주의자들을 비판하면서, "믿음으로 의롭다 함을 받는다"는 것을 선포합니다. 한편, 야고보는 믿음이 있다 말하면서 진정한 믿음의 열매 없이, 허위의 믿음(bogus faith)을 가진 사람들을 비판합니다. 즉, 야고보는 진정한 믿음(genuine faith)의 열매로서의 행함은 당신이 의롭다 함을 받았다는 것을 증명한다는 것을 선포하는 것입니다.[28]

이 견해의 문제점은 칭의를 의미하는 δικαιόω(디카이오오, 의롭다 하다)는 의롭다는 것을 보여 주다(증명하다, 마 11:19; 눅 7:35)의 의미로는 잘 쓰이지 않는다는 것입니다. 그뿐만 아니라 야고보서 2장에 나타나는 최후 심판의 문맥은 최종 칭의를 지지하는 방향으로 가고 있습니다.

그러나 야고보가 δικαιόω를 "의롭다는 것을 보여 주다"의 의미로 사용했다는 것을 배제할 수는 없습니다. 아울러 2장 12-13절이 최후 심판을 말하더라도, 야고보는 2장 21절에서는 최후 심판을 말하는 것이 아니라, 칭의는 믿음의 열매로서 증명된다고 말할 수도 있는 것입니다.

야고보서 2장 18절에 나타나는, "나는 행함으로 내 믿음을 네게 보이리라"는 어구는 이런 해석을 지지해 주는 것 같습니다. 그러므로 두 번째 견해도 가능한 견해입니다. 어느 쪽 견해를 취하든 야고보의 칭의론은 바울의 칭의론과 모순되지 않는다는 것을 기억하십시오. <u>야고보의 칭의론에서 핵심은 진정한 믿음은 반드시 행함으로 증명된다는 것입니다.</u>

④ 야고보서 2장 21절을 당신이 이해한 말로 적어 보십시오.

우리 조상 아브라함이 그 아들 이삭을 제단에 바칠 때에 행함으로 의롭다 하심을 받은 것이 아니냐 (약 2:21).

---

28 Schreiner, 『오직 믿음』, 364을 참고.

🌟 정답과 해설

이 문제는 야고보의 칭의론과 관련된 질문 ①, ②, ③을 제대로 이해했는지 확인하기 위한 것입니다. 인도자는 학습자의 대답을 일일이 확인할 필요가 있습니다.

답변의 핵심은 아브라함이 행함을 근거로 혹은 방편으로 의롭다 하심을 받은 것이 아니라는 것입니다. 아브라함은 진정한 믿음이 있었으며 그 진정한 믿음은 행함의 열매를 맺었고, 그는 진정한 믿음을 통해서 의롭다 함을 받았다는 것입니다.

✈ 삶에 적용하기

(1) 당신이 예수님을 믿고 나서 당신의 삶에서 가장 극적으로 변한 것(행동, 태도, 자세 등)은 무엇인지 나누어 보십시오.

(2) 오늘 학습을 통해서 당신이 발견한 하나님의 은혜나 진리를 다른 사람들과 나누십시오. 또한, 오늘 당신이 깨달은 하나님의 은혜나 진리와 관련하여 이번 한 주간에 당신의 삶에서 실천이 필요하거나 변화가 필요한 부분을 적어 보고 나누어 봅시다.

(3) 이 시간 깨달은 하나님의 은혜나 진리와 관련하여 하나님을 향한 기도문을 적어 보십시오.

⏱ 요약과 정리

기독교의 진리에 대한 단순한 지적인 동의는 진정한 의미에서의 믿음이 아닙니다. 바울에게 구원받는 진정한 믿음이란 구원을 위해 그리스도를 신뢰하며, 주님(Lord)이신 그분을 향한, 헌신하는 마음입니다(롬 10:9). 이러한 믿음으로부터 그리스도를 향한 순종은 당연히 흘러나오게 됩니다.

바울은 최후 심판 때에 우리의 행위를 근거로 영생이 주어지는 것 같은 이야기를 합니다(롬 2:6-11; 고후 5:10; 참고, 갈 6:7-9 등). 그러나 이 본문들은 행위에 근거한 최종 칭의

(혹은 영생)를 주장하는 것이 아닙니다. 행위를 칭의의 근거로 한다면 행위에 대해서 완벽을 요구하시는 하나님의 기준에 이를 사람은 아무도 없습니다(갈 3:10; 약 2:10).

그러므로 "행위에 따른 심판"에서 행위는 진정한 믿음에 필연적으로 수반 되는 행위를 말하는 것으로 간주하는 것이 타당합니다. 이러한 믿음의 열매를 통해서 신자는 자신의 믿음이 구원받는 믿음이라는 것을 드러내는 것입니다. 그렇다면 "행위에 따른 심판"은 진정한 믿음에 따르는 심판으로 바꾸어 표현할 수 있습니다.

야고보서 1장 22절로부터 2장 26절에서 야고보가 말하고자 하는 핵심은 다음과 같습니다. 즉, 진정한 구원받는 믿음은 믿음의 열매인 행위로서 증명되며, 이러한 진정한 믿음을 가진 사람이 종말의 심판을 면할 수 있다는 것입니다.

그러므로 믿는다고 고백하는 자가 진정한 믿음이 있다면, 그들에게 순종의 열매를 맺으라는 권고를 야고보는 하고 있습니다. 따라서 야고보는 아브라함이 행함으로 의롭다 하심을 받았다는 것을 말하고 있지 않습니다. 야고보에 따르면, 아브라함은 진정한 믿음이 있었으며 그 진정한 믿음은 행함의 열매를 맺었고, 그는 진정한 믿음을 통해서 의롭다 함을 받았습니다.

제13과

이신칭의(以信稱義) 교리의 현대적 적용

> 🔺 워밍업

　사람들은 흔히 교리라고 하면 딱딱하고 어렵고 논쟁을 위한 것이라고 생각하는 경향이 있습니다. 실제로 교리를 공부해 보면 다소 어렵습니다. 이것은 교리의 내용이 진짜 어렵다기보다는 우리가 교리 공부에 익숙하지 않기 때문입니다. 익숙하지 않은 것은 어렵기 마련입니다. 한국 교회가 그동안 교리 공부를 소홀히 한 것이 우리가 교리 공부에 익숙하지 않는 원인이 될 것입니다. 우리가 믿고 있는 것을 정확히 알고 이단에 대처하기 위해서 뿐만 아니라 바른 믿음을 실천하기 위해서 교리 공부는 필요합니다. 바르게 알지 못하면서 바르게 실천할 수는 없습니다.

　오늘 우리는 이칭칭의 교리가 단순히 교리 논쟁을 위한 것이 아니라 신자의 실천적인 영역에 적용되는 것임을 배우게 될 것입니다. 이신칭의 교리는 신자의 삶과 긴밀한 관련성을 가지고 있으며, 신자들이 건전한 신앙 생활과 사회 생활을 하는 데 유익하다는 것을 확인하게 될 것입니다. 지금까지 이신칭의 교리를 함께 공부한 여러분들을 축복합니다.

1. 구원에 대한 확신과 겸손

(1) 제임스 패커(James Packer)는 오직 믿음을 통해 의롭다 함을 받는다는 것을 선포하는 이신칭의 교리가 두 가지 문제에 의해서 지속적으로 도전을 받아 오고 있음을 지적하고 있습니다.

첫째는 행위를 칭의의 근거로 밀어 넣으려는 것이고, 둘째는 칭의의 근거라는 자리에서 십자가를 밀어 내려는 것이다.[1]

그러나 예수 그리스도의 완벽한 순종과 십자가에서의 대속의 죽음을 칭의의 근거(롬 3:24; 5:18-19)로 두지 않고 사람의 행위를 칭의의 근거로 삼으려고 하는 모든 시도는 사실상 부질없는 것입니다.

왜 이러한 시도는 부질없는 것입니까?

정답과 해설

왜냐하면, 자신의 행위로 하나님의 완벽한 기준을 충족시킬 수 있는 사람은 아무도 없기 때문입니다(갈 3:10; 약 2:10; 참고. 욥 15:14). 행위에 의한 칭의가 불가능하다(롬 3:20-30; 4:1-25; 갈 2:16)는 것은 사도 바울이 말하는 칭의론에서 살펴 본 바와 같습니다.

(2) 그리스도의 의의 전가(롬 4:5-6; 5:18-19; 고후 5:21)와 오직 믿음을 통한 칭의(롬 1:17; 3:20-30; 4:1-25; 갈 2:16)를 주장하는 전통적인 이신칭의 교리가 신자에게 주는 유익은 무엇인지 말해 보십시오.

정답과 해설

의의 전가와 오직 믿음으로 말미암는 칭의를 가르치는 이신칭의 교리는 신자로 하여금 구원에 대한 확신을 갖게 할 것입니다. 전통적인 이신칭의 교리는 불완전할 수밖에 없는 신자의 행위가 아니라 완전한 예수 그리스도의 순종에 칭의의 근거를 둠으로써, 신자의 구원이 확실하다는 것을 보증해 줍니다.[2]

그러므로 신자는 구원에 대한 불안감에서 벗어나 하나님의 최종 심판석에서 담대히 설 수 있습니다. 아울러 하나님께서 오직 은혜로 베푸신 구원으로 인하여 신자가 그 은혜를 생각할 때 마다 기쁨과 감격을 누릴 수 있습니다(롬 5:2).

그뿐만 아니라 이신칭의 교리는 구원이 오직 은혜에 의한 것임을 신자들에게 날마다 상기시킴으로써 신자의 겸손을 진전시키게 됩니다. 구원의 과정에서 신자들이 기여한 것

---

1 James Packer, et al., 『칭의의 여러 얼굴』, 161.
2 신호섭, 『개혁주의 전가 교리』 (서울: 지평서원, 2016), 233을 참고.

이 없으므로 감사와 겸손이 신자들의 몫이 됩니다. 자신이 죄인임에도 불구하고 의인으로 삼아 주신 하나님의 위대한 은혜를 날마다 깊이 생각하게 된다면, 신자의 삶 속에서 하나님의 은혜와 영광에 대한 찬미가 있게 됩니다(행 2:46-47 참고; 엡 5:19; 히 13:15).

2. 올바른 동기에서 비롯되는 순종

(1) 오직 믿음을 통해 의롭다 함을 받는다는 칭의 교리는 신자가 거룩한 삶을 살지 않아도 된다는 오해를 종종 불러일으킵니다.[3] 어떤 사람들은 오직 믿음으로 구원받았으니 성결한 삶은 자신에게 필요하지 않다고 생각하는 경향이 있습니다. 이들에게 성결하고 순종하는 삶은 다만 천국에서 상급을 위해 필요한 것입니다.
이 사람들의 생각은 과연 옳은 것입니까?
당신의 생각을 말해 보십시오.

정답과 해설

우리가 이신칭의 교리를 바르게 이해한다면 이신칭의 교리가 신자의 삶 속에서 방종을 초래하는 것이 아니(롬 1:5; 살전 1:3)라는 것을 알게 됩니다. 왜냐하면, 사도 바울이 말하는 칭의에서 살펴 본 바와 같이, 칭의와 성화는 하나님의 동시적인 은혜이며, 칭의받은 자는 반드시 성화 되고 있는 자이며, 성화 되고 있는 자는 반드시 칭의받은 자이기 때문입니다(고전 1:30).[4] 칭의받았다고 하면서 성화의 모습이 없는 사람은 자신을 속이는 사람입니다. 우리가 진정으로 믿음을 통해 의롭다 함을 받았다면 믿음의 증거인 성화의 모습이 나타날 수밖에 없습니다.

(2) 하나님의 순전한 은혜로 믿음을 통해 의롭게 된다는 이신칭의 교리는 하나님의 측량할 수 없는 사랑의 깊이를 드러낼 뿐만 아니라, 인간의 행위나 노력은 칭의에 기여하지 못함을 분명히 보여 줍니다(롬 4:1-8; 엡 2:8-9).
그렇다면 칭의를 얻은 신자가 하나님께 순종하는 이유는 무엇입니까?

---

3 W. Robert Godfrey, 『예기치 못한 여행: 개혁주의 신학을 만나다』, 조계광 역 (서울: 지평서원, 2012), 92.
4 칼뱅, 『기독교 강요』, 3. 16. 1.

정답과 해설

신자들은 구원을 얻기 위해서 선한 행위들을 하는 것이 아닙니다(빌 2:12-13; 참고. 롬 6:11-13; 엡 2:8-10). 혹은 심판에 대한 두려움으로 신자들이 선한 행실들을 추구하는 것이 아닙니다. 오히려 신자들은 은혜로 칭의를 베풀어 주신 하나님께 대한 감사함과 사랑으로 인해 순종의 삶을 자원하게 됩니다(골 3:17; 요일 5:3-4, 필자의 각주를 꼭 보세요).[5]

물론, 이것이 신자들의 삶 속에 도덕적 실패가 없다는 것을 말하지는 않습니다. 칭의받고 성화되어 가고 있는 신자들에게 아직 죄성은 남아 있으므로 성령의 소욕과 육체의 소욕간의 갈등이 있습니다. 그러므로 때로는 신자들이 육체의 소욕으로 인해 도덕적 실패를 경험할 수도 있습니다(갈 5:16-17).

3. 올바른 자존감 형성

(1) 당신은 당신의 삶 가운데서 차별을 경험한 적이 있습니까?
차별을 받았을 때 당신의 마음은 어떠했는지 나누어 보십시오.

---

[5] 골로새서 3장 17절에 대한 개역개정 성경의 번역("또 무엇을 하든지 말에나 일에나 다 주 예수의 이름으로 하고 그를 힘입어 하나님 아버지께 감사하라")은 감사와 순종의 관계가 명확하게 드러나지 않는다. 그러나 헬라어 원문에서 εὐχαριστοῦντες τῷ θεῷ πατρὶ δι' αὐτοῦ(그를 통하여 하나님 아버지께 감사를 드림으로)는 명령형으로 되어 있지 않고 분사 구문(participial construction)으로 되어 있다. 이 분사 구문은 3장 17절 전반부의 "그리스도 예수의 이름으로 모든 것을 행하라"에 종속되는 것(수식하는 것)으로 이해하는 것이 자연스럽다. 그러므로 David Pao는 이 분사 구문을 "수단"(means)의 분사 구문으로 이해하고 있다. 신자는 감사함을 통해서 모든 것을 행하라고 권고 받는 것이다. 즉 신자들이 무엇을 하든 감사가 그것을 행할 수 있는 수단 혹은 통로가 되는 것이다. David W. Pao, *Colossian & Philemon, Zondervan Exegetical Commentary on the New Testament* (Grand Rapids: Zondervan, 2012), 251. Moo도 Pao와 비슷한 관점을 견지하고 있다. Moo는 신자가 순종할 수 있는 한 가지 중요한 원천이 감사임을 지적하며 다음과 같이 감사의 중요성을 언급한다: "하나님께서 그리스도 안에서 우리를 위해 성취하신 것들에 대한 감사는 신자가 주님의 주 되심(Lordship) 아래에 살 수 있는 명확한 그리고 강력한 자극이 된다." Douglas J. Moo, *The Letters to the Colossians and to Philemon, The Pillar New Testament Commentary* (Grand Rapids: Eerdmans, 2008), 291. "주 예수의 이름으로 하라"는 예수 그리스도의 "성품에 일치되게 행동하라"는 의미이다. Moo, *Colossians and Philemon*, 291. "그[예수님]를 힘입어"(원문: 그를 통하여)는 하나님께서 신자들에게 주신 모든 복이 예수 그리스도를 통하여 왔다는 것이다. 그러므로 "그리스도를 통하여 아버지께 감사한다"는 것은 그리스도를 통해서 주어진 모든 복을 생각하며 하나님 아버지께 감사하라는 의미로 받아들이면 무방할 것이다.

정답과 해설

이 문제는 각자가 차별을 경험했을 때 느꼈던 감정을 확인 해 보기 위해서 주어진 질문입니다. 차별을 당할 때, 사람들은 대개 자존심이 상합니다. 차별을 겪는 자신이 다른 사람들에 비해서 가치가 없는 존재인지, 다른 사람들과 동등한 존엄성을 소유하지 못한 존재인지 생각해 보게 됩니다.

(2) 다음의 질문에 대답해 보십시오.

복음의 본질적 요소로서 이신칭의 교리는, 자신의 노력으로는 하나님의 공의를 절대로 만족시킬 수 없는 인간에게(갈 3:10; 약 2:10), 하나님께서 오직 은혜로 믿음을 통해서 죄인 된 인간을 용서하시고 용납하신다는 메시지를 선포합니다.

창조주이신 하나님께서 인종이나 성별, 신분의 귀천, 빈부에 상관없이, 모든 인간을 동일하게 은혜로 오직 믿음을 통해 용납하신다는 이신칭의의 메시지가 함의하고 있는 것은 하나님께서는 인간을 그러한 인간적 기준에 따라 차별하지 않으신다는 것입니다(롬 3:22; 10:11-12). 그리스도 예수를 믿는 사람들이라면 누구에게나 칭의의 길이 열려 있는 것입니다.

인종, 학벌, 귀천, 가문, 지역 등에 따른 차별이 없이 그리스도에 대한 진정한 믿음을 가진 사람은 칭의를 받을 수 있다는 이신칭의 교리가 함의하고 있는 것은 무엇입니까?

모든 사람이 동등한 가치와 존엄성을 가지고 있다는 믿음으로 설립된 현대 민주주의 사회에서도 여전히 각종 차별이 존재하고 있다는 사실을 고려해서 답해 보십시오.

정답과 해설

민주주의가 정착한 사회에서는 차별이 많이 해소되었지만 그런데도 모든 사회 속에서 차별은 존재하고 있습니다. 민주주의가 어느 정도 자리를 잡은 한국에서도 여전히 여러 종류의 차별은 존재하고 있습니다. 다음과 같은 차별은 현대 대한민국 사회에서 목격될 수 있는 차별의 종류들로 보입니다.

첫째, 남녀 성별에 의한 차별
둘째, 학벌에 의한 차별
셋째, 지역 출신에 따른 차별

넷째, 빈부에 따른 차별

다섯째, 심지어 외모에 따른 차별

사람들이 사회 속에서 다양하게 경험하는 차별들로 인해 사람들은 과연 모든 인간이 법 앞에서 동등한 가치를 가진 존엄한 존재인지에 대한 의문을 제기할 수 있습니다.[6]

헌법이 규정하고 있는 개인의 동등성과 현실 사이의 괴리가 클수록, 모든 인간이 존엄하며 동등한 가치를 가지고 있다는 원칙에 입각한 개인의 건강한 자존감은 더 많은 상처를 입게 될 것입니다.

다양한 차별을 경험하는 사람들은 사회 속에서 소외를 느끼며 자신이 다른 사람들과 과연 동등한 존엄성을 가진 존재인지 회의감을 느끼게 될 것입니다. 그러나 모든 인간 사회에서 일어나는 각종의 차별들과 이신칭의의 메시지는 대조적입니다(롬 3:22).

하나님께서는 사회 속에서 발견되는 어떤 차별도 하지 않으시며, 오직 믿음을 통해 얻게 되는 칭의의 메시지로 인간을 대하십니다(롬 3:22). 그러므로 이신칭의의 메시지는 사람들로 하여금 건강한 자존감을 형성하도록 도울 것입니다(벧전 2:9-10 참고).

그들이 무슨 직업을 갖든, 어떤 지역의 사람이든, 어떤 외모를 가졌든, 그들이 부유하든 가난하든, 그들이 권력자든지 평범한 대중이든, 그들이 얼마나 배웠든지, 모든 사람은 차별 없이 믿음이라는 수단을 통해 하나님과 관계가 회복되며 의롭다 함을 받습니다. 이 의롭다 함을 받은 모든 사람은 하나님 앞에서, 그들이 실질적으로 다른 모든 사람과 동등한 존엄과 가치를 지닌 존재라는 것을 확인하게 됩니다.

4. 바람직한 대인관계 형성

(1) 당신은 보통 화가 나 있을 때, 다른 사람들을 어떻게 대합니까?

당신은 보통 기쁨으로 가득 차 있을 때는 다른 사람들을 어떻게 대합니까?

---

[6] 대한민국 헌법 제11조 1항은 모든 사람의 동등성에 관해서 다음과 같이 규정하고 있다. "모든 국민은 법 앞에서 평등하다. 누구든지 성별·종교 또는 사회적 신분에 의하여 정치적·경제적·사회적·문화적 생활의 모든 영역에 있어서 차별을 받지 아니한다." 아울러 헌법 제10조는 다음과 같이 모든 인간의 존엄성을 인정하고 있다. "모든 국민은 인간으로서의 존엄과 가치를 지니며 행복을 추구할 권리를 가진다."

정답과 해설

이 질문은 사람의 현재 상태가 다른 사람과의 관계에 영향을 준다는 것을 확인하기 위한 질문입니다.

(2) 행위가 아니라 하나님의 은혜로, 오직 믿음을 통해서 의롭다 함을 받은(롬 3:21-30) 신자의 정체성은 타인과의 관계에서 어떤 긍정적인 역할을 할지 당신의 생각을 말해 보십시오.

스태퍼드 카슨(J. Stafford Carson)은 이신칭의 교리가 함의하고 있는 인간 상호간의 관계성에 관해서 다음과 같이 의미 있는 지적을 하고 있습니다.

> 우리가 그리스도 안에서 누구인가를 이해할 때, 그 결과로 우리는 서로를 사랑과 긍휼로 대할 수 있다.[7]

즉, 그리스도와 연합되어 있는 신자의 정체성에 대한 바른 인식은 타자(他者)와의 관계에 있어서 긍정적인 역할을 한다는 것입니다. 세상에는 수많은 대립 관계와 갈등이 존재합니다. 인간 상호간의 대립과 갈등으로 인해 결국 싸움과 분쟁이 일어납니다. 이러한 갈등이 심화되는 경우 살인까지도 발생한다는 것은 언론 매체를 통해서 우리가 익히 알고 있는 바입니다.

성경은 이러한 갈등의 원인으로 미움(창 27:41; 37:4; 신 19:11; 잠 10:12)과 시기와 질투(창 37:11; 삼상 18:6-8; 행 7:9; 13:45; 참고, 약 3:16)를 지적하고 있습니다. 그러므로 타인에 대한 미움과 시기(질투)가 극복된다면 타자(他者)와의 갈등과 대립도 극복될 수 있을 것입니다. 그런데 이러한 미움과 시기는 사랑으로 극복될 수 있다는 것을 성경이 증언하고 있습니다(잠 10:12; 롬 13:10을 참고; 고전 13:4-7; 벧전 4:8).

---

[7] J. Stafford Carson, "칭의 교리의 목회적 의미", 『그리스도의 칭의론』, ed. K. Scott Oliphint, 조영천 역 (서울: 기독교문서선교회, 2017), 362.

정답과 해설

순전한 하나님의 은혜로 의롭다 함을 받은 신자의 정체성은 타인을 사랑함과 긍휼(은혜)의 태도로 대하도록 도전합니다. 신자가 죄인임에도 불구하고 그 어떤 공로 없이 순전한 하나님의 은혜로 의롭다 함을 받았으므로, 신자는 타자(他者)에 대해서 -심지어 원수까지도(마 5:43-44; 눅 6:27, 35)-사랑하도록 요구받습니다(엡 4:2, 32; 골 3:13-14; 요일 3:14).

이신칭의의 은혜를 받은 신자에게서 발현(發現)되는 타인을 향한 사랑과 긍휼의 태도는 대립적인 인간 관계가 아니라 화평하고 건강한 인간 관계를 형성하는 데 이바지하게 될 것입니다.

루터는 1535년의 갈라디아서 강의에서 다음과 같이 말했습니다.

> 기독교인은 의로운 동시에 죄인이다.[8]

"의로운 동시에 죄인"이라는 역설적 어구에 드러나는 기독교인의 정체성과 관련하여, 믿는 사람들이 하나님의 은혜의 깊이를 제대로 음미할 때, 그들은 타인에 대해서 긍휼과 사랑의 마음을 발휘해야 하는 격려를 받게 될 것입니다.

그뿐만 아니라 하나님으로부터 칭의의 은혜를 받은 사람은 타자(他者) 대해서 차별하지 않고 공평하게 대하도록 도전받게 될 것입니다(갈 3:28 참고). 진정으로 은혜를 받은 자는 다른 사람에게 은혜를 베풀게 됩니다.

5. 은혜를 일깨우는 사역의 필요성

(1) 당신은 부부 관계, 연인 관계, 혹은 친구 관계에서 상대방의 못마땅한 점 때문에 갈등을 겪은 적이 있습니까?
당신은 상대방을 변화시키기 위해서 잔소리나 핀잔을 준 적이 있나요?
그런 잔소리나 핀잔은 상대방을 변화시키는 데 얼마나 효과적이었나요?

---

[8] Luther, *LW* 26:232; Luther, *LW* 25:258을 참고. 루터는 신자가 실제로 죄를 짓고 있으므로 죄인임에도 불구하고, 하나님께서는 그리스도의 의를 신자에게 전가하심으로 신자를 의롭다고 여겨 주신다는 의미에서 이 역설적 표현을 쓰고 있다.

(2) 필자는 목회자로서 경험하고 깨닫게 된 한 가지 중요한 사실이 있습니다. 성도들에게 아무리 마땅히 해야 할 바를 가르치고 설교해도 그들의 삶이 잘 변하지 않는다는 것입니다. 그러나 하나님의 은혜를 역설하고 그 은혜와 관련된 것을 설교하거나 가르쳤을 때, 성도들의 삶에는 변화가 있었다는 것입니다. 물론 성도들 간에 개인적 편차는 있었지만 크든 작든 그들의 삶에는 변화가 있었습니다. 이러한 변화를 수치적으로 계량화 해 보지는 않았지만 목회의 현장에서 확인할 수 있는 사실이었습니다. 이를 통해서 얻을 수 있는 통찰은 은혜가 임하면 변화가 일어난다는 것입니다. 성경의 예나 성경의 가르침을 통해서 드러나는 은혜로 인한 변화의 사건이나 은혜로 인해 변화된 인물을 생각해 보고 다른 사람들과 그 생각을 나누십시오.

해설

은혜가 먼저이고 변화가 그 은혜를 뒤따른다는 것은 칭의를 다루고 있는 로마서에도 증언되고 있습니다.

로마서의 전반부는 인간의 죄인 됨과 하나님의 은혜로 인한 구원을 주제로 다룹니다. 즉, 하나님의 측량할 수 없는 은혜가 먼저 증언되는 것입니다.

로마서의 후반부는 구원받은 신자의 삶이 다루어집니다. 즉, 은혜가 먼저이고 그 다음이 변화인 것입니다.[9]

변화된 삶이 은혜를 이루어내는 것이 아니라 은혜가 변화를 이루어낸다는 것이 성경의 가르침입니다. 아브라함, 야곱, 요셉, 다윗, 구약의 선지자들, 예수님의 제자들과 사도 바울 모두 은혜를 먼저 입고 변화된 사람들입니다.

이것은 현대에도 그대로 적용될 것입니다. 필자뿐만 아니라 다른 많은 사람도 은혜로 변화되어 가고 있습니다. 이런 관점에서 바라볼 때, 오직 은혜로 인한 칭의 교리는 사역의

---

9 로마서에서 신자의 변화된 삶을 다루는 12장 1절에서 15장 13절까지의 말씀은 로마서 앞 부분의 내용과 접속사 οὖν(그러므로)으로 연결되어 있다. 즉 로마서 1-11장과 12장 1절-15장 13절의 말씀이 "그러므로"로 연결되어 있는 것이다. Moo, *Romans*, 748; Longenecker, *Romans*, 918: Osborne, *Romans*, 318. "그러므로"는 논리적인 인과 관계를 나타내고 있으므로, "하나님의 은혜"(롬 1:1-11:36)와 "변화"(롬 12:1-15:13)는 일종의 인과 관계를 형성하고 있는 것이다.

초점이 어디에 있어야 할지를 가르쳐 줍니다.

하나님의 은혜가 먼저 선포되고 가르쳐져야 합니다. 하나님의 은혜가 임하면 변화도 일어납니다. 예수님을 믿었다고 하면서도 아무런 삶의 변화가 없는 사람이 있다면 그는 아직 하나님께서 베푸신 구원의 은혜를 입은 사람이 아닐 것입니다.

📌 삶에 적용하기

(1) 오늘 학습을 통해서 당신이 발견한 하나님의 은혜나 진리를 다른 사람들과 나누십시오. 또한, 오늘 당신이 깨달은 하나님의 은혜나 진리와 관련하여 이번 한 주간에 당신의 삶에서 실천이 필요하거나 변화가 필요한 부분을 적어 보고 나누어 봅시다.

(2) 이 시간 깨달은 하나님의 은혜나 진리와 관련하여 하나님을 향한 기도문을 적어 보십시오.

⏱ 요약과 정리

오직 믿음을 통해 의롭다 함을 받는다는 이신칭의 교리는 신자의 삶과 관련하여 몇 가지 적용점을 가지고 있습니다.

첫째, 이신칭의 교리는 오직 믿음을 통한 칭의와 그리스도의 의의 전가를 가르치고 있으므로 신자에게 구원의 확실성을 보증해 줍니다. 신자는 구원에 대한 불안감에서 벗어나 하나님의 최종 심판석에 담대히 설 수 있습니다. 구원의 과정에서 신자들이 기여한 것이 없으므로 신자는 감사와 겸손의 자세로 삶을 살아가게 될 것입니다.

둘째, 신자는 은혜로 칭의를 베풀어 주신 하나님께 감사하는 마음으로 순종의 삶을 살게 될 것입니다.

셋째, 사회 속에서 발견되는 어떤 차별도 없이 오직 믿음으로 의롭다 함을 얻는다는 이신칭의의 메시지는 사람들에게 건강한 자존감을 형성하도록 도울 것입니다. 그 어떤 사회적, 경제적, 정치적, 문화적 기준으로 차별하지 않으시는 하나님을 바라보게 하는 이신칭의의 교리는 인간은 누구나가 동등한, 존엄한 가치를 지닌 존재라는 것을 상기시켜 줍니다.

넷째, 이신칭의 교리는 신자가 죄인임에도 불구하고 그 어떤 공로 없이 순전한 하나님의 은혜로 의롭다 함을 받았다는 것을 가르치고 있으므로, 신자는 타인에 대해서 사랑하도록, 은혜를 베풀도록 도전받습니다. 신자에게서 나타나는 사랑과 은혜의 태도는 화평하고 건강한 인간 관계를 형성하도록 이끌 것입니다.

다섯째, 이신칭의 교리는 우리에게 은혜의 중심성을 일깨워 줌으로써, 사역의 초점이 하나님의 은혜에 있어야 한다는 것을 가르쳐 줍니다. 신자들의 삶을 변화시키는 것은 지속적인, 변화의 요구나 설득에 있기보다는 하나님의 은혜를 강조하는 것에 있는 것입니다. 은혜가 임하면 변화가 일어나는 것입니다.

제2부

다양한 칭의론 평가하기 (선택적 학습 내용)

제14과 고대 교부 암브로시애스터와 빅토리누스를 만나다

제15과 시대를 고민한 루터와 칼뱅을 만나다

제16과 새로운 시대를 고민한 김세윤 교수와 톰 라이트 교수를 만나다 I

제17과 새로운 시대를 고민한 김세윤 교수와 톰 라이트 교수를 만나다 II

✲ ✲ ✲ ✲ ✲

제2부에서는 지금까지 우리가 학습한 성경에 근거한 칭의론을 토대로 하여 다음과 같은 신학자들의 칭의론을 평가합니다.

첫째, 고대 교부
둘째, 종교개혁가
셋째, 현대 신학자

다시 말해서, 우리가 성경을 통해서 배운 이신칭의 내용을 역사의 흐름 속에서 나타난 다양한 칭의론과 비교해 보며 그 칭의론들을 평가하는 것입니다. 제2부의 학습을 통해서 학습자는 지금껏 배운 내용들을 재확인하며, 실습할 수 있는 기회를 가지게 됩니다.

제2부의 내용은 학습에 필수적인 것은 아닙니다. 교회와 학습자들의 상황과 여건에 따라서 제2부의 내용은 학습할 수도 있으며 학습을 하지 않을 수도 있습니다. 다만 제2부의 내용을 학습하게 된다면, 오직 믿음으로 의롭게 된다는 진리는 고대 교회에서도 주창되었으며, 종교개혁가들에게는 양보할 수 없는 진리였다는 것을 확인하게 될 것입니다.

아울러, 일부 현대의 신학자들이 오직 믿음으로 의롭게 된다는 진리에 이의를 제기하며, 칭의에 대한 새로운 이해를 촉발하고 있음을 알게 될 것입니다. 그러나 우리는, 이러한 칭의에 대한 새로운 주장과 관점은 가톨릭교회의 칭의론에 근접하고 있으며, 성경이 말하고 있는 칭의론과는 배치된다는 것을 배우게 될 것입니다.

부록에는 가톨릭교회의 칭의론과 아울러 최근 가톨릭교회와 일부 개신교회들이 칭의론에 관해 연합을 모색한 내용이 담겨 있습니다. 부록의 내용에 대해서 일독을 한다면, 가톨릭교회의 칭의에 대한 주장과 이들과 연합을 시도한 개신교회들의 공동 칭의론의 선언문은 우리가 성경을 토대로 학습한 칭의의 내용과 사뭇 다를 수밖에 없다는 것을 인지하게 될 것입니다.

제14과

고대 교부 암브로시애스터와 빅토리누스를 만나다

워밍업

사도들이 활약한 시대 이후로, 오직 믿음으로 의롭다 함을 받는다는 이신칭의의 진리를 맨 처음 발견한 사람은 누구일까요?

사람들은 흔히 16세기 종교개혁자인 루터가 이신칭의의 가르침을 처음 발견했다고 생각합니다. 그러나 교회가 남긴 문헌들을 살펴보면, 루터보다 훨씬 이전에 이신칭의의 진리를 표명한 걸출한 인물들이 있었습니다.

이 시간에는 루터보다 앞서서, "오직 믿음으로"(sola fide)를 주창한 4세기의 고대 교부인 암브로시애스터(Ambrosiaster)와 빅토리누스(Victorinus)를 만나 보려고 합니다. 이들이 저술한, 바울 서신들에 대한 주석서들을 간략하게 살펴봄으로써, 우리는 이 교부들 역시 이신칭의라는 성경 속의 진리를 옹호했다는 것을 확인하게 될 것입니다. 그러므로 우리는 이신칭의의 교리가 16세기 가톨릭교회와 개혁가들의 갈등 가운데서 갑자기 탄생한 진리가 아니며, 교회 역사 속에서 이미 발견되었던 진리였음을 알게 됩니다.

- 교부(Church Fathers): 교부는 2세기와 8세기 사이에 교회의 교리와 신앙의 확립에 지대한 영향을 끼친 신학자와 저술가들을 지칭하는 용어입니다. 우리에게 가장 잘 알려진 교부로는 고백록(the Confessions)을 쓴 어거스틴(Augustine, 354-430)이 있습니다.
- 빅토리누스와 암브로시애스터: 빅토리누스는 4세기 전반에 활동하였는데 어거스틴의 회심에 영향을 끼친 인물로 알려져 있습니다. 그가 남긴 바울 주석서로 현존하고 있는 것은 『갈라디아서 주석』, 『빌립보서 주석』, 『에베소서 주석』입니다.

『갈라디아서 주석』과 『에베소서 주석』은 스티븐 앤드류 쿠퍼(Stephen Andrew Cooper)에 의해서 영어로 번역되었습니다. *Marius Victorinus' Commentary on Galatians*와 *Metaphysics and Morals in Marius Victorinus's Commentary on the Letter to the Ephesians*가 영인본 제목입니다.

암브로시애스터는 4세기 후반에 로마에서 활동한 인물로서 알려져 있는데, 그가 정확히 누구였는지에 대해서는 자료가 없습니다. 그는 13편의 바울 서신서를 주석한 것으로 유명합니다. 이 라틴어 주석서들은 제럴드 브레이(Gerald Bray)에 의해서 *Commentaries on Romans and 1-2 Corinthians*와 *Commentaries on Galatians-Philemon*라는 제목으로 영문 번역되었습니다.

〉〉〉 생각하기

(1) 로마서 3장 24절을 읽어 보십시오.

> 그리스도 예수 안에 있는 속량으로 말미암아 하나님의 은혜로 값없이 의롭다 하심을 얻은 자 되었느니라(롬 3:24).

이 구절에 대한 암브로시애스터의 해설의 일부는 다음과 같습니다.

> 그들(신자들)은 선물의 방식으로(*gratis*) 의롭다 함을 받습니다. 왜냐하면, 그들이 일을 했거나 그들이 보상을 했기 때문이 아니고 오직 믿음으로, 하나님의 선물로 의롭다 함을 받기 때문에 그렇습니다(*sola fide justificati sunt dono Dei*).[1]

암브로시애스터에 따르면, 칭의를 받는 수단(통로)는 무엇입니까?

---

[1] 영어 원문은 Dongsun Cho, "Ambrosiaster on Justification by Faith Alone in His Commentaries on the Pauline Epistles", *The Westminster Theological Journal*, 74, no. 2 (Fall 2012): 281에서 볼 수 있다. Bray가 번역한 Ambrosiaster의 로마서 주석은 "오직 믿음으로 의롭다 함을 받다"를 "오직 믿음으로 거룩하게 되었다"로 번역하고 있는데 정확한 번역은 아니다. 왜냐하면, 라틴어 원문은 분명하게 *sola fide justificati sunt*로 되어 있기 때문이다. Ambrosiaster, *Commentaries on Romans and 1-2 Corinthians*, Ancient Christian Texts, ed. and trans. Gerald L. Bray (Downers Grove: InerVarsity, 2009), 29을 보라.

정답과 해설

암브로시애스터의 주석에서 명백히 나타나듯이, 그는 이신칭의의 진리를 명확히 표현하고 있습니다. 암브로시애스터는 의롭다 함을 받는다는 것은 공로나 노력에 의해서 되는 것이 아니라 하나님의 선물이며, 오직 믿음으로 이루어지는 것이라고 주장하고 있습니다.

로마서 4장 5절에 대한 암브로시애스터의 해설은 다음과 같습니다.

> 그러므로 경건하지 못한 자가 오직 믿음으로 하나님 앞에서 의롭다 함을 받을 때 율법은 필요하지 않다. 그러므로 바울이 말하는 것은 이것이다. 즉 율법이 종결될 때 하나님의 은혜는 구원을 위해서 오직 믿음만을 요구할 것이라는 것을 하나님께서 정하셨다는 것이다.[2]

로마서 4장 7-8절에 대한 암브로시애스터의 해설은 다음과 같습니다.

> 확실히 그들(죄 용서받은 사람들)은 복 받은 사람들이다. 왜냐하면, 그들이 믿기만 한다면 그들의 불법이 일(labor)이나 어떤 종류의 행함(work of any kind)도 없이 용서받으며, 그들의 죄악들이 어떤 참회의 일도 없이 가려지기 때문이다(롬 4:7-8).[3]

주의할 점은 로마서 4장 7-8절의 해설에서 암브로시애스터는 율법을 포함하여 어떤 선한 행위도 칭의의 수단으로 배제한 것을 알 수 있습니다.

(2) 갈라디아서 3장 9절을 읽어 보십시오.

> 그러므로 믿음으로 말미암은 자는 믿음이 있는 아브라함과 함께 복을 받느니라(갈 3:9).

이제 갈라디아서 3장 9절에 대한 빅토리누스의 주석을 함께 읽어 보도록 합시다.

---

[2] Ambrosiaster, *Romans and 1-2 Corinthians*, 32.

[3] Ambrosiaster, *Romans and 1-2 Corinthians*, 32.

그들(믿는 자들)이 복을 받을 것이라는 말의 뜻은 다음과 같은 것이다. 그것(믿음)이 그들에게 의로 전가될 것이다(*ad iustitiam illis reputbitur*). 게다가 하나님께 복 받게 될 것이다. 하나님께 복 받는다는 것은 의롭다 함을 받는 것을 뜻한다. 그리고 의롭다 함을 받는 것은 노예 됨의 율법에서 자유롭게 되는 것이다. 그러므로 믿음으로 복 받는 사람들은 복 받게 된다. 왜냐하면, 아브라함이 그랬기 때문이다(믿음으로 복 받았기 때문이다). 그러므로 믿음이 모든 것이다.

이 점은 갈라디아 교인들과 어떻게 관련되는가?

명백히 갈라디아 신자들과 연관되어 있다. 왜냐하면, 복과 칭의는 행함이 아니라 오직 믿음으로 발생하는 것이다.[4]

① 빅토리누스는 믿는 자들이 받는 복이 무엇이라고 말합니까?

정답과 해설

빅토리누스는 의롭다 함을 받는 것(칭의)과 믿음을 통해 전가되는 의(義)를 복이라고 규정하고 있습니다. 다시 말해서, 빅토리누스에게 아브라함과 믿는 자들이 누리는 복은 예수 그리스도를 믿음으로 얻게 되는 칭의입니다. 그런데 이 칭의는 신자들 개인의 의가 아니라 전가된 의로 가능합니다. 즉, 신자들에게는 의가 없지만 다른 이의 의가 그들에게 전가된 것입니다.

신자들이 소유하고 있는 의는 자신이 이룬 도덕적 의나 율법의 의가 아니라, 외부로부터 제공되는, 하나님으로부터 제공되는 의라는 것이 빅토리누스의 빌립보서 3장 9절의 주석에서 다음과 같이 명확하게 나타납니다.

> 하나님의 의는 그리스도를 믿음으로부터 되는 것이다. 다시 말해서, 그리스도를 믿음으로 되는 것이다. 그것은 하나님으로부터 흘러나오는 것이다. 믿음으로 되는 의이다. 그러므로 그(바울)는 이러한 의를 말하며 이러한 의를 가지고 있는 것이다. 그(바울)는 율법으로 말미암는 의, 행함 안에 있는 의, 육체의 훈련 안에 있는 의를 가지고 있는 것이 아니다. 오직 하나님으로부터 흘러나오는 의를 가지고 있는 것이다.

---

4 Stephen Andrew Cooper, *Marius Victorinus' Commentary on Galatians* (Oxford: Oxford University Press, 2005), 291.

그것이 무엇인가?

믿음으로 되는 의이다.

믿음으로는 무엇인가?

그리스도를 믿는 믿음으로이다.⁵

② 빅토리누스에게서 칭의의 방편(수단)은 무엇입니까?

정답과 해설

인용된 빅토리누스의 갈라디아서 3장 9절의 주석을 보면, 맨 끝 문장에서 빅토리누스는 오직 믿음으로 말미암는 칭의를 표명하고 있음을 알 수 있습니다. 즉, 빅토리누스에게 칭의의 수단은 오직 믿음입니다.

〉〉〉〉〉 더 깊게 생각하기

(1) 암브로시애스터의 갈라디아서 3장 6절 주석을 함께 살펴봅시다.
암브로시애스터에 따르면, 믿는 사람이 어떻게 의롭다 함을 얻습니까?

> 믿음의 아버지인 아브라함의 예를 사용함으로서, 바울은 율법의 행위에 의해서가 아니라 믿음에 의해서 의(righteousness)가 전가된다(*imputari*)는 것을 보여 주고 있다. 믿는 사람이 의롭다 함을 받는 사람이다. 그러나 이러한 사실에도 불구하고 갈라디아 교인들은 어리석게도, 현명하지 못한 처사로 율법에 자신들을 종속시켰다. 그러나 율법은 칭의를 위해서 주어진 것이 아니었다.⁶

---

5 Dongsun Cho, "Justification in Marius Victorinus' Pauline Commentaries: Sola Fide, Solo Christo, and Sola Gratia Dei", *Journal for Baptist Theology and Ministry* vol. 11, no. 1 (2014), 9, 각주 34의 라틴어 원문을 참고하라. 라틴어의 한글 번역은 필자의 것이다.

6 Ambrosiaster, *Commentaries on Galatians-Philemon,* ed. and trans. Gerald L Bray, *Ancient Christian Texts* (Downers Grove: InterVarsity, 2009), 15-6.

🌸 정답과 해설

암브로시애스터는 믿는 사람이 어떻게 의롭다 함을 받는지에 관해서 명확한 용어로 이야기하고 있습니다. 즉 믿는 사람에게 의(義)가 전가(imputation)됨으로써 그 사람이 의인이 되는 것입니다. 그 사람이 실제로 의인은 아니지만, 다른 이(예수 그리스도)의 의가 이 사람의 계좌에 넣어짐으로 의인으로 인정되는 것입니다.

(2) 암브로시애스터는 때로는 행위 구원론자라고 오해받기도 합니다. 그것은 그가 선한 행위를 강조하고 있기 때문인 것으로 보입니다. 그러나 우리가 암브로시애스터를 제대로 이해하기 위해서는 문맥 속에서 그의 의도를 파악해야 합니다. 이제 행위를 강조하는 암브로시애스터의 문장들을 읽어 보고 그가 말하고자 하는 바를 파악해 보도록 합시다.

① 아래에 암브로시애스터의 빌립보서 2장 1-4절의 주석이 인용되어 있습니다. 주의 깊게 읽어 보십시오.
"그들은 완전해질 것이다"의 의미는 무엇이라고 생각합니까?
그들의 구원이 완전하기 위해서 바울이 언급한 덕목들을 지켜야 한다는 의미일까요?

> 그러므로 그(바울)는 그들(빌립보 교인들)에게 다음과 같은 사실을 상기시키고 있다. 즉, 만약 그들(빌립보 교인들)이 이러한 것들(바울이 언급한 신자들의 훌륭한 덕목들)을 지키지 않으며, 따라서 다른 사람들(세상 사람들)에 의해서 비난을 받게 된다면, 그들은 이러한 것들을 지켜야 한다. 왜냐하면, 그들이 다른 사람들로부터 비난받기를 원하지는 않기 때문이다. 이러한 것들을 지킴으로써 그들은 완전해질 것이다.[7]

🌸 정답과 해설

암브로시애스터는 믿는 사람들이 세상 사람들로부터 칭찬을 들어야 한다는 것을 말하고 있습니다. 신자들이 선행을 행하는 목적은 구원을 얻기 위한 것이 아니라 세상 사람들 앞에서 좋은 평판을 얻어야 한다는 것을 암브로시애스터는 말하고 있습니다.

---

7 Ambrosiaster, *Commentaries on Galatians-Philemon,* ed. and trans. Gerald L Bray, *Ancient Christian Texts* (Downers Grove: InterVarsity, 2009), 68.

암브로시애스터는 바울의 덕목들을 지키는 목적이 세상 사람들로부터 비난 받지 않기 위함이라고 말하고 있습니다. 바울이 언급한 덕목들을 신자들이 지켜서 완전해진다고 하는 표현은, 문맥 속에서 관찰해 보면, 결국 신자들이 세상 사람들로부터 비난받지 않게 된다는 것, 즉 칭찬받게 된다는 것을 의미합니다. 우리는 성화라는 관점에서 이런 점을 이해할 수 있습니다.

② 암브로시애스터의 로마서 4장 2절에 대한 주석을 함께 살펴보도록 합시다.

> 이것은 수사적인 주장이다. 아브라함은 실제로 하나님 앞에서 영광을 소유하고 있다. 그러나 이것은 오직 그가 의롭다 함을 받은 수단인 믿음 때문인 것이다. 왜냐하면, 그 누구도 하나님 앞에서 자신에게 영광을 주는 식으로, 율법의 행위에 의해서는 의롭다 함을 받지 못하기 때문이다. 율법을 지키는 사람들은 여전히 의롭다 함을 받고 있기 때문에 바울은 [다음과 같이] 첨언하고 있다: 아브라함이 행함으로 의롭다 함을 받았다면 그가 자랑할 것이 있다. 그러나 하나님 앞에서는 자랑할 것이 없다…. 하나님 앞에서는 의롭다 함을 받는 자들은 믿음을 가진 자들이다.[8]

위의 주석에서 밑줄이 그어진 두 문장을 주목해서 보십시오. 대립적인 두 진술이 나타납니다.

첫째, 율법을 지킴으로 의롭다 함을 받지 못합니다.
둘째, 율법을 지킴으로 의롭다 함을 받습니다.

요컨대 두 가지 모순이 나타나고 있습니다.
우리는 이 대립적인 두 문장을 어떻게 이해할 수 있을까요?
암브로시애스터가 바른 정신을 가진 사람이라면 각각의 문장은 서로 다른 의미를 가져야 합니다. 하나님 앞이라는 굵은 글자를 주목해서 보십시오.

---

8 Ambrosiaster, *Romans and 1-2 Corinthians*, 31.

🌸 정답과 해설

암브로시애스터는 하나님 앞에서 의롭다 함을 받기 위해서는 율법을 지킴으로써는 이루어지지 않는다는 것을 말하고 있습니다. 즉 하나님 앞에서의 의로움은 믿음으로만 가능하다는 것입니다.

그렇다면, 한편으로 율법의 행위로 의롭다 함을 받는다는 말은 무슨 뜻일까요?

문맥적으로 볼 때, 이것은 분명 하나님 앞에서는 불가능한 것입니다. 율법을 지켜서 의롭다 함을 받는 것은 다름 아닌 사람들 앞에서 입니다. 결국 이 뜻은 믿는 자들이 율법의 행위들을 통해서 사람들 앞에서 인정받고 칭찬받는다는 의미입니다. 쉽게 말해서 이러한 의(義)는 사람들에게 인정받는 의(義)입니다.

(3) 빅토리누스의 갈라디아서 3장 9절과 2장 15-16절에 대한 주석을 함께 읽어 보도록 합시다.

> 그들이 받은 예수 그리스도에 대한 믿음 외에 율법과 계명들이 덧붙여져야 한다는 것을 주장하는 사람들은 잘못된 길로 간 것이다. 이것이 의미하는 바는 이들이 결국 칭의가 행함에 기초한다고 믿게 되는 것이다(갈 3:19 주석의 일부).[9]

오직 믿음이 칭의와 성화를 수여한다. 그러므로 유대인이든지 이방인이든지 그 어떤 사람도 행함이나 유대교 율법의 준수가 아니라 믿음으로 의롭다 함을 받는다(갈 2:15-16 주석의 일부).[10]

빅토리누스는 구원의 방편(도구)으로 무엇을 말하고 있습니까?

🌸 정답과 해설

빅토리누스는 일반적인 행위이든 율법의 행위이든, 이것들은 구원의 방편으로 작용하지 않는다는 것을 말하고 있습니다. 칭의는 오직 예수 그리스도를 믿는 믿음으로 말미암는 것이며, 그 어떤 행함도 칭의에 기여하지 못한다는 것이 강조되고 있습니다.

---

9   Cooper, *Victorinus*, 291.
10 Cooper, *Victorinus*, 282.

(4) 빅토리누스의 갈라디아서 6장 15절의 주석을 함께 읽어 보도록 합시다.

> 그리스도 예수 안에 그 어떤 사회적 지위나 차별이 있지 않다. 그리스도를 따르는 모든 사람은 동등하게 영생을 얻는다(*merentur*).[11]

● 여기서 한국어로 "얻다"로 번역된 라틴어 단어는 *mereri*로, 일반적으로 그 의미는 공적에 따라 얻다(획득하다)의 뜻입니다.

갈라디아서 6장 15절의 해설에서 빅토리누스는 영생을 공적(공로)에 따라 얻는다는 것을 주장하고 있습니까?
빅토리누스의 칭의에 대한 주장과 관련해서 대답해 보십시오.

정답과 해설

지금까지 우리는 빅토리누스가 오직 믿음으로 말미암는 칭의를 주장하였음을 확인하였습니다. 그리고 행함은 칭의에 기여하지 못한다는 것도 확인할 수 있었습니다. 그러므로 라틴어 단어 *mereri*(메레리)가 사용되었다는 것에만 초점을 맞추어 영생이 개인의 공적에 따라 얻어진다고 이해하는 것은 빅토리누스를 오해하는 것입니다. 빅토리누스는 *mereri*를 두 가지 의미로 사용했다고 보는 것이 합리적 해석입니다.

첫째, *mereri*가 "느슨한 의미"(senus laxior)로 사용될 때는 단순히 획득하다(얻다)의 의미입니다.
둘째, "엄격한 의미"(sensus strictior)일 때는 "공로로 획득하다"의 의미인 것입니다.[12]

그러므로 빅토리누스의 전체 칭의관을 고려할 때, 갈라디아서 6장 15절의 *mereri*는 단순히 "얻다"는 의미입니다. 결국, 빅토리누스는 영생을 공로로 얻는다는 것을 말하는 것이 아니고, 예수님을 믿고 따르는 사람들은 차별 없이 영생을 얻게 된다는 것을 말하고 있습니다.

---

11 Cooper, *Victorinus*, 344.
12 Cho, "Justification in Marius Victorinus' Pauline Commentaries", 23-4.

삶에 적용하기

(1) 빅토리누스와 암브로시애스터는 모두 오직 믿음으로 말미암는 칭의를 가르쳤습니다.
이들이 주장한 오직 믿음으로 얻게 되는 칭의는 오늘 이 시간 당신에게 어떤 의미로 다가 옵니까?

(2) 오늘 학습을 통해서 당신이 발견한 하나님의 은혜나 진리를 다른 사람들과 나누십시오. 또한, 오늘 당신이 깨달은 하나님의 은혜나 진리와 관련하여 이번 한 주간에 당신의 삶에서 실천이 필요하거나 변화가 필요한 부분을 적어 보고 나누어 봅시다.

(3) 이 시간 깨달은 하나님의 은혜나 진리와 관련하여 하나님을 향한 기도문을 적어 보십시오.

요약과 정리

4세기 고대 교부들인 암브로시애스터와 빅토리누스는 루터나 칼뱅 등의 종교개혁가들의 칭의론과 비슷한 개념들을 가지고 있는 것으로 생각됩니다. 이들이 주장한 "오직 믿음"으로 말미암는 칭의, 의의 전가 등은 16세기 종교개혁의 시기에서도 발견되는 개념들입니다.

암브로시애스터의 선한 행위에 대한 강조는 가톨릭적이라는 오해를 살 수도 있지만, 신자의 성화에 대한 강조로 이해하는 것이 바람직합니다. 왜냐하면, 그가 주장한, "오직 믿음"으로 되는 칭의와 의의 전가 개념은 신자가 선한 행위에 의해서 구원받는다는 개념을 옹호하는 것이 아니라, 신자는 선한 행위로서 자신의 믿음을 드러낸다는 개념을 지지하기 때문입니다.

제15과

시대를 고민한 루터와 칼뱅을 만나다

워밍업

천 년 가까이 유럽 사회를 정신적으로, 영적으로, 때로는 실제적 권력으로 지배해온 교회는 16세기에 이르러 타락의 최고점을 찍었습니다. 교황을 비롯한 고위 성직자들은 그들이 누리는 특권과 권력에 탐닉하였습니다. 성직 매매는 공공연히 이루어졌으며 성직자들은 재산을 모으는 데 혈안이 되었습니다.

성직자들 중에는 도박장을 운영하는 이들도 있었다고 합니다. 성직자들의 도덕적 자질이 수준이하인 사람이 대부분이었습니다. 한 마디로 교회는 철저히 세속화되었습니다. 권력과 돈을 움켜진 교회는 부패의 길을 갈 수 밖에 없었습니다. 세상의 소금과 빛이 아니라 세상에서 누릴 수 있는 모든 것을 움켜지려고 했던 교회는 그 정체성을 잃어버리고 말았던 것입니다.

믿음과 행함으로 구원에 이른다는, 교회가 만든 기준을 만족시킬 수 있는 일반 대중은 거의 없었습니다(실제로 이 기준을 만족 시킬 수 있는 사람은 아무도 없습니다).

그렇다면 과연 누가 구원받을 수 있다는 말입니까?

결국 이 세상에서 완전함을 이루지 못하고 죽은 영혼은 연옥에서 자신의 죄를 정화해야 하는 것입니다. 그 죽은 영혼의 정화가 끝나야만 그 영혼은 천국에 이를 수 있는 것이었습니다.

교회의 타락과 부패는, 성베드로대성당 건립을 마무리하는 데 필요한 재원을 충당하기 위해서, 교황 레오 10세가 1513년에 면죄부(죄에 대한 형벌을 면해 주는 증서)[1]를 재발행함

---

[1] 가톨릭교회에서는 믿는 자가 죄를 지으면 신부에게 죄를 고백하고 신부는 죄의 용서를 선포한다. 이것을

으로써 최고조에 달했습니다. 면죄부를 구입하는 사람들은 연옥에서 벗어날 수 있으며, 심지어 죽은 사람을 위해서 구입된 면죄부도 효과가 있다고 선전되었습니다.

1517년 10월 31일, 아우구스티누스 수도회의 수도사이자 비텐베르크대학의 성경학 교수인 루터는 95개조의 반박문을 비텐베르크성당으로 들어가는 문에 게재하며, 면죄부의 오류를 지적하였습니다. 이로써 종교개혁의 포문이 본격적으로 열리게 되었습니다.

시대는 인물을 만들고 인물은 새로운 시대를 다시 만들어 냅니다. 중세 교회가 돌이킬 수 없을 정도로 타락한 상황에서 루터가 등장하였으며, 루터의 개신교 신학에 영향을 받은 칼뱅이 제2세대 종교개혁가로 등장했습니다.

칼뱅은 종교개혁의 신학을 체계적으로 정리하며, 스위스 제네바에서 자신의 종교적 이상을 실천하였습니다. 종교개혁가들 중에서 루터와 칼뱅만큼 후세에 영향을 끼친 인물들은 없을 것입니다. 이들은 모두 "오직 믿음으로"라는 진리를 굳건히 붙잡았으며, 성경적 정체성을 잃어버린 교회를 개혁하기 위해서 하나님께 붙잡힌 사람들이었습니다.

⫸⫸⫸ 생각하기

(1) 다음 루터의 글을 읽어 보십시오.
    루터는 칭의를 얻는 수단(통로)이 무엇이라고 이야기하고 있습니까?

> 영혼이 그 생명과 의를 위하여 오직 하나님의 말씀만을 필요로 하는 것과 마찬가지로 의롭게 되는 것도 행위로가 아니라 오직 믿음만으로 된다는 것은 분명하다. 왜냐하면, 어떤 다른 것으로 의롭게 될 수 있다면 말씀이 필요 없을 것이고 따라서 믿음도 필요로 하지 않을 것이기 때문이다…. 신앙만이 우리를 의롭게 하기 때문에, 속사람은 결코 어

가톨릭교회에서는 고해(告解)라고 부른다. 고해를 통해서 죄 용서는 받지만 그 죄에 대한 형벌은 이 세상에서 혹은 연옥에서 감당해야 한다. 이생에서는 그 형벌을 감당하기 위해서 신자는 교회가 정하는 고행을 해야 한다. 그것은 순례일 수도 있고 교회에 대한 특별한 헌신이거나 자선의 행위일 수도 있다. 연옥은 지옥과 천국의 중간 단계로 믿는 자들이 천국에 이르기 전에 자신을 정화하고 형벌을 받는 장소이다. 의로움에 있어서 완전을 이루는 자들은 바로 천국에 갈 것이지만, 그렇지 못한 사람들은 연옥을 거쳐 천국에 이르는 것이다. 물론, 믿는 자라고 해도 살인죄와 같은 중죄를 짓고 고해도 없이 죽는다면, 당연히 이들은 지옥에 이르는 것이다. 면죄부는 연옥에서 받아야 할 정화와 형벌의 기간을 전부 면제해 주거나 일부를 면제해 준다는 점에서 아주 매력적인 상품이 될 수밖에 없었다.

떤 외적인 행위나 활동에 의해 의롭게 되거나 자유롭게 되거나 구원받을 수 없으며 또한 그 성격이 어떠하든지 이러한 행위들은 이 속사람과는 아무런 관계가 없다는 것이 분명하다.²

🌸 정답과 해설

이 인용문은 『그리스도인의 자유』에서 발췌한 것인데, 루터는 오직 믿음으로 말미암는 칭의를 말하고 있습니다.

(2) 아래에 인용된 루터의 로마서 강의와 1535년의 갈라디아서 강의에 따르면, 칭의가 이루어지는 방식은 무엇입니까?

> 우리 자신으로부터 혹은 우리 자신의 행위로부터가 아니고 오직 하나님의 전가에 의해서(*ex sola Dei reputatione*) 우리가 의로울 때, 우리는 외부적으로 의롭다. 왜냐하면, 하나님의 전가는 우리 안에 있는 혹은 우리의 능력 안에 있는 것에 의한 것이 아니기 때문이다. 그러므로 우리의 의는 우리 안에 혹은 우리의 능력 안에 있는 어떤 것이 아니다.³

> 그(바울)는 다음과 같이 말하고 있는 것이다. 즉 율법의 의로는 인간이 하나님 앞에서 의롭다고 선고받지 못한다. 그러나 하나님께서 그리스도 때문에 자신의 자비하심을 통해서 선물의 방식으로 믿음의 의를 전가시킨다.⁴

🌸 정답과 해설

루터는 하나님의 전가에 의해서 칭의가 이루어진다는 것을 말하고 있습니다. 루터는 "전가"의 개념과 "칭의"의 개념을 밀접하게 연결시켜서 칭의교리를 전개하고 있는 것을 알 수 있습니다.

---

2 John Dillenberger, ed., 『루터 저작』, 이형기 역 (고양: 크리스챤다이제스트, 1994), 98-9.
3 Luther, *LW* 25:257. LW는 Luter's Works를 의미한다.
4 Luther, *LW* 26:123.

(3) 아래에 인용된 루터의 로마서 강의와 칭의 논쟁(The Disputation concerning Justification)에 따르면, 하나님께서는 누구의 의를 신자에게 전가시키십니까? 루터는 이 의(義)를 어떻게 표현하고 있습니까?

> 하나님은 우리의 의를 통해서가 아니라 외부적인 의와 지혜를 통하여 우리를 구속하기를 원하신다. 다시 말해서 우리로부터 나오며 우리 안에서 성장하는 의를 통해서가 아니고 우리 밖에서부터 우리에게 오는 의를 통해서, 이 지구상에서 발원하는 의를 통해서가 아니고 하늘로부터 발원하는 의를 통해서 우리를 구속하기를 원하시는 것이다. 그러므로 우리는 완전히 우리 밖에서부터 오는, 낯선 의를 가르침 받아야만 하는 것이다.[5]

> 그리스도 혹은 그리스도의 의가 우리의 행함에 의해서는 붙잡을 수 없다는 것이 확실하다. 왜냐하면, 그것은 우리의 밖에 있으며 우리에게 낯선 것이기 때문이다.[6]

정답과 해설

루터에 따르면, 하나님께서는 그리스도의 의를 우리에게 전가시키십니다. 그리고 이 의는 "낯선 의"입니다. 우리 안에 있는 것이 아니고 우리 외부에서 제공되는 의이기 때문입니다. 오직 믿음으로 말미암아 우리가 의롭다 함을 받으며, 그리스도의 의가 신자에게 전가된다는 루터의 칭의론은 철저하게 하나님의 은혜를 강조하는 것입니다. 칭의에 있어서 인간이 공헌할 수 있는 것은 아무것도 없습니다.

이러한 점에서 루터의 칭의론은 믿음과 행함으로 의롭다 함을 받는다고 주장하는 가톨릭교회의 칭의론과는 명백한 대척점에 있습니다. 특히, 루터의 "의의 전가" 개념은 종교개혁 시기의 모든 개신교를 공동으로 묶어주는 끈으로서 로마가톨릭교회와 차별되게 하는 중요한 구성 요소였습니다.[7]

---

5 Luther, *LW*, 25:136.

6 Luther, *LW* 34: 153.

7 John D. Woodbridge and Frank A. James, *Church History: From Pre-Reformation to the Present Day* (Grand Rapids: Zondervan, 2013), 2:111을 참고. "로마가톨릭교회와 개신교도들 간의 결정적 차이는 후자가 전가된 의를 칭의의 배타적 근거로 간주했다는 것이다. 이것은 모든 개신교도가 공통으로 가지고 있던 단 한 가지 요소였으며 이들을 로마 교회와 구별해 준 요소였다."

(4) 어떤 사람들은 루터가 신자의 성화를 소홀히 여겼다고 말하면서 루터를 비판합니다. 심지어 어떤 사람들은 한국 교회의 도덕적 타락이 루터의 "오직 믿음"과 상관있다 생각하기도 합니다. 아래에 인용된 루터의 1535년 갈라디아서 강의(갈라디아서 5장 6절 해설)를 읽어 보십시오.
루터는 성화에 무관심하였습니까?
루터는 성화에 관해서 어떻게 생각하였습니까?

> 공상적인 믿음은 물론, 위선적인 믿음이 아니라 진실 되고 살아 있는 믿음이(쓸모 있다). 이 믿음이 사랑을 통한 행위들을 일깨우며 이 행위들에 대한 동기를 부여한다 …. "진정한 신자가 되기를 원하는 혹은 그리스도의 왕국에 속하기를 원하는 사람은 진정으로 믿는 자가 되어야 한다. 사랑의 행함이 그 사람의 믿음을 뒤따라 나오지 않는다면 그 사람은 진정으로 믿는 것이 아니다."
>
> 그러므로 바울은 오른편과 왼편에 있는, 양쪽의 위선자들을 모두 그리스도의 왕국에서 배제시키고 있다. 왼편에서는 바울은 유대인들과 행함의 의를 배제하고 있다. 왜냐하면, 바울은 다음과 같이 말하고 있기 때문이다. 곧 그리스도 안에서는 할례 즉 행함, 예배, 삶의 종류가 쓸모없다. 행함에 어떤 신뢰도 두지 않는 오직 믿음이 소용이 있는 것이다. 오른편에서는 바울은 게으르고, 나태하며, 행동하지 않는 사람들을 배제하고 있다. 이 게으르고 행동하지 않는 사람들은 다음과 같이 말하기 때문이다. 즉 "행함 없이 믿음이 의롭다 한다면 그 어떤 행위도 하지 맙시다. 다만 단순히 믿고 우리 마음에 드는 것은 무엇이든 합시다."
>
> 바울은 다음과 같이 말하고 있다. 즉 "사악한 자들이여, 그대들이 틀렸소"라는 것이다. 바울은 다음과 같이 계속 그의 의견을 진술한다. "행함 없이 오직 믿음이 의롭다 한다는 것은 사실이오. 그러나 나는 진실한 믿음에 대해 이야기하고 있소. 이 믿음은 의롭다 한 후에 잠자지 않을 것이오, 오히려 이 믿음은 사랑을 통해서 행동한다오."[8]

---

[8] Luther, *LW*, 27:30.

정답과 해설

우리는 루터가 오직 믿음으로 말미암는 칭의를 말하였다고 해서 행위(성화)를 결코 소홀히 하지 않았다는 것에 주의를 기울여야 합니다. 루터가 칭의의 필연적 열매 혹은 증거로서 행위(성화)를 강조하였다는 것은 인용문을 통해서 명백하게 확인할 수 있습니다. 루터는 『두 종류의 의』에서도 동일한 사실을 지적합니다.

루터는 "낯선 의"와 "실제적 의"(actual righteousness)를 구분하면서, "낯선 의"가 칭의의 토대이며 이것으로 인해 모든 죄가 삼켜진다고 합니다. "실제적 의"(성화)는 이 "낯선 의"의 필연적인 결과물이자 열매라고 이야기 합니다.[9]

(5) 아래 칼뱅의 말을 읽어 보십시오.
칼뱅은 칭의의 통로(수단)가 무엇이라고 말합니까?

> 사람은 오직 믿음으로만 의롭다 함을 받는다고 말하는 우리의 교리에 대해 오늘날 궤변가들이 트집 잡는 것들이 얼마나 공정할 것인지를 독자들은 알고 있을 것이다(롬 3:28). 사람이 오직 믿음으로만 의롭다 함을 받는다는 것을 그들이 감히 부인하지 못하는 것은 이 말씀이 종종 성경에 나오기 때문이다(『기독교 강요』, 3. 11. 19).[10]

> 하나님의 의는 복음에 의해서 주어지고 믿음을 통해서 받는 것이기 때문이다(칼뱅, 『로마서』, 42).[11]

정답과 해설

칼뱅은 루터와 마찬가지로 오직 믿음에 의한 칭의를 역설하고 있습니다.

(6) 다음 칼뱅의 글을 읽어 보십시오. 칼뱅이 말하는 칭의에 관해서 말해 보십시오. 아울러 칼뱅이 생각하는, 칭의를 구성하는 요소는 무엇입니까?

---

9 Dillenberger, 『루터 저작』, 133-6.
10 Calvin, 『기독교 강요』, 고영민 역 (서울: 기독교문사, 2007)
11 Calvin, 『로마서』, 박문재 역 (고양: 크리스챤다이제스트, 2013)

칭의란 하나님께서 우리를 의인으로 인정하시고 그의 은혜에로 받아들이는 것이다. 그리고 칭의는 죄를 용서하는 것과 그리스도의 의를 우리에게 전가시키는 것에 있다고 말할 수 있다(『기독교 강요』, 3. 11. 2).

나는 '하나님의 의'가 하나님의 법정에서 옳다고 시인되는 것을 가리키는 것으로 이해한다(칼뱅, 『로마서』, 41).

오시안더는 의롭다 함을 받는다는 말을 법적인 용어라고 가르치는 사람들을 비웃고 있다. 왜냐하면, 우리가 실제적으로 의롭게 되어야만 하기 때문이라는 것이다. 그 또한 우리가 값없는 전가에 의해 의롭다 함을 받는다는 것을 그 무엇보다도 더 무시한다. … 그(다윗)는 전체 의를 값없는 죄 사함에 포함시키고 있으며, 복 받은 사람이란 그 죄들이 가려지고 하나님께서 불법을 용서하시고 그 죄과를 그에게 돌리지 않는 자임을 선언하고 있다. 그(다윗)가 행복하다고 판단하고 그렇게 간주하고 있는 것은 그가 의롭게 된 것이 본질적으로 의롭기 때문이 아니라 전가에 의해 의롭게 되었기 때문이다(『기독교 강요』, 3. 11. 11).

✿ 정답과 해설

칼뱅에게서 칭의는 법정적 칭의입니다. 다시 말해서, 재판관이신 하나님이 죄인을 법적으로 의롭다고 선포하시는 것(여겨 주시는 것)입니다. 법정적 칭의는 죄인을 실질적으로 의롭게 변화시키는 것을 의미하는 것은 아닙니다. 법정적 칭의는 죄인에게 전가된 예수 그리스도의 의를 토대로 하나님께서 죄인을 의인으로 인정해 주시는 것입니다. 그러므로 죄인은 의인의 법적 지위를 가지게 되는 것입니다. 죄인이 의인이라는 법적 지위를 가지고 있다는 점에서 법정적 칭의는 허구가 아니며 법적인 실재(reality)입니다.

칼뱅에게서 칭의를 구성하는 두 요소는 다음과 같습니다.

첫째, 죄 용서
둘째, 의의 전가

칼뱅에게 전가된 의의 개념이 중요한 것은 믿는 자들이 하나님 앞에서 의에 대한 확신을 가지기 위한 것이었습니다. 그 누구도 하나님의 완벽한 행위 기준을 충족시킬 수 없지만, 그리스도의 의가 믿는 자들에게 돌려짐으로써 그들은 구원에 관해서 확신할 수 있습니다.

- **칼뱅이 말하는 이중 전가**: 이중 전가는 죄인들의 죄는 그리스도의 것으로 간주되고 그리스도께서 이루신 의는 죄인의 것으로 여겨지는 것을 말합니다. 칼뱅은 이러한 이중 전가 개념에 관해서 고린도후서 5장 21절을 주석하며 명료하게 언급합니다.

> 이제 우리는 바울이 이 절에서 의와 죄를 대비시키고 있는 것으로 다시 돌아가 보자. 우리는 하나님 앞에서 어떻게 의롭게 될 수 있는 것인가?
> 이 질문에 대한 대답은, 그리스도께서 죄인이 되신 것과 동일한 방식으로 우리는 의인이 된다는 것이다. 그리스도께서는 온갖 죄악이나 잘못으로부터 자유로우시고 흠이 없으신 분이셨는데도 불구하고, 우리와 똑같은 육신을 입으시고 이 땅에 오셔서 우리의 이름으로 범죄자가 되셔서, 자신의 범죄로 인해서가 아니라 다른 사람들의 범죄로 인해서 죄인으로 여기심을 받으시고, 자신이 받아야 할 형벌이 아니라 우리가 마땅히 받아야 할 형벌을 대신 짊어 지셨다. 이제 동일한 방식으로, 우리는 우리 자신의 행위로 말미암아 하나님의 공의를 충족시킨 것이 아니라, 그리스도께서 자신의 죽음을 통해서 이루신 의가 우리의 믿음으로 말미암아 우리 자신의 의가 되어서, '그리스도 안에서' 의인이 된다.¹²

위 인용문에서 칼뱅은 "그리스도께서 자신의 죽음을 통해서 이루신 의"가 우리의 의가 된다고 하였는데, 그리스도께서 이루신 의는 무엇입니까?

칼뱅은 로마서 5장 19절의 주석에서 그리스도의 순종이 "의"라고 이야기합니다. 그리스도의 이 순종은 그리스도께서 하나님의 율법 전체를 완벽히 지킨 것을 포함하고 있는 것입니다.¹³ 그러므로 칼뱅이 "의"(義)가 신자에게 전가된다고 말할 때, 그리스도께서 모든 하나님의 법을 완전하게 순종하심으로 얻은 의가 신자에게 전가된다고 말할 수 있습니다.

(7) 아래 칼뱅의 인용문을 읽어 보십시오.
칼뱅은 선행의 역할이 무엇이라 생각합니까?

> 우리는 선행이 없는 믿음이나 선행이 없이 성립하는(서 있는) 칭의는 꿈도 꾸지 않기 때문이다. 이것만이 중요하다. 즉 믿음과 선행은 함께 결합되어야만 한다는 것을 인정하면

---

12 칼뱅, 『고린도전후서』, 박문재 역 (파주: 크리스천다이제스트, 2016), 765.
13 칼뱅, 『로마서』, 박문재 역 (파주: 크리스천다이제스트, 2013), 171.

서도 우리는 여전히 칭의는 행위가 아닌 믿음에 두고 있다는 사실이다(『기독교 강요』, 3. 16. 1).

🌿 정답과 해설

우리는 이 인용문을 통해, 오직 믿음으로 말미암는 칭의와 의의 전가를 칼뱅이 가르쳤다고 해서 칼뱅이 무법주의나 도덕적 해이를 주장한 것은 아니라는 것을 알 수 있습니다. 칼뱅은 신자들의 선행을 강조하였습니다. 칼뱅에게 있어서 믿음은 선행을 파괴시키는 것이 아닙니다(『기독교 강요』, 3. 16. 1). 즉, 믿음은 반드시 그 열매인 선한 행위로 드러나는 것입니다. 선한 행위는 사람이 가지고 있는 믿음을 증명해 주는 것입니다.

여기서 주의해야 할 것은 칼뱅이 선한 행위를 구원의 조건으로 두고 있지 않다는 사실입니다. 만약 구원의 조건으로 행함을 둔다면 구원받을 사람은 아무도 없습니다. 칼뱅은 행함을 완벽하게 하는 사람은 없기 때문에 행함으로는 구원받을 수 없다는 것을 분명히 지적하였습니다.[14] 그러므로 칼뱅에게서 행함은 구원의 조건이나 원인이 아니라 구원받는 믿음의 필연적인 증거입니다.[15]

- 칼뱅이 생각하는 믿음의 역할: 칼뱅에게 있어서 믿음은 칭의의 수단입니다. 그리고 믿음은 인간이 실천하는 공로가 아님에 주의를 기울여야 합니다. 칼뱅은 로마서 3장 22절의 주석에서 명확하게 말합니다.

    의의 원천은 하나님의 긍휼하심이고, 의의 내용물은 그리스도이시며, 의의 도구는 믿음으로 받은 말씀이다(*verbum cum fide*, 믿음과 연결된 말씀). 믿음이 사람으로 하여금 의롭다 하심을 얻게 한다고 말하는 것은 의는 그리스도 안에서 우리에게 전달되는데 우리가 그리스도를 받는 도구가 바로 믿음이기 때문이다.[16]

칼뱅은 믿음이 칭의를 얻는 수단임을 분명히 말하고 있습니다. 그러나 칼뱅에게 있어서 칭의를 받는 수단인 믿음이 공로적인 가치를 지니고 있는 것은 아닙니다. 칼뱅은 이러

---

14 칼뱅, 『로마서』, 171; 칼뱅, 『기독교 강요』, 3. 17. 7, 13.
15 김기련, "칼빈의 칭의 이해", 「신학과 현장」 15집 (2005): 104; 이성호, "선행교리에 대한 개혁신학의 변증", 「한국개혁신학」 26호 (2009): 285-6.
16 칼뱅, 『로마서』, 105-6.

한 점을 다음과 같이 지적하고 있습니다.

> 우리가 믿음이 의롭게 한다고 말하는 것은 믿음이 지니고 있는 가치로 말미암아 그것에 대한 보상으로 의를 얻어 우리에게 주시기 때문이 아니라 믿음이 그리스도의 의를 값없이 얻게 하는 도구이기 때문이다.[17]

>>>>> 더 깊게 생각하기

(1) 루터는 때로는 칭의와 성화라는 용어를 구분해서 사용하지 않고 칭의(justification)라는 말 속에 성화를 포함해서 사용하기도 합니다.
이러한 점은 칭의와 성화를 혼합해 버리고 칭의도 성화와 마찬가지로 종말에 완성된다고 보는 일부 현대의 신학적 경향과 비슷한 것일까요?
아래에 인용된 루터의 칭의 논쟁의 글을 읽고 문제에 답해 보십시오.

> 그리스도는 두 종류의 의에 대해서 말씀하고 계신다. 왜냐하면, 무엇보다도 우리는 그리스도를 믿는 믿음으로 하나님 앞에서 우리의 죄가 용서받기 때문이다. 그리고 이것은 내적인 의로 불린다. 다음으로 죄 용서 후에 사랑이 그 뒤를 따라야 한다. 이 사랑은 모든 사람에게 우리가 죄 용서를 받았다는 것과 우리가 하나님에 의해서 의롭다고 선고되었다는 것을 보여 준다. 이것은 외적인 의라고 불린다. 이 의는 뒤따르고 내적인 의는 선행한다…. 영적인 칭의(spiritual justification)는 성질상 이중적이다. 칭의가 하나님과 인간 사이에 있는 경우에 이것은 유효한 원인에서 유래한다. 나머지 하나(외적인 의)는 구체적이며 외적인 것이다. 이 의는 사람과 사람 사이에서 발생한다. 사람들 앞에서 행함과 사랑이 필요하다. 이것은 우리들의 눈과 세상 앞에 우리가 의롭다는 것을 드러낸다(Luther, The Disputation Concerning Justification, LW 34:161-2).

---

17 칼뱅, 『기독교 강요』, 3. 18. 8.

정답과 해설

인용문에서 루터는 내적인 의와 외적인 의를 언급하고 있습니다.

첫째, 내적인 의는 법정적인 칭의를 말하고 있습니다.
둘째, 외적인 의(효과적 칭의)는 성화를 말하고 있습니다.

인용문에서 명백히 나타나는 것처럼, 루터는 이 두 가지 의(칭의)를 혼동하지 않고 구별하고 있습니다.

첫째, 내적인 의(법정적 칭의)는 하나님과 인간 사이에 있는 것입니다.
둘째, 외적인 의(효과적 칭의, 성화)는 인간과 인간 사이에서 발생합니다.

그런데 루터에게는 법정적 칭의가 먼저이고 그 후가 외적인 의(성화)임을 알 수 있습니다. 그리고 이 외적인 의(성화)는 반드시 내적인 의(법정적 칭의)를 뒤따라야하며 외적인 의는 사람이 법정적 칭의를 받았다는 것을 증명합니다.

이상에서 확인할 수 있는 것처럼, 루터는 칭의와 성화를 혼합하고 있지 않습니다. 루터는 이 둘의 밀접한 연관성을 인정하면서도 두 가지 개념이 구별된다고 보고 있습니다. 그러므로 루터는 칭의와 성화를 혼합하는 일부 현대의 신학적 경향과는 다릅니다.

- 루터가 이해한 칭의에 대한 성화의 후속: 루터는 성화가 칭의에 뒤따르는 칭의의 결과라고 이해하였습니다. 이러한 루터의 이해는 1535년 갈라디아서 강의에 잘 나타나고 있습니다.

우리가 믿음으로 그리스도를 붙잡기 때문에 우리의 모든 죄는 더 이상 존재하지 않습니다…. 우리가 그리스도에 대한 믿음을 이런 식으로 가르쳤을 때, 아울러 우리는 선한 행위들에 대해서 가르칩니다. 여러분은 믿음으로 그리스도를 붙잡았기 때문에-그분을 통해서 여러분은 의롭습니다- 여러분은 이제 가서 하나님과 여러분들의 이웃을 사랑해야 합니다. 하나님을 부르고 그분께 감사하며, 그분을 선포하고 찬양하며 고백하십시오. 여러분의 이웃에게 선을 행하며, 이웃을 섬기며, 여러분의 임무를 수행하십시오. 이러한 행위들은 진정으로 선한 행위들입니다. 이 선한 행위들은 이 믿음과 마음속에 품은 기쁨으로부터 흘러나옵니다. 왜냐하면, 우리가 그리스도를 통해서, 선물의 방식으로 죄 사함을 소유하기 때문입니다.[18]

이처럼 믿음으로 칭의가 이루어지고 이어서 성화가 발생해야 한다는 것이 루터의 생각입니다. 루터의 이러한 견해는 칭의와 성화를 "병렬" 관계로 보는 것이 아니라 "직렬" 관계로 보는 것입니다.

칭의와 성화의 관계에서 "직렬"의 순서로 이해하는 것은 결국 칭의에 중심적 지위를 부여하는 것입니다.[19] 루터의 칭의와 성화에 대한 이러한 "직렬" 관계적인 이해와 구원에 있어서 선한 행위를 철저히 배제한 점은, 대중들로 하여금 그의 칭의론을 오해하게 만들고 선행에는 관심을 기울이지 않게 하는 부작용을 초래했습니다.[20]

이러한 부작용이 발생한 것은, 사람들은 흔히 자기가 보고 싶은 것만 보려하기 때문입니다. 루터가 성화를 결코 소홀히 하지 않았지만, 칭의가 성화에 선행하며 중심적인 위치에 있었기 때문에, 사람들은 칭의에만 초점을 맞추고 후속되는 성화는 간과하고 만 것입니다.

오늘날에도 루터에 대한 이러한 오해는 여전합니다. 루터는 구원받은 자의 증거로서 성화를 끊임없이 강조했음에도 불구하고, 상당수의 사람은 루터의 "오직 믿음"을 오해하고 루터는 신자의 성화를 소홀하게 다루었다고 생각합니다. 이런 맥락에서 일부의 사람들은 루터의 "오직 믿음"이 한국 교회의 도덕적 타락과 연관이 있다고 생각하고 있습니다. 그러나 이들의 생각은 루터를 온전히 읽지 못한 결과입니다.

- 칼뱅이 생각하는 이중 은혜(duplex gratia)로서의 칭의와 성화: 칼뱅은 신자와 그리스도의 연합 개념으로 칭의와 성화를 설명하였는데, 이중 은혜로서의 칭의와 성화를 역설하였습니다.

칼뱅은 신자는 그리스도와 연합함으로써 칭의와 성화라는 두 가지 은혜를 얻는다고 이해하고 있습니다. 이것이 바로 칼뱅이 말하는 이중 은혜입니다. 칼뱅의 이야기를 직접 들어 봅시다.

---

18 Luther, *LW* 26:133.
19 원종천, 『성화의 부진과 칭의의 고민』 (용인: 킹덤북스, 2017), 192-3을 참고.
20 원종천, 『성화의 부진과 칭의의 고민』, 137-43.

하나님께서는 그의 관대하심에 의해 그리스도를 우리에게 주셨으므로 우리는 믿음으로 그를 깨달아 알고 소유하게 된다. 그리스도와 함께 함으로써(연합함으로써) 우리는 주로 이중적인 은혜를 받는다. 첫째, 그리스도의 무죄하심을 통하여 우리는 하나님과 화목함으로써 하늘에서 심판자 대신 은혜로운 아버지를 소유할 수 있게 된다(칭의). 둘째, 그리스도의 영에 의해 성화됨으로써 우리는 흠 없고 순결한 삶을 연마할 수 있다(성화), (『기독교 강요』, 3. 11. 1).

(2) 다음 칼뱅의 글을 읽고 답해 보십시오. 루터는 칭의에 후속되는 것이 성화라고 이해하였습니다.
칼뱅은 칭의와 성화를 어떤 관계로 보고 있습니까?

그리스도의 의를 붙잡게 되면 동시에 거룩케 되는 것도 붙잡지 않을 수 없다. 왜냐하면, 그리스도는 우리에게 의로움과 거룩함과 구속함이 되셨기(고전 1:30) 때문이다. 그러므로 그리스도께서 의롭다고 하시면 동시에 거룩하게 된다. 이러한 은혜들은 영원히 풀 수 없는 끈으로 함께 결합되어 있다…. 우리는 그 둘을 구분하지만 그리스도께서는 그 자신 안에 그 둘을 분리시킬 수 없게 지니고 계신다.
여러분은 그리스도 안에서 의에 이르기를 원하는가?

여러분은 먼저 그리스도를 소유해야만 한다. 그러나 그의 거룩함에 참여하지 않는다면 그를 소유할 수 없다. 왜냐하면, 그는 여러 조각으로 나누어지실 수 없기 때문이다(고전 1:13). 그러므로 주께서는 오직 자기 자신을 주심으로써 이런 은혜들을 누리게 하시기 때문에 그 둘을 동시에 주시며 한 쪽이 있으면 반드시 다른 쪽도 있게 된다(『기독교 강요』, 3. 16. 1).[21]

---

21 칼뱅은 고린도전서 1장 30절의 주석에서도 동일한 관점을 다음과 같이 피력하고 있다. "우리가 우리에게 믿음이 있다고 하면서도, 동시에 거룩한 삶을 살아가지 않는다면, 우리는 거룩한 삶이 없는 그런 믿음만으로는 값없이 의롭다 하심을 얻을 수 없다는 것이다. 왜냐하면, 바울이 여기에서 열거하고 있는 은혜의 선물들, 즉 은사들은 떼려야 뗄 수 없게 서로 결합되어 있는 것들이기 때문에, 그 은사들을 따로 떼어 놓으려고 하는 자는 어떤 의미에서는 그리스도 자신을 찢어 놓으려고 하는 것과 같기 때문이다. 그러므로 하나님이 우리에게 값없이 베풀어 주시는 은혜로 말미암아 그리스도를 통해서 의롭다 하심을 얻고자 하는 사람은 … 거룩한 삶을 살아가고자 하지 않는다면, 그리스도로 말미암아 의롭다 하심을 얻는 것조차 불가능하다는 것을 알아야 한다." Calvin, 『고린도전후서』, 82-3.

정답과 해설

루터와 달리, 칼뱅은 칭의와 성화가 동시적으로 발생한다고 말하고 있습니다. 즉 칼뱅은 성화를 칭의와 동일한 위상에 위치시킨 것입니다. 칼뱅의 논리를 따르면, 성화를 결여한 사람이 칭의받았다고 말할 수 없습니다.

왜냐하면, 이 둘은 동시에 있어야하기 때문입니다. 칭의와 성화의 동시성을 강조하며, 이 둘의 관계를 "병렬"적으로 파악함으로써, 칭의와 성화를 대등한 위치에 올려놓은 칼뱅의 칭의론의 기여에 관해서 원종천은 다음과 같이 언급하고 있습니다.

> 칭의 문제에 집중하다 보면 성화가 부진해지고, 그렇다고 성화 문제에 집중하게 되면 칭의를 놓칠 우려에 고심하는 루터의 고민을 한꺼번에 해결할 수 있는 방법을 칼뱅은 찾은 것이다(원종천, 『성화의 부진과 칭의의 고민』, 176-7).

(3) 위의 문제에서 확인할 수 있었던 것처럼, 칼뱅은 칭의와 성화를 분리하지 않았습니다. 그러나 칭의의 성화의 비분리성은 칭의와 성화가 혼합되어 있다는 오해를 줄 수도 있습니다. 가톨릭교회는 칭의와 성화를 혼합하여 신자의 최종 구원이 신자의 행위에 있다고 가르쳤습니다. 아래의 칼뱅의 글을 읽고 칼뱅은 칭의와 성화를 혼합하였는지 당신의 생각을 말해 보십시오.

> 성경은 그것들(칭의와 성화)을 연결시키면서도 서로 분리시켜 따로 기록하고 있는데, 이는 하나님의 다양한 은혜가 우리에게 더욱더 잘 나타나도록 하기 위함이다. 바울이 그리스도께서는 우리의 의와 성화를 위해 우리에게 주어지셨다(고전 1:30)고 진술한 것은 쓸데없는 말이 아니다. 그리고 그가 우리는 거룩하고 정결케 되기 위해 부르심을 받았다고 논할 때마다 의롭다 함을 받는 것은 새로운 피조물이 된다는 것과는 다른 어떤 것을 의미한다는 것을 분명히 암시하고 있다.[22]

---

[22] 『기독교 강요』, 3. 11. 6. 그뿐만 아니라 칼뱅은 『기독교 강요』, 3. 11. 11.에서도 다음과 같이 칭의와 성화를 분리하지 않으면서도 구별하고 있다. "칭의의 은혜와 중생[성화]은 서로 구별이 되지만 서로 분리되지는 않는다."

정답과 해설

칼뱅은 칭의와 성화를 혼합하지 않고 두 가지 개념이 서로 구별된다고 말하고 있습니다. 칼뱅은 칭의와 성화가 구별된다는 것을 태양의 빛과 열(heat)의 비유로 표현하고 있습니다. 칼뱅은 다음과 같이 언급하고 있습니다.

> 태양은 그 열로 지구에 생명을 주고 열매를 맺게 하며 그 광선으로 지구를 밝게 하고 비춘다(『기독교 강요』, 3. 11. 6).

즉, 태양의 열과 빛이 분리될 수 없지만 그 둘은 독특한 요소로서 구별된다는 것입니다. 즉, 지구를 비추는 것은 태양의 빛이지 태양의 열은 아닙니다. 마찬가지로 지구를 따뜻하게 하는 것은 태양의 열이지 빛이 아닌 것입니다(『기독교 강요』, 3. 11. 6).

칼뱅은 칭의와 성화를 구별함으로써 칭의와 성화를 혼합하여 신자의 최종 구원이 신자의 행위에 있다고 가르친 가톨릭교회의 오류를 극복하였습니다. 만약 칭의와 성화가 제대로 구별되지 않는다면 칭의도 성화와 마찬가지로 종말까지 완성되지 않습니다.

그렇다면 신자가 가진 현재의 칭의는 불완전한 것이 되어 버립니다. 신자의 칭의는 삶의 변화에 의해서 완성되어 가는 것이 됩니다. 결국, 믿는 자들의 칭의는 성화에 의해서 좌우되는 것입니다. 즉, 그들의 거룩함에 따라 칭의가 결정되고 맙니다.[23]

그러나 성경은 분명한 어조로 신자의 칭의가 완료되었음을 선포해 줍니다(롬 5:1; 8:1, 30 등). 그러므로 루터와 마찬가지로 칭의와 성화를 구별한 칼뱅의 칭의론은 행위를 구원의 근거로 두려고 하는 모든 잘못된 이론과 학설에 대항하는 적절한 신학적 도구가 됩니다.

● 칭의론에 대한 루터와 칼뱅의 공헌: 루터와 칼뱅은 가톨릭교회의 잘못된 칭의론에 대항해서 자신들의 칭의론을 정밀하게 다듬었습니다. 그들은 오직 믿음으로 말미암는 칭의와 의의 전가를 가르침으로써 구원에 있어서 공로적인 행위를 배제하였습니다. 그들은 이런 식으로 칭의에 작용하는 하나님의 절대적인 은혜를 드러내었습니다.

아울러 그들은 신자들의 선행을 믿음의 필연적인 열매로 강조하며 신자들의 성화도 독려하였습니다. 그러나 앞서 지적하였던 것처럼, 루터의 칭의론에서는 칭의와 성화가 "직렬"적인 관계로 나타나, 대중들은 성화가 칭의에 비해서 열등한 위치에 있다고 오해하며

---

[23] James Buchanan, 『칭의 교리의 진수』, 신호섭 역 (서울: 지평서원, 2002), 140을 참고

성화의 절박성을 느끼지 못하고 거룩한 삶을 소홀히 하였습니다.[24]

한편, 칼뱅은 그리스도와 신자의 연합 개념을 체계적으로 사용하여, 이 연합에 근거하고 있는 칭의와 성화의 동시성을 역설함으로써 칭의와 성화를 동등한 지위에 올려놓는 공헌을 하였습니다.[25]

물론, 칼뱅이 칭의와 성화를 동등한 위치에 두었다는 것이 곧 성화의 부진 문제를 해결해 낸 것은 아닙니다. 다만 구원의 과정에 있어서 칭의와 성화는 반드시 함께 가는 것임을 강조함으로써, 믿는 자라면 성화를 소홀히 할 수 없는 필연성에 대한 이론적 장치를 제공한 것입니다.

구원과 관련된 아무리 건전하고 합당한 성경적 이론이 나온다 할지라도, 죄성을 가진 인간은 그 성경적 이론을 오해하고 남용하는 경향을 보여 준다는 것은, 지난 이천 년의 기독교 역사가 충분히 증명해 줍니다.

루터와 칼뱅이 모두 오직 믿음으로 말미암는 칭의와 함께 성화의 필연성을 강조하였음에도 불구하고, 한국 교회는 대체적으로 성화는 무시하거나 소홀히 여기고 칭의에 초점을 맞춘 것으로 보입니다.

아울러 구원받는 진정한 믿음에 대해서는 한국 교회가 대체적으로 강조하고 있지 않는 것으로 보입니다. 한국 교회에 현재 만연해 있는 윤리적 타락과 도덕적 부패가 이러한 점을 드러내는 것 같습니다. 이런 상황에서 교회와 목사의 책무가 중요합니다.

목사들은 성경이 말하고 있는 칭의의 가르침에 대해서 다시 확인하고 이를 반복적으로 선포하고 교육할 책임이 있습니다. 성도들은 이러한 가르침에 대해서 열린 마음으로 받아들이고 그 가르침을 삶에서 실천할 책임이 있습니다.

---

[24] 원종천, 『성화의 부진과 칭의의 고민』, 192.
[25] 원종천, 『성화의 부진과 칭의의 고민』, 193-7.

삶에 적용하기

(1) 당신은 당신의 믿음이 어떤 때에 혹은 어떤 상황에서 드러납니까?
당신의 경험을 말해 보십시오.
당신의 믿음은 예배를 드리는 순간에 기뻐하고 즐거워하며 혹은 눈물 흘리는 감정으로만 나타납니까?

(2) 당신에게는 예수 그리스도를 닮아 가고자 하는 거룩한 열망이 있습니까?
그러한 열망이 있다면 그 열망이 왜 당신속에 존재하나요?(빌 2:12-13 참고)
이러한 열망이 당신의 삶 속에서 현실화되기 위해서 당신은 어떤 노력을 할 수 있습니까?

(3) 오늘 학습을 통해서 당신이 발견한 하나님의 은혜나 진리를 다른 사람들과 나누십시오. 또한, 오늘 당신이 깨달은 하나님의 은혜나 진리와 관련하여 이번 한 주간에 당신의 삶에서 실천이 필요하거나 변화가 필요한 부분을 적어 보고 나누어 봅시다.

요약과 정리

루터와 칼뱅은 교회 역사상 가장 암울했던 시기에 교회를 성경의 가르침에 따라 세우기 위해서 일생을 헌신했던 사람들입니다. 하나님께서 이들을 부르지 않으셨다면 오늘날의 개혁교회(넓은 의미의 개혁교회, 즉 개신교회)는 존재하지 않을 것입니다. 이 역시 하나님의 은혜인 것입니다.

루터와 칼뱅은 오직 믿음으로 말미암는 칭의와 의의 전가를 가르치며, 구원에 있어서 하나님의 절대적인 은혜를 강조하였습니다. 이들은 결코 신자의 성화를 무시하지 않았으며 구원받는 믿음의 필연적 증거로서 거룩한 삶을 역설하였습니다.

루터는 성화를 칭의에 후속하는 것으로 이해하여 칭의에 중심적 지위를 부여하였습니다. 한편, 칼뱅은 칭의와 성화를 동시 발생적인 것으로 이해하였으며, 칭의와 성화를 신자와 그리스도의 연합으로 주어지는 이중 은혜로 생각하였습니다.

제16과

새로운 시대를 고민한 김세윤 교수와
톰 라이트 교수를 만나다 I

🔺 워밍업

오늘 우리는 저명한 신약학자인 김세윤 교수의 칭의론을 학습하며 그의 칭의론을 비판하게 될 것입니다. 김세윤 교수는 영국 맨체스터대학교에서 세계적 신약학자인 **故 F. F. Bruce** 교수의 지도 아래, "The Origin of Paul's Gospel"로 신약 박사 학위를 받았는데, 이 논문은 한국어로 『바울 복음의 기원』이라는 제목으로 1994년 엠마오 출판사에서 출간되었습니다.

본서의 기본 논지는 바울의 다메섹 도상에서의 예수님에 대한 체험이 바울 신학의 초석을 이루었다는 것입니다. 김세윤 교수는 한국의 총신대학교 신학대학원과 미국의 칼빈신학대학원, 고든콘웰신학대학원을 거쳐 풀러신학교에서 신약학 교수와 한인 목회학 박사 과정 부학장으로 재직하다가 은퇴하였습니다.

김세윤 교수는 왕성한 학문적 활동을 통해서 세계적으로 알려졌습니다. 필자가 아는 한 한국인으로서는 영어권의 저술과 논문에 가장 많이 인용된 학자일 것입니다. 그의 세계적 지명도는 Word Biblical Commentary에서 출판된, F. F. Bruce의 데살로니가전후서 개정판을 그가 저술했다는 점에서 잘 드러납니다.

김세윤 교수는 최근에는 칭의에 대한 세미나를 한국에 개최하면서 뜨거운 반향을 일으켰습니다.[1] 그는 한국 교회의 도덕적 타락과 관련하여 전통적인 종교개혁가들의 이신칭의 교

---

1   김세윤 교수는 2013년 12월 16일 서울 강남의 영동교회(고신)에서 자신의 "유보적 칭의론"을 강의하였으며, 300여 명의 목회자가 이 강연에 참석하였다. 2016년 4월 18일 대표적인 개혁교회인 삼일교회(합동)에서도 자신의 "유보적 칭의론"를 강연하였다. 세미나의 주제는 "칭의와 성화 교리 그리고 설교"였으며, 1부 강사는 김세윤 교수였고 2부 강사는 남포교회의 박영선 목사였다. 연구자도 이 강연에 참석하였으며 200명을 훨씬 넘는 청중들로 강연장은 만원이었다. 김세윤 교수는 2016년 12월 5일에서 6일까지 서울 종로의 연동교회(통합)에서 "이신칭의, 이 시대의 면죄부인가?"라는 주제로 개최된 미래 교회 포럼에

리에 문제를 제기하며, 한국 교회가 바울의 칭의론을 제대로 이해하지 못하고 있다고 진단합니다.[2] 김세윤 교수의 칭의론은 흔히 "유보적" 칭의론으로 명명되고 있습니다.[3] 사실 김세윤 교수 스스로 다음과 같은 표현을 사용하였습니다.

> 칭의가 종말론적으로 유보되었다.[4]

이러한 명칭으로 그의 칭의론이 불리는 것은 칭의의 완성을 위해서는 신자가 종말 때까지 기다려야하기 때문입니다. 김세윤 교수에 따르면, 비록 사람이 믿는 순간 의롭다 여김을 받는 것은 맞지만 그 사람의 칭의가 아직 완성된 것은 아니며, 칭의의 완성을 위해서는 최종 심판 때까지 기다려야 한다는 것입니다. 이 기다림의 과정에서 중요한 것이 신자가 하나님을 사랑하고 이웃을 사랑하는 사랑의 삶, 순종의 삶을 살아야 한다는 것입니다.[5]

개혁주의 전통을 견지하는 상당수의 사람은 김세윤 교수의 "유보적 칭의론"에 문제를 제기하였고 뜨거운 논쟁이 촉발되었습니다. 필자도 김세윤 교수의 칭의론에 비판적 입장을 고수하고 있습니다. 필자와 같은 일개 목사가 세계적인 신약학자를 비판한다는 것은 소위 "계란으로 바위 치기"와 비슷할 것입니다. 그러나 세계적인 학자라고 해서 그의 주장이 다 맞는 것은 아닙니다.

필자는 세계적으로 유명한 바울 신학자인 故 어얼 엘리스(Earl Ellis) 교수의 고린도전서의 신학이라는 강의를 수강한 적이 있습니다. 그분의 가르침을 대부분 수긍하였지만 어떤 특정한 부분에서는 필자는 전혀 수긍할 수 없었습니다. 그것은 그 교수님께서 성경을 이해하는 큰 틀(framework)을 가지고 계셨는데, 그 큰 틀로 지나치게 많은 것을 설명하려고 하셨기 때문이었습니다. 성경을 이해하는 틀(framework)을 가지고 있는 것은 훌륭하고 유익하지만, 성경의 부분들을 읽을 때 모든 것을 그 틀에 맞추어서 읽으려고 할 수 있는 위험성이 있습니다. 김세윤 교수의 칭의와 성화에 대한 이해는, 필자가 보건대, 분명 문제가 있습니다. 김세윤 교수가 저명한 신약학자임에도 불구하고, 칭의와 성화에 대해서 그분이 제대로 파악하지 않은 부분이 있는 것입니다. 학문적 유명함과 성경에 대한 바른 이해

도 강연자로 참석하여 자신의 칭의론을 발표하였다.
2   김세윤, 『칭의와 성화』(서울: 두란노, 2013), 81-88.
3   고경태 외 9인, 『현대 칭의론 논쟁』(서울: 기독교문서선교회, 2017), 25-37.
4   김세윤, 『칭의와 성화』, 78.
5   김세윤, 『칭의와 성화』, 78-84.

가 반드시 함께 가는 것은 아님을 우리는 기억해야 합니다.

김세윤 교수가 한국 교회에 "유보적 칭의론"(신자의 완전한 칭의는 종말 때에 이루어진다)을 소개한 것은 한국 교회를 사랑하고 한국 교회가 진정으로 개혁되고 부흥되기를 원하는 마음에서 비롯된 것으로 보입니다. 한국 교회가(모든 한국 교회는 아니지만) 도를 넘을 정도로 타락한 현실 상황 속에서, 김세윤 교수가 신자들의 성화를 진작시키는 고민을 하는 가운데 그의 칭의론이 나온 것이 아닌가 하는 생각을 필자는 해 봅니다.

김세윤 교수가 오랫동안 미국 풀러신학교에서 한인 목회학 박사 과정 책임자와 부학장으로 재직하면서 수많은 한국 목회자에게 관심을 가지고 도와주었으며, 조국 교회의 현실에 대해서 걱정하며 학문적으로 소통하고자 한 점은 학자로서 귀감을 보여 준 것이라 생각됩니다. 세속화된 교회의 현실을 고민하며 그 대안을 찾고자 한 김세윤 교수의 노력은 소중한 것이지만, 그의 칭의론은 성경이 말하는 칭의의 진정한 의미를 놓쳐 버렸다는 점에서 참으로 안타까운 일입니다.

≫ 생각하기

(1) 아래의 김세윤 교수의 글을 주의 깊게 읽어 보십시오.

> 칭의를 그 법정적 의미와 관계론적 의미 그리고 그것의 종말론적 유보를 다 고려하여 정의하면, 칭의란 지금 그리스도의 대속의 죽음과 부활의 복음을 믿는 자들에게 그 구원의 사건이 효력을 발생하여 (죄를 용서받은) 의인이라고 칭함을 받는 것인데, 그것은 그들이 지금까지 하나님께 대항하며 산 아담적 실존에 종지부를 찍고, 하나님께 의지하고 순종하면서 사는 하나님과의 올바른 관계로 회복됨을 내포하는 것입니다. 그러므로 그들이 계속 믿음으로 그 관계 속에 서서 하나님께 의지하고 순종하는 삶을 살면, 그리스도 재림 때 있을 최후의 심판에서 그들의 칭의는 완성되어 의인으로 확인되고, 하나님의 영광과 영생을 얻게 됩니다.[6]

---

[6] 김세윤, 『칭의와 성화』, 84.

● 김세윤 교수가 말하는 칭의의 관계론적 의미: 김세윤 교수에게 있어서, 칭의를 하나님 앞에서 의인의 신분을 얻는 것으로 이해하는 전통적 칭의론의 법정적 개념으로만 이해하는 것은 잘못입니다. 칭의에는 관계론적 측면이 함께 강조되어야 한다는 것입니다. 즉 하나님께서 언약에 신실하셔서 구원자이신 예수 그리스도를 보내시어 속죄를 이루시어, 하나님에 대한 의무를 충실히 행하지 못한 인간의 죄가 씻기고, 죄 사함을 받은 인간은 하나님과 관계가 회복되어 하나님의 주권에 대해 신실함으로 순종해야 한다는 것입니다.

다시 말해, 하나님과 인간의 관계의 회복됨이 칭의의 의미에 포함되어야 한다는 것입니다.[7] 그러나 이 관계론적 의미의 문제는 이 관계가 단순히 하나님과 죄인인 인간이 화목한 관계를 수립했다는 것이 아니고, 실제적으로 사람이 삶의 영역에서 하나님께 순종하는 것이 포함된다는 것입니다. 이에 대해서는 좀 더 상세하게 다루게 될 것입니다.

● 칭의의 종말론적 유보: 칭의가 종말론적으로 유보되었다는 것은 칭의의 완성을 위해서는 신자가 종말 때까지 기다려야 한다는 것입니다. 비록 죄인이 믿는 순간 의롭다 여김을 받는 것은 맞지만, 그 사람의 칭의가 아직 완성된 것은 아니며, 칭의의 완성을 위해서 최종 심판 때까지 기다려야 한다는 것입니다. 이 기다림의 여정에서 신자는 순종의 삶을 사는 것이 중요합니다.[8] 즉 김세윤 교수는 신자가 현재 누리고 있는 칭의는 불완전한 미완의 것으로 이해하고 있습니다. 그의 논리를 따르면, 현재 칭의를 누리고 있는 신자도 마지막 심판 때에 칭의를 상실할 수도 있는 것입니다.

① 직접 인용된 김세윤 교수의 글에서 문제가 되는 부분은 무엇이라고 생각합니까?

정답과 해설

김세윤 교수의 칭의의 정의에서 문제가 되는 것은 "하나님께 의지하고 순종하는 삶을 살면 … 그들의 칭의는 완성되어 … 영생을 얻게 됩니다"라는 표현입니다. 그는 순종을 불완전한 칭의의 완성과 영생의 전제 조건으로 제시하고 있는 것으로 보입니다.

---

7 김세윤, 『칭의와 성화』, 70-8.
8 김세윤, 『칭의와 성화』, 78-84.

② 당신은 왜 그 부분이 문제라고 생각합니까?

✿ 정답과 해설

앞서 우리가 학습한 바에 의하면, 순종은 칭의의 조건이 아닙니다. 칭의를 얻을 수 있는 유일한 통로는 믿음이라는 것이 신구약성경의 증언입니다. 그러므로 김세윤 교수가 선한 행위를 영생의 조건처럼 표현한 것은 성경적으로 적절하지 않습니다.

선행을 구원의 조건으로 상정할 경우 구원받을 수 있는 사람이 있을까요?[9]

행위는 그것이 아무리 선하다 할지라도 구원을 담보할 수 없습니다. 왜냐하면, 행위에 있어서 완벽함을 요구하는 하나님의 기준을 충족시킬 사람은 아무도 없기 때문입니다(갈 3:10; 약 2:10).

(2) 아래의 김세윤 교수의 글을 읽어 보십시오.

> 칭의론을 우리가 여기서 해석한 대로 죄 사함, 무죄 선언이라는 법정적 뜻과 함께 하나님과의 올바른 관계로의 회복(그래서 의인의 신분을 부여받음)이라는 관계적 뜻을 가진 것으로 이해하게 되었습니다. 그러니까 은혜, 믿음으로 의인 된다는 말은 우리의 죄에 대한 용서를 받음도 포함하면서, 우리가 하나님과 올바른 관계에 서 있는 사람임을 뜻하는 것입니다. 그래서 하나님의 통치를 받는 사람, 주 예수 그리스도께 의지하고 순종하는 삶을 사는 사람이라는 것입니다. 이런 의미로 '의인'입니다(김세윤, 『칭의와 성화』, 163).

> 전통적인 구원의 서정의 구도에서는 이렇게 성령의 도움을 받아 '의의 열매', '성령의 열매'를 맺는 삶을 '칭의'에 뒤따르는 '성화'의 단계라고 규정했습니다. 그러나 사실 그것은 '칭의'의 현재 단계인 것입니다. 의인으로 칭함 받은, 즉 죄 사함 받고 하나님과의 올바른 관계로 회복된 우리가 '그 관계에 서 있음'의 단계인 것입니다. 즉 사탄의 나라에서 하나님 나라로 이전된 우리가 하나님의 통치를 실제로 받으며 살아가는 단계인 것입니다. 이것은 칭의 다음에 오는 성화의 단계가 아니고, 하나님과의 올바른 관계에 회복됨의 의미

---

[9] 우리는 앞서 바울의 칭의론에서 행위에 따르는 심판이라는 주제를 다루면서, 로마서 2장 6-11절에 나타나는 행위에 근거하는 구원(칭의)은 이론적으로 가능하나, 실제적으로 불가능한 것을 나타내는 것이라고 학습하였다. 그러므로 바울은 행위 구원을 인정하고 있는 것이 아니라고 했다. 결국, 바울은 믿음의 길이 유일한 칭의의 방편이라는 것을 말하고 있다(롬 3:21-4:25)는 것을 확인할 수 있었다.

에 있어서 칭의와 동의어인 성화(하나님께 바쳐지기, 하나님의 거룩한 백성 되기)의 현재 단계(하나님의 거룩한 백성으로 살기)이기도 합니다(김세윤, 『칭의와 성화』, 172-3).

김세윤 교수가 칭의의 의미에 포함시킨 죄인인 인간과 하나님의 올바른 관계 회복은 무슨 뜻입니까?
그것은 죄의 문제가 해결됨으로써 인간이 하나님과 화평한 관계가 되었다(롬 5:1)는 것을 의미합니까?
아니면 그 의미를 넘어서 실제로 인간이 하나님께 순종하는 삶을 포함하고 있습니까?

정답과 해설

김세윤 교수가 말하는 칭의의 관계론적 의미는 단순히 하나님과 인간의 관계가 죄의 문제가 해결됨으로 화목한 관계가 되었다(롬 5:1)는 것을 의미하는 것이 아닙니다. 그가 "관계론적 의미"를 말하고 있는 문맥을 살펴보면, 이것은 단순히 관계가 회복된 것을 넘어서서 인간 측에서 하나님께 적극적으로 순종할 것을 요구받으며 실제로 인간이 그런 삶을 사는 것입니다.

첫 번째 인용문을 보면, 의인된다는 것(칭의)은 우리가 하나님과 올바른 관계에 서 있는 사람이라는 것을 의미한다고 합니다. 이는 곧 순종하는 삶을 사는 사람이라고 풀이되고 있습니다. 즉, 김세윤 교수는 칭의의 의미(관계론적 칭의의 의미)에 분명하게 순종하는 삶, 즉 성화의 의미를 포함시키고 있습니다.

두 번째 인용문을 보면, 김세윤 교수는 하나님께 순종하는 삶을 칭의의 현재 단계로 주장하고 있습니다. 다른 말로, 칭의의 현재 단계는 하나님과 올바른 관계에 서 있음의 단계로 표현하고 있습니다. 그는 이어서 하나님께 순종하는 칭의의 현재 단계는 성화의 현재 단계라고 말하고 있습니다. 결론적으로, 김세윤 교수의 칭의의 의미(관계론적 칭의의 의미)에는 성화의 의미가 포함되어 있는 것이 확실합니다.

결국, 그는 칭의와 성화를 구별하고 있지 않습니다. 오히려 그는 칭의와 성화를 혼합하고 있습니다. 칭의와 성화가 밀접한 관계성을 가지고 있으며 이 둘은 분리될 수 없는 개념으로 보는 것은 성경적으로 옳습니다. 그런데도 칭의와 성화는 구별되어야 한다는 것

이 성경의 증언입니다.[10]

그러나 김세윤 교수에게서 칭의와 성화의 고유한 의미는 사라지고 칭의와 성화의 의미는 통합되어 버리고 맙니다. 이러한 김세윤 교수의 칭의와 성화에 대한 이해는 칭의가 성화와 마찬가지로 종말까지 완성되지 않는다는 결론으로 나갈 수밖에 없습니다.

아울러 칭의는 신자의 행위에 따라 그 진척 정도가 좌우될 것입니다. 그러므로 "유보적" 칭의론은 이러한 김세윤 교수의 이해에 대한 당연한 귀결입니다. 아울러 선행을 영생의 조건으로 상정하게 되는 것도 칭의와 성화를 혼합하고 있는 그의 이해에서 당연히 도출되는 결론으로 보입니다.

▶▶▶▶▶ 더 깊게 생각하기

(1) 아래에 인용된 김세윤 교수의 글을 읽어 보십시오. 이 글은 그의 책 『칭의와 성화』의 막바지에 나오는 글입니다.

> 하나님의 최후의 심판석 앞에서 우리는 결국 하나님의 아들 주 예수 그리스도의 중보로 칭의의 완성을 얻는다는 것(롬 8:32-39)과, 다른 하나는 칭의의 현재의 과정에서도 우리는 오로지 성령의 깨우쳐 주심과 힘주심에 의해서 하나님의 통치, 예수 그리스도의 주권에 순종할 수 있다는 것, 그리하여 '의의 열매'를 맺을 수 있다는 것이었습니다(롬 8장; 갈 5-6장). … 우리가 날마다 이런 윤리적 선택의 갈림길에 놓일 때마다 성령이 우리에게 하나님의 뜻, 주 예수 그리스도의 뜻을 깨닫게 하고, 그것에 순종할 수 있는 믿음과 능력을 주심으로써 할 수 있는 것입니다. … 누구도 칭의의 현재 과정(구원의 서정의 언어로 말하자면 '성화'의 과정)에서 완벽한 의를 이룰 수가 없습니다. … 그럼에도 하나님의 아들 주 예수 그리스도의 중보로 말미암아 우리는 칭의의 완성을 받고 구원을 얻을 것입니다. … 하나님의 은혜에 힘입어 칭의 되고 하나님 나라로 이전되어 그리스도의 주권에 성령의 도움으로 순종하려는 기본자세를 가지고 산 사람은, 때때로 사탄의 시험에 빠져 죄악을 저질렀다 해도, 하나님께 완전히 등 돌리고 사탄의 나라로 가버리지 않은 한 그리스도의 중보의 은혜로 구원받는다는 것입니다(김세윤, 『칭의와 성화』, 260-3).

---

10 본서의 제11과 하나님의 은혜로(사도 바울이 말하는 칭의) II를 참고하라.

김세윤 교수는 칭의의 완성은 우리 자신의 노력으로 이루어진다고 이해하고 있습니까? 아니면 그 완성이 하나님의 은혜로 된다고 이야기 합니까?

인용된 김세윤 교수의 글에서 문제점은 무엇입니까?

🌸 정답과 해설

김세윤 교수는 신자의 행위는 부족하고 완전하지 못할 수밖에 없음을 인정하고 있습니다. 그런데도 예수님께서 행하실 마지막 심판 때의 중보에 의해서 신자의 칭의가 결국은 완성될 것이라는 것을 그는 분명히 언급하고 있습니다. 아울러 신자가 행하는 선행은 성령에 의한 산물이라는 것을 지적하면서(신자의 공로가 아닌 것이다) 신자들이 성령께 의지할 것을 제안하고 있습니다. 사실 여기서 김세윤 교수는 칭의가 결국 하나님의 은혜에 의한 것임을 주장하고 있는 것으로 보입니다.

김세윤 교수가 책의 막바지에 이러한 내용을 쓴 것은 자신이 행위 구원을 주장하지 않고 있다는 것을 변호하기 위한 것으로 보입니다. 김세윤 교수가 책의 끝부분에 칭의와 관련하여 하나님의 은혜에 역점을 둔 것은, 책의 전반부에서 그가 칭의의 완성과 영생의 조건으로 선한 행위를 상정한 것과는 조화되지 않는 면이 있습니다. 김세윤 교수의 진정한 의도가 무엇인지 다소 모호한 점이 있어 보이는 것은 사실입니다.

김세윤 교수의 글을 읽는 사람에 따라 칭의에 대한 김세윤 교수의 주장을 상이하게 파악할 여지가 있습니다. 칭의와 관련하여 행위를 강조한 전반부에 초점을 두고 읽는 사람들은, 김세윤 교수의 칭의론은 행위에 의한 칭의를 주장한다고 말할 수 있을 것입니다.

책의 후반부에 나타나는 하나님의 은혜에 대한 강조는, 김세윤 교수가 행위 구원자라는 비난을 피하기 위해 행한 일종의 외교적 화법이라고 이해할 수도 있을 것입니다. 한편, 하나님의 은혜를 강조한 책의 후반부에 초점을 두는 사람들은, 김세윤 교수의 칭의론은 은혜에 의한 칭의를 주장하는 것이라고 말할 것입니다. 이들은 책의 전반부에 나타나는 행위에 대한 강조는 행위에 의한 칭의를 말하는 것이 아니라, 믿는 자의 증거로서의 당연한 열매를 김세윤 교수가 강조하는 것이라고 이해하려 할 것입니다.

어느 측이 김세윤 교수의 진의를 바르게 파악한 것일까요?

이것에 대한 대답은 김세윤 교수 자신 만이 정확하게 할 수 있을 것입니다.

우리는 김세윤 교수의 진정한 의도가 무엇인지 파악하는 데 시간을 보내는 것보다는 김세윤 교수가 막바지에 주장한 글에 나타나는 문제점을 찾아내는 것에 주안점을 두도록 합시다.

그것이 김세윤 교수의 칭의론에 대한 더 효과적인 비판이 될 수 있기 때문입니다. 왜냐하면, 누군가가 김세윤 교수를 행위 구원자라고 비판하더라도, 김세윤 교수는 자신이 집필한 『칭의와 성화』의 막바지 부분을 가리키면서, 자신은 절대 행위 구원을 주장하지 않았다고 말할 수 있기 때문입니다.

김세윤 교수는 분명하게 신자의 칭의가 미래(마지막 심판 때에)에 완성되며 신자가 가진 현재의 칭의는 불완전한 것으로 이해하고 있습니다. 그러나 이러한 칭의론은 성경에서 증언하고 있는 칭의의 가르침과는 일치하지 않습니다. 왜냐하면, 성경은 믿는 사람들은 이미 칭의를 받았고 누리고 있다고 말하고 있기 때문입니다(롬 5:1; 8:1, 30, 33-34; 고후 5:18 등).

그뿐만 아니라 최종 심판 때에 있는 칭의는 새로운 칭의가 아니라 믿음으로 이미 받은 칭의의 공개적인 확인이기 때문입니다. 즉 믿는 순간에 받은 칭의와 종말의 칭의는 동일한 실재입니다(제12과 하나님의 은혜로 III의 행위에 따르는 심판 부분을 보십시오). 다시 말해, 믿는 순간에 이미 칭의는 완성된 칭의입니다.

아울러 신자의 칭의가 마지막 심판 때에 예수님의 중보에 의해서 완성된다는 김세윤 교수의 주장은 로마서 8장 34절의 내용을 오해한 것입니다. 로마서 8장 34절에서 나타나는 신자를 위한 예수님의 간구(중보)는 예수님께서 그의 죽음과 부활로써 신자들을 위해 이루신 칭의의 확실한 담보자라는 것을 나타내는 것입니다.

다시 말해, 바울은 예수님께서 죄의 문제를 영원히 처리하신 영원한 대제사장으로서 신자들을 위해서 하나님의 우편에 있다는 것을 나타내는 것입니다(D. M. Lloyd-Jones, 『로마서 강해』, 6:564-80; Stott, *Romans*, 257 및 Hodge, *Romans*, 455-6을 참고).

그러므로 김세윤 교수가 주장하는 것처럼, 예수님의 중보가 신자들의 불완전한 칭의를 완성하는 것이 아닙니다. 로마서 8장 전체의 문맥은 신자의 칭의가 확고하다는 것을 나타내는 것이지, 불완전한 신자의 칭의가 미래에 완성된다는 것을 말하고 있지 않습니다(롬 8:1-2, 30, 33-39). 결국, 김세윤 교수의 유보된 칭의에 대한 견해는 그리스도의 죽으심과 부활로 완성된 신자의 칭의가 결핍성을 가지고 있는 것으로 간주하고 있으므로 성경의 가르침과 일치하지 않습니다.

(2) 아래 김세윤 교수의 고린도전서 6장 11절의 해석과 관련된 글을 읽어 보십시오. 그는 아주 명백하게 칭의와 성화가 동의어라는 것을 인정하고 있습니다.
이러한 주장의 문제점은 무엇일까요?

고린도전서 6장 11절에서 바울은 우리가 '주 예수 그리스도의 이름으로' 세례를 받을 때에 그의 주권의 영역으로 들어가고 성령을 받았으며 '씻김을 받고, 성화되었으며, 칭의되었다'라고 말합니다. 여기 '씻김을 받고, 성화되었으며'는 성화의 부정적인 뜻(세상으로부터 분리되고 정화됨)과 긍정적인 뜻(하나님께 바쳐짐)을 나타내는 두 짝들로서 함께 '세상의 오염으로부터 정화되어 하나님께 헌신되었음'을 뜻합니다. …'칭의 됨'은 성화의 두 짝들에 각각 상응하는 '죄 사함'과 '하나님과의 올바른 관계에 회복됨'(실제 하나님께 순종하는 삶을 포함, 필자의 해설)을 동시에 표현합니다. 이렇게 성화와 칭의는 사실상 동의어들입니다(김세윤, 『칭의와 성화』, 181).

- 결정적 성화와 점진적 성화: 결정적 성화는 죄가 지배하는 왕국에서 벗어나 은혜가 지배하는 영역으로 들어가는 것입니다(고전 1:2 6:11 등). 이것은 단번에 발생하며 그리스도를 믿는 순간 이루어지는 것입니다. 한편, 점진적 성화는 그리스도의 형상을 점진적으로 닮아 가는 것을 말합니다(롬 12:2; 고후 7:1; 골 3:5 등).

정답과 해설

우선 고린도전서 6장 11절이 칭의와 성화를 동의어로 표현하고 있는 것이 아닙니다. 본문의 "의롭다 하심을 받았다"는 법정적 칭의로 이해하는 것이 가장 자연스러운 해석입니다.[11] 즉 죄인인 인간이 하나님으로부터 의롭다고 하는 선언을 받는 것입니다(의롭다는 여김을 받는 것입니다).

우리가 창세기부터 사도 바울에 이르기까지 학습한 바에 따르면, 칭의는 법정적인 것이며, 신자가 실제적으로 하나님께 순종하는 변화된 삶을 의미하는 것이 아닙니다. 아울러 칭의와 성화는 분명하게 구별되는 개념인 것도 이미 학습하였습니다.

고린도전서 6장 11절이 의미하는 것은 고린도 교인들이 예수 그리스도의 이름으로, 성령 안에서 칭의받았고 성화 받았음을 나타내고 있는 것입니다. 비록 그들이 과거에는(예수님을 믿기 전에는) 칭의는 물론 성화(결정적 성화)와도 아무런 관련이 없었지만, 하나님의 은혜로 그들의 법적 지위가 변하고 정결하지 못했던 상태가 거룩하게 변화되었다(결정적

---

11 Garland, *1 Corinthians*, 217; Ciampa and Rosner, *The First Letter to the Corinthians*, 243; Barrett, *The First Epistle to the Corinthians*, 142; Anthony C. Thiselton, *The First Epistle to the Corinthians, The New International Greek Testament Commentary* (Grand Rapids: Eerdmans, 2000), 246.

성화)는 것입니다. 따라서 이제 그들은 칭의와 성화(결정적 성화)의 결과로 새로운 삶을 살아야 하는(점진적 성화) 당위성을 가지고 있는 것입니다.[12]

그러므로 바울은 이 당위성을 기반으로 고린도전서 6장 12-20절에서 고린도 교인들에게 도덕적인 권고를 하고 있습니다.[13] 그러므로 김세윤 교수가 주장하는 것처럼, 칭의와 성화를 동의어로 간주하는 것은 타당하지 못한 해석입니다.

칭의와 성화를 동의어로 이해하는 것의 문제는 칭의도 성화와 동일하게 종말까지 완성되지 않는다는 것입니다. 칭의를 성화와 동일한 개념으로 이해하는 것은, 신자가 종말에 있을 칭의의 완성을 기다리는 동안 이들이 하나님께 순종하는 선한 행위에 따라 각 개인의 칭의의 진척도가 달라진다는 논리적 결론을 이끌게 됩니다.

과연 신자들의 칭의가 현재 미완의 상태로 남아 있으며, 이 칭의는 신자들의 순종의 삶(비록 이것이 신자가 성령에 의지해서 이루어지는 성령의 산물이라 할지라도)을 통해서 종말에서야 완성되는 것입니까?

성경의 증언은 김세윤 교수의 주장과 합치하지 않습니다. 바울의 칭의론에서 학습한 것처럼, 성경은 분명하게 신자의 칭의는 완료된 것으로 보고 있습니다(롬 4:3; 5:1, 9; 8:30). 종말에 있는 칭의(갈 2:17; 5:4-5)에 대해서도 성경이 언급하고 있지만, 이것은 신자가 가진 미완의 칭의가 완성되기를 기다리며 유보되어 있다는 것을 말하는 것은 아닙니다.

만약 최종 칭의가 행위에 근거하고 있는 것이라면 칭의는 실제적으로 두 번 이루어지는 것이며, 최종 칭의의 결과는 최초 칭의의 결과와 상이할 수 있는 것입니다. 그러나 최종 칭의가, 믿는 순간 얻었던 최초 칭의가 하나님의 법정에서 공개적으로 재확인되는 것이라면, 최초 칭의와 최종 칭의의 결과는 동일한 것이며, 사실상 칭의는 최초로 믿는 순간의 한 번의 칭의로 확정되고 완성되는 것입니다.

우리가 행위에 따르는 심판에서 학습한 바와 같이, 마지막 심판 혹은 최종 칭의는 행위에 근거하는 것이 아니라 진정한 믿음에 따른 것입니다. 즉, 믿음의 열매인 선한 행위로 자신의 믿음이 진정한 믿음이라는 것을 드러낸 사람이 마지막 심판에서 구원을 누리는 것입니다.

---

12 고린도전서 6장 11절의 성화가 결정적 성화라는 것은 Murray, *Collected Writings*, 277; Anthony A. Hoekema, 『개혁주의 구원론』, 류호준 역 (서울: 기독교문서선교회, 1990), 334을 보라. Ciampa and Rosner, *The First Letter to the Corinthians*, 244, Garland, *1 Corinthians*, 217 및 Thiselton, *First Epistle to the Corinthians*, 454을 참고.

13 Thiselton, *First Epistle to the Corinthians*, 458을 참고.

이들은 믿는 순간 진정한 믿음으로 이미 의롭다 함을 받은 사람들입니다. 이들의 경우 마지막 심판에서 그들이 믿을 때 이미 받았던 칭의가 온 세상의 목전에 공개적으로 드러나고 확인되는 것입니다.[14]

칭의받은 신자들이 이미 그리스도 안에서 누리고 있는 칭의의 "현재적 실재"는 이러한 해석을 지지해 주고 있습니다(롬 8:1, 33).[15] 그러므로 칭의와 성화를 통합하여 동의어로 이해하며, 이러한 이해의 당연한 결과인, 칭의가 종말에 가서야 행위를 기준으로 완성된다는 김세윤 교수의 "유보적" 칭의론은 성경의 증언과 일치하지 않습니다.

칭의와 성화를 통합한 김세윤 교수의 "유보적 칭의론"은, "오직 믿음으로만", "그리스도의 의가 전가되어 의롭다 함을 받는다"는 성경이 지지하고 있는 칭의론을 바르게 대변하지 못하고 있습니다.

김세윤 교수가 자신의 책 『칭의와 성화』의 마지막 부분에서, 칭의의 완성과 관련하여 하나님의 은혜에 역점을 두려고 하였지만, 그의 "유보적 칭의론"은 구원의 과정에 인간의 행위와 하나님의 은혜가 함께 협력한다는 것을 주장하고 있는 것으로 보입니다.

✒ 삶에 적용하기

(1) 칭의와 관련하여 당신이 기여할 수 있는 부분이 있습니까, 아니면 그것은 순전한 하나님의 은혜입니까?
만약 그것이 하나님의 순전한 은혜라면 당신은 어떻게 살아야 할까요?

(2) 오늘 학습을 통해서 당신이 발견한 하나님의 은혜나 진리를 다른 사람들과 나누십시오. 또한, 오늘 당신이 깨달은 하나님의 은혜나 진리와 관련하여 이번 한 주간에 당신의 삶에서 실천이 필요하거나 변화가 필요한 부분을 적어 보고 나누어 봅시다.

14　Schreiner, *Faith Alone*, 157; Schreiner, "Justification Apart from and by Works", 71; 박영돈, 『톰 라이트 칭의론 다시 읽기』 (서울: IVP, 2016), 229; Richard B. Gaffin, *By Faith, Not by Sight: Paul and the Order of Salvation* (Milton Keynes: Paternoster, 2006), 98; 조동선 외 3인, 「침례교 신학 총서」, 348. Michael Horton, *The Christian Faith* (Grand Rapids: Zondervan, 2011), 705-6을 참고.

15　조동선 외 3인, 「침례교 신학 총서」, 348.

(3) 이 시간 깨달은 하나님의 은혜나 진리와 관련하여 하나님을 향한 기도문을 적어 보십시오.

요약과 정리

김세윤 교수의 "유보적 칭의론"(신자의 완전한 칭의는 종말 때에 이루어진다. 그 완성을 기다리는 동안 신자는 적극적으로 사랑의 삶, 순종의 삶을 실천하며 살아야 된다)은 어떻게 하면 신자들의 성화를 진작시킬 수 있을지를 고민하는 가운데 발생한 것으로 보입니다. 그러나 그의 "유보적 칭의론"은 칭의와 성화를 통합하여 사실상 칭의와 성화를 동일한 개념으로 이해하고 있습니다. 이는 칭의와 성화가 분리되지 않지만 구별된다고 이해하는 성경의 가르침과 일치하지 않습니다. 만약 칭의와 성화를 동일한 개념으로 이해하게 된다면 칭의도 성화와 동일하게 종말까지 완성되지 않습니다. 이러한 이해 속에서 "유보적 칭의론"은 당연히 발생하는 것입니다.

신자가 믿는 순간 소유하는 칭의를 미완의 것으로 간주하고 마지막 심판 때에 칭의가 완성된다고 이해하는 "유보적" 칭의론은 성경이 가르치는 칭의론과 분명하게 배치됩니다. 왜냐하면, 신자가 마지막 심판 때에 얻게 되는 최종 칭의는 그들이 믿는 순간 얻었던 최초 칭의가 하나님의 법정에서 공개적으로 재확인되는 것이며, 최초 칭의와 최종 칭의의 결과는 동일한 것이기 때문입니다.

사실상 칭의는 최초 믿는 순간의 한 번의 칭의로 확정되고 완성되는 것입니다. 칭의와 성화를 통합한 김세윤 교수의 "유보적" 칭의론은 "오직 믿음으로만", "그리스도의 의가 전가되어 의롭다 함을 받는다"는 성경이 지지하고 있는 칭의론을 바르게 대변하지 못하고 있습니다.

김세윤 교수의 "유보적 칭의론"은 신자의 행위(비록 성령의 산물일지라도)를 칭의가 완성되는 조건으로 두고 있다는 점에서, "오직 믿음"이라는 성경의 원리와 어긋납니다. 아울러 "유보적 칭의론"은 예수 그리스도의 십자가의 죽으심(죄 사함)과 그분의 완벽한 순종(그리스도의 의의 전가)으로 인해 신자에게 확실하게 완성되고 담보된 칭의를 불완전한 칭의로 만들어 버리는 결함을 가지고 있습니다.

제17과

새로운 시대를 고민한 김세윤 교수와
톰 라이트 교수를 만나다 II

🔺 워밍업

알버트 슈바이처(Albert Schweitzer)는 바울의 이신칭의 교리는 바울의 가르침에서 핵심 주제가 아니며, 그의 이신칭의 교리는 윤리를 도출할 수 없다[1]고 주장함으로써, 이신칭의 교리를 평가절하였습니다. 아울러 크리스터 슈텐달(Krister Stendahl)은 바울의 이신칭의 교리는 바울 사상의 중심이 아니며, 이방인과 유대인이 한 백성이 되는 것과 관련된 교회론적이고 사회학적인 주제라고 주장하면서 칭의 교리에 대한 새로운 이해를 촉진시켰습니다.[2]

이로써 슈텐달은 이신칭의 교리의 핵심을 구원론적 주제에 두는 전통적인 이신칭의에 대한 이해에 반발한 것이었습니다. 이러한 현대적 배경 속에서 20세기 후반에 등장한 바울에 대한 새관점(the New Perspective on Paul) 역시 전통적인 이신칭의의 이해에 대해서 반발하며, 유대적 맥락 속에서 바울의 이신칭의를 이해해야 한다고 주장하였습니다.

특히, E. P. 샌더스(E. P. Sanders)가 1970년대에 저술한 *Paul and Palestinian Judaism*은 새관점 학파의 기념비적인 저술로 제2성전(스룹바벨 성전, B.C. 515-A.D. 70) 시기의 유대교에 대한 새로운 이해를 촉발하였습니다. 샌더스에 따르면, 유대교는 기본적으로 은혜의 종교라는 것입니다.[3] 그러나 샌더스의 이러한 주장은 오늘날 많은 비판을 받고 있습니다.

---

[1] 알버트 슈바이처, 『사도 바울의 신비주의』, 조남홍 역 (서울: 한들출판사, 2012), 284-5.

[2] Krister Stendahl, *Paul among Jews and Gentiles* (Philadelphia: Fortress, 1976), 23-40, 78-96.

[3] 유대교를 은혜의 종교라고 주장한 샌더스의 견해를 보려면 E. P. Sanders, *Paul and Palestinian Judaism* (Minneapolis: Fortress, 1977), 33-428을 참고하라. 본서는 오랫동안 한국어 번역이 없었는데, 필자가 학위 논문을 마친 후, 2018년 6월에 한국어로 번역되었다. 신학을 전공하지 않은 사람들이 읽기에는 꽤 어렵지만 새관점 학파의 기본 논지를 이해하기 위해서는 유익한 책이다. E. P. 샌더스, 『바울과 팔레스타인 유대교』, 박규태 역 (서울: 알맹e, 2018)을 참고하라. 샌더스에 따르면, 이스라엘은 하나님이 택하신 은혜로

샌더스는 제2성전 시기에 있던 유대 문헌들 중 구원과 관련해서 행위를 강조한 문헌들은 간과했던 것입니다. 상당수의 학자는 제2성전 시기 유대교에 은혜의 요소가 없었던 것은 아니지만, 유대교에는 공로적인 행함의 요소가 상당히 있었으며, 마지막 심판에서 인간의 행위가 구원을 결정하는 데 중요한 역할을 했다고 말합니다(막 10:17-27 참고).

새관점은 마지막 심판 시기에 있을 최종 칭의에 역점을 두면서, 신자가 믿은 후에 삶아 온 삶에 따라 최종 칭의를 받는다는 것을 강조하였으며, 칭의론의 핵심은 구원론이 아니라 교회론임을 역설하였습니다.[4] 결국, 새관점은 최종 칭의에 있어서 행위가 일종의 조건임을 나타냄으로써 그 어떤 행위도 칭의에서 배제하고자 하는 전통적인 이신칭의 교리에 도전하였습니다.

새관점 학파의 대표적 주창자는 제임스 D. G. 던(James D. G. Dunn)과 N. T. 라이트(N. T. Wright)입니다. 주로 학문적 이론의 장(場)에서 활약하는 던과 달리, 라이트는 학문의 장에서 뿐만 아니라 교회 현장에 상당한 관심을 가지며 대중과 소통하려고 합니다. 라이트의 인기는 한국에서도 위력을 떨치며 오직 믿음으로 말미암는 칭의 교리에 대한 도전에 상당히 기여하고 있습니다.[5]

라이트는 전통적인 의의 전가 교리를 부정할 뿐만 아니라 칭의에 대해서도 새로운 해석을 제시합니다. 라이트에 따르면, 칭의는 하나님의 언약 백성으로 선언받는 것입니다.[6] 또한, 그는 현재의 칭의는 믿음에 근거한다고 말합니다.[7]

하나님의 백성에 들어갔으며 이후로는 율법을 지킴으로 하나님의 백성으로 머물게 된다고 했다. 그러나 이러한 율법 준수는 구원을 얻기 위한 것이 아니라 하나님이 선택하신 은혜에 대한 자연스러운 반응이라는 것이다. 율법이 위반될 때는 속죄의 방편도 제공되며, 이것으로 인해 "언약 관계"가 유지될 수 있는 것이다. 결국 공동체의 구성원이 배교하지 않는 이상 종말에 구원을 받게 될 것이라는 것이다. 이것이 그 유명한 "언약적 율법주의"(covenantal nomism)이다.

4 원종천, 『성화의 부진과 칭의의 고민』, 302-4. 새관점의 배경과 다양한 주창자들에 대한 개괄적인 정보를 참고하려면 Guy Waters, *Justification and the New Perspective on Paul* (Phillipsburg: P&R, 2004)를 보라.

5 라이트 관련 서적은 한글로 번역된 것이 50권이 넘는다. 임덕규, 『개혁 교회를 무너뜨리는 톰 라이트』 (서울: 기독교문서선교회, 2016), 246-56을 참고하라. 주목할 만한 것은 라이트가 일반 평신도를 위해 집필한 신약 주석 전집인 *For Everyone Commentary Library*가 한글로 2015년 12월 요한계시록을 끝으로 완간 된 점이다. 이러한 라이트의 다양한 한국어 번역물들이 쏟아져 나오는 것은 그의 저작들이 한국 교회의 신자들에게 적지 않은 영향을 끼치고 있다는 방증으로 보인다.

6 N. T. Wright, *Romans*, The New Interpreter's Bible Commentary, vol. 9, ed. Leander Keck (Nashville: Abingdon, 2015), 396; 톰 라이트, 『톰 라이트 바울의 복음을 말하다』, 최현만 역 (평택: 에클레시아북스, 2011), 208, 215; 라이트, 『톰 라이트 칭의를 말하다』, 155.

7 라이트, 『톰 라이트 바울의 복음을 말하다』, 215; 라이트, 『톰 라이트 칭의를 말하다』, 255; N. T. 라이트, 『바울과 하나님의 신실하심』, 하권, 박문재 역 (파주: 크리스챤다이제스트, 2015), 624.

그러나 미래의 칭의는 행함에 근거하고 있다고 주장합니다.[8]

이러한 그의 주장은 우리가 지금까지 학습한 성경의 칭의론을 근거로 볼 때 올바른 주장일까요?

톰 라이트(Tom Wright)는 영국 옥스퍼드대학교에서 신약학으로 박사 학위를 받았으며, 2019년까지 영국 세인트앤드류스대학교 신학대학원 교수로 재직하다가, 2020년 현재는 옥스퍼드대학교 연구원으로 활동하고 있습니다. 그는 또한 영국 성공회 소속 주교로서 사역하기도 하였습니다(2003-2010). 저명한 학자로 또한 목회자로서 라이트의 경험은 그가 많은 저술을 남기는 데 큰 공헌을 한 것이 틀림없습니다. 라이트는 자유주의 신학자와는 달리 성경을 신뢰합니다. 아울러 그는 그리스도의 부활의 역사적 진실성을 신뢰하고 있습니다.

일반적으로 라이트의 학문적 세계는 치밀하고 논리적이라는 평가를 받고 있습니다. 그러나 그가 주장하는 칭의론은 성경이 가르치고 있는 칭의론과는 배치됩니다. 특히, "오직 믿음으로"라는 성경의 핵심 진리와 그의 주장은 거리가 있으므로, 우리는 라이트의 칭의론을 주의 깊게 살펴 볼 필요가 있습니다.

학문적 탁월성과 함께 대중적 인기를 누리고 있는 라이트의 칭의론을 비판하는 것은 어쩌면 시대의 흐름에 역행하는 것일지도 모릅니다. 그러나 누구든 성경에서 말하고 있는, 순전한 하나님의 은혜로 되는 칭의에 대해서 그것과 배치되는 견해를 주장한다면, 우리는 마땅히 성경적 관점을 견지하고 재확인하며 잘못된 칭의론에 대해서 비판할 수 있어야 합니다.

>>> 생각하기

(1) 아래의 라이트의 글을 읽어 보십시오.
라이트의 글에서 문제가 되는 부분은 무엇이라고 생각합니까?

> 1세기에 '칭의'는 개인이 하나님과의 관계를 맺게 되는 방법에 대한 것이 아니었다. … 그것은 구원론에 대한 것이라기보다는 교회론에 대한 것이며, 구원에 대한 것이라기보

---

[8] Wright, *Romans*, 354, 357; 라이트, 『톰 라이트 바울의 복음을 말하다』, 215; 라이트, 『바울과 하나님의 신실하심』, 하권, 494-6, 623-4.

다는 교회에 대한 것이다(라이트, 『바울의 복음을 말하다』, 198).

여기에서(갈 2:16) '의롭게 되는 것'은 '너희 죄가 아무런 대가 없이 용서를 받는 것', '하나님과 올바른 관계를 맺게 되는 것' 혹은 '하나님 앞에 '옳다'고 간주되는 것'과 유사한 내용을 의미하지 않는다. 그보다는 매우 구체적으로 '하나님이 그를 하나님의 가족의 진정한 일원으로 간주하는 것, 따라서 식탁 교제를 함께 누릴 수 있는 권리를 가지는 것'을 의미한다. …'칭의'가 그 밖의 어떤 내용을 포함하든지 간에 바울에서 '칭의'라는 개념은 하나님의 백성의 일원이라는 하나님 자신의 선언을 염두에 두고 있다. 이는 유대인과 이방인이 메시아 예수의 가족으로 신실하게 하나가 된다는 특정한 의미를 가리킨다(톰 라이트, 『칭의를 말하다』, 155).

● **라이트가 말하는 칭의와 관련된 교회론**: 라이트가 말하는 칭의와 관계된 교회론이라는 것은 예수 그리스도를 믿는 사람들은 차별 없이 하나의 공동체를 구성한다는 것입니다. 이 공동체, 즉 교회에 유대인이든지 이방인이든지 동등하게 자리를 차지하고 있다는 것입니다. 누구든 예수 그리스도를 믿기만 하면, 다른 조건 없이, 동등하게 이 공동체에 가입할 수 있습니다. 그 누구도 그 공동체 안에 있는 사람을 인종이나 다른 어떤 이유로 무시하거나 차별할 수 없습니다.

라이트는 칭의를 본질적으로 사회학적인 이슈로 이해하고 있습니다. 즉, 믿는다면 차별 없이 공동체에 가입할 수 있는 것, 그 구성원은 동일한 권리를 누린다는 것에 라이트의 초점이 있습니다.

그런데 이 공동체(교회)에 속해 있다는 것(membership)이 종말에 있을 심판에서 구원을 보장하는 것은 아닙니다. 이 공동체에 속한 구성원은 하나님께 순종하는 선한 행위들에 따라서 마지막 심판에서 의롭다 함을 받고 구원을 얻게 될 것입니다. 그러므로 예수님을 믿는 순간 얻게 되는 칭의(라이트의 이해로는 이 공동체의 회원권)는 '구원받음'이 아니라 '구원받을 수 있는 가능성'이 됩니다.

🌸 정답과 해설

라이트는 칭의를 "구원론"에 관한 것이라기보다는 "교회론"에 관한 것으로 보고 있다는 점에서 문제가 있습니다. 이러한 라이트의 관점은 칭의의 초점을 놓치고 있는 것으로 비판받을 수밖에 없습니다.

물론 칭의론이 교회론적인 적용점을 내포하고 있는 것은 성경의 증언을 통해 알 수 있습니다. 갈라디아서 3장 23절에서 28절까지의 내용을 살펴보면 다음과 같이 칭의와 관련된 주요 문장들이 나옵니다.

첫째, "믿음으로 말미암아 의롭게 된다"(24절).
둘째, "너희가 다(Πάντες, 판테스) 믿음으로 말미암아 하나님의 아들이 되었다"(26절).
셋째, "너희는 다(Πάντες, 판테스) 그리스도 예수 안에서 하나(εἷς, 헤이스)이다"(28절).

이 단락에서 논리의 흐름을 보면, 칭의의 결과로 인해 믿는 이방인 모두가 하나님의 자녀라는 것이 드러납니다.[9] 그뿐만 아니라 믿는 자(칭의받은 자)라면 누구나 차별 없이 그리스도 안에서 "하나"라는 사실이 분명하게 나타나고 있습니다. 그러므로 믿음을 통한 칭의의 결과로 믿는 모든 사람은 동등한 하나님의 가족을 이룬다는 점에서 칭의론은 분명히 교회론적인 의미를 포함하고 있는 것입니다.[10]

그런데도 라이트가 칭의론의 적용점을 칭의론의 중심부에 배치하며, 칭의의 핵심인 구원론적 요소를 상대적으로 소홀히 하는 것은 분명한 오류입니다. 왜냐하면, 칭의의 용어가 압도적으로 사용되는 로마서만 검토해 보더라도 칭의의 핵심은 구원론이라는 것이 분명히 드러나기 때문입니다. 로마서의 주제가 드러나고 있는 로마서 1장 16절에서 17절의 내용은 복음을 설명하고 있는데, 이 복음은 "구원을 주시는 하나님의 능력"(16절)입니다.

이어서 바울은 로마서 1장 18절에서 3장 20절까지 유대인이나 이방인 모두 죄로 인해 하나님의 심판에 직면해 있다는 것을 논증하며, 다음으로 그는 이 하나님의 진노를 피하는 길이 "이신칭의"임을 보여 줍니다(롬 3:21-31). 그러므로 "이신칭의"의 핵심은 구원론이라는 것이 명확히 드러납니다. 로마서 4장의 아브라함의 예도 "오직 믿음으로 말미암는 칭의"의 논증으로서 나타나고 있습니다.

다음으로 로마서 5장 1절에서 11절까지 바울은 칭의로 인한 확실한 구원을 이야기 합니다. 그다음 로마서 5장 12-21절에서 바울은 아담과 예수 그리스도의 대비를 통해서 하나님의 은혜의 풍성함을 이야기하면서 "생명으로 이끄는 의"(δικαίωσιν ζωῆς)가 왔고

---

9 Schreiner, *Galatians*. 256을 보라.
10 이 점은 최갑종, 『바울연구 III』, 201이 정확하게 지적하고 있다.

(롬 5:18),[11] "영생으로 이끄는 의(δικαιοσύνης εἰς ζωὴν αἰώνιον)를 통해서 은혜가 다스린다"(롬 5:21)고 말함으로써, "칭의"와 "구원"의 긴밀한 관계성을 보여 주고 있습니다.

로마서 6장에서 바울은 믿는 자들은 더 이상 죄의 노예가 아니라 하나님의 종이며 거룩함의 열매를 가지고 있으며, 그들의 결국은 영생이라는 것을 말합니다. 여기서도 바울에게 구원론적 주제는 그의 관심을 결코 벗어나지 않고 있습니다.

로마서 7장에서 바울은 믿는 자들이 모세 율법의 속박에서 벗어났다는 것을 이야기하는데, 이 내용은 교회론의 문제와 관계를 가지고 있는 것이 아니라 구원론의 주제와 연결된 것입니다.

로마서 8장에서 바울은 믿는 자들의 구원의 확실성을 강조하지만, 교회론의 주제가 드러나지는 않습니다. 다음으로 로마서 9-11장에서 바울은 유대인의 구원 문제를 다루고 있습니다. 로마서 9-11장의 중심 주제는 구원의 문제임을 잊지 말아야 할 것입니다.[12]

로마서 12-13장에서 바울은 칭의를 얻은 자들이 당연히 살아가야 할 성화적인 측면을 다루고 있습니다. 이 역시 구원론과 관련된 주제입니다. 로마서 14장 1절에서 15장 13절의 내용은 교회 내에서 서로 화합하고 서로 용납할 것을 권고하는 내용입니다. 유대인 기독교인과 이방인 기독교인들의 문제가 다루어지고 있다는 것을 볼 때, 이 부분은 교회론적 적용점을 시사하고 있습니다.

그러나 이 교회론적 적용은 구원론적 주제의 당연한 결과물입니다. 유대인이나 이방인 모두 믿음으로 구원받았으므로 서로 용납하고 화합하는 것은 당연한 것입니다. 로마서 15장 14-33절은 사도로서 바울의 사역과 여행 일정에 대한 내용입니다.

---

11 의와 생명의 관계는 속격(genitive)으로 되어 있는데 "결과의 속격"으로 보는 것이 좋을 것이다. Moo, *Romans*, 341, 각주 126.

12 로마서 9장에서 바울의 고통은 언약 백성인 이스라엘 민족의 대부분이 구원을 받고 있지 못한 것에 대한 고통이다(롬 9:27; 10:1 참고). 바울은 이방인들이 믿음으로 "의"를 얻었으며 유대인들은 "행위"를 의지하였으므로 "의"에 이르지 못했다(롬 9:30-32)고 함으로써 "의"와 구원을 긴밀하게 연결시키고 있다. 바울은 로마서 10장에서 그의 소망이 이스라엘의 구원임을 천명(롬 10:1)하면서 그들이 "하나님의 의"에 순종하지 않았으며, 복음에 순종하지 않았다(롬 10:16)고 이야기하면서 다시 한번 구원과 "의"를 연결시키고 있다. 로마서 11장에서 바울은 하나님이 이스라엘을 버린 것은 아니며(롬 11:1), "은혜로 선택받은 남은 자"(롬 11:4-5)가 있고 마지막 날에 대규모적인 이스라엘의 "구원"이 있을 것(롬 11:26)임을 천명한다.

마지막 장인 로마서 16장은 로마 교인들에 대한 인사말입니다. 이상 로마서의 전체 내용을 고려해 보면 칭의의 중심은 구원론의 문제임이 강조되어야 할 것입니다.[13]

라이트가 바울의 칭의론을 교회론에 초점을 맞추고 개인 간의 수평적 관계에 집중하는 것은, 비록 그가 의도하지 않았다고 하더라도, 바울 칭의론의 핵심인 개인과 하나님과의 수직적 관계를 축소시키는 결과를 초래하고 있습니다. 결국, 라이트는 칭의론의 본질을 주변부로 밀어 내는 오류를 범하고 있습니다.[14]

(2) 라이트는 아브라함 언약과 이 언약에 신실하신 하나님을, 칭의를 이해하기 위한 해석의 틀로 삼고 있기 때문에, "하나님의 의"와 "칭의"(의)에 대해서 새로운 해석법을 제시합니다. 그는 "하나님의 언약적 신실함"을 "하나님의 의"로 파악하며,[15] "칭의"(의)를 "하나님의 언약 백성의 회원 자격" 혹은 그러한 언약 백성이라고 선언받는 것이라고 주장합니다.[16] 지금까지 우리가 학습한 "하나님의 의"와 "칭의"의 내용을 상기하면서, 라이트의 "하나님의 의"와 "칭의"에 대한 정의를 반박해 보십시오.

● 라이트가 말하는 아브라함 언약과 하나님의 의(義): 라이트에 의하면, 아브라함 언약은 "아브라함과 그의 가족을 통하여, 전 세계를 축복하시려는 하나님의 단일 계획"입니다(라이트, 『톰 라이트 칭의를 말하다』, 87). 이 언약은 창세기 15장에 나타나며, 로마서 4장 13절에서 다시 증언되고 있다는 것입니다.

그렇다면 이 축복의 내용은 무엇일까요?

---

[13] 로마서 1-11장에서 칭의의 중심부는 구원론이라는 설득력 있는 주장을 참고하기 위해서는 Moo, *Romans*, 39-744; 최갑종, 『바울연구 III』, 200-5을 보라. Schreiner, 『오직 믿음』, 432-36도 칭의의 중심은 구원론에 있음을 분명히 밝히고 있다.

[14] 라이트는 갈라디아서를 해석하면서 그가 "구원론을 교회론으로 대체했다"고 비판하는 사람들과 관련해서, 구원의 문제는 갈라디아서의 기본 전제이지만 그것이 갈라디아서의 "핵심 주장"은 아니라고 언급함으로써, 자신이 칭의와 관련하여 구원론을 간과하지는 않았다는 것을 적극적으로 옹호하고 있다. 라이트에 따르면 새관점은 구원론과 교회론 중에서 "양자택일"하는 것이 아니다. 라이트, 『톰 라이트 칭의를 말하다』, 169, 177. 그러나 라이트의 적극적인 변명에도 불구하고, 그가 칭의론의 핵심을 뒤바꾼 것은 분명하다.

[15] Wright, *Romans*, 321-26, 342-3, 368, 384; 라이트, 『톰 라이트 칭의를 말하다』, 84, 88, 131.

[16] 라이트, 『톰 라이트 바울의 복음을 말하다』, 208, 215; Wright, *Romans*, 396, 404; 라이트, 『톰 라이트 칭의를 말하다』, 155.

라이트에 따르면, 인간의 "죄와 그 죄로 인한 결과인 인류의 분열이라는 문제를 해결"하는 것입니다(라이트, 『톰 라이트 칭의를 말하다』, 178). 그러나 이스라엘은 아브라함의 언약의 축복을 이루는 것(이스라엘의 사명)에 실패했다는 것입니다.

그러므로 신실하신 하나님께서 예수 그리스도를 보내셔서(실패한 이스라엘을 대신함) 십자가에서의 죽음(그리스도의 신실하심)을 통해서 아브라함의 복을 이루셨다는 것입니다. 신실하신 하나님께서는 신실하지 못한 이스라엘의 실패에도 불구하고 아브라함과 이루신 언약을 끝내 이루셨다는 것입니다. 라이트에게는 이것이 바로 하나님의 신실하심이며, 하나님의 의인 것입니다.

✣ 정답과 해설

우리가 지금까지 학습한 바에 따르면, 로마서 1장 17절의 "하나님의 의"는 "하나님의 구원하시는 행동"이라는 측면과 하나님으로부터 오는 선물로서 "의로운 신분"의 측면을 함께 포함해서 이해하는 것이 타당합니다. 그러므로 "하나님의 의"(롬 1:17; 3:21-22; 10:3)는 의인의 지위를 선언하시는 하나님의 행동이자 인간의 측면에서는 의롭다고 선언받는 선물로 보는 것이 논리적입니다(제2과를 보십시오).

우리가 지금까지 배운 내용을 종합해 보면, "칭의"는 법정적인 의미를 지니고 있는 것으로 하늘의 법정에서 재판관이신 하나님이 죄인을 법적으로 의롭다고 선포하시는 것(여겨 주시는 것)입니다. 법정적 칭의는 죄인을 실질적으로 의롭게 변화시키는 것을 의미하는 것이 아니고, 죄인에게 전가된 예수 그리스도의 의를 토대로 하나님께서 죄인을 의인으로 인정해 주시는 것입니다. 그러므로 라이트의 "하나님의 의"와 "칭의"에 대한 새로운 정의는 온당하지 못합니다.

라이트는 "칭의"(의)를 "하나님의 언약 백성의 회원 자격"이라고 이해했는데, 이는 다소 애매한 개념처럼 보입니다. 쉽게 말하면, 라이트는 믿는 자들이 교회 공동체의 구성원이 되는 것을 칭의라고 이해하는 것입니다.

이것이 전통적으로 우리가 알고 있는 칭의 이해와 어떤 차이점이 있을까요?

라이트가 말하는 "언약 백성의 회원 자격", 즉 교회 공동체의 회원 자격은, 믿는 자가 미래의 최종 심판에서 <u>구원받을 가능성</u>을 가지고 있다는 것을 말하는 것입니다.

라이트가 말하는 칭의는 믿는 자들이 미래에 있을 심판에서 <u>구원받는 것을 보증하지 않습니다</u>. 믿는 자들의 최종 칭의는 이들이 성령에 따라 살아온 삶을 근거로 하여 이루어지므로, 이 "회원 자격"은 종말의 심판에서 상실될 수 있음을 내포하는 것입니다.

그러나 루터와 칼뱅 등의 전통적인 종교개혁가들이 이해한 믿음으로 얻게 되는 의인의 신분, 지위인 칭의는 구원의 확실성을 내포하고 있습니다. 그리스도의 십자가 죽으심으로 믿는 자들의 죄는 용서를 받으며, 그리스도의 완벽하신 순종으로 믿는 자들은 하나님이 요구하시는 모든 의의 기준을 충족시킨 것으로 여김을 받습니다. 그러므로 믿는 자들의 구원은 확실합니다. 그리스도의 죽으심과 완벽한 순종과 부활은 신자의 구원을 확실하게 담보해 주는 것입니다.

우리가 이미 학습한 "의"(義, righteousness)가 의미하는 바를 간단히 복습해 보도록 합시다. 사이먼 개더코울(Simon Gathercole)은 신명기 6장 24-25절[17]에 근거하여, "구약성경에서 나타나는 의(righteousness)의 기본적 의미"는 "하나님이 요구하시는 것들을 행하는 것"(doing what God requires)이라는 것을 잘 보여 줍니다.[18] 개더코울의 이러한 설명은, 웨스터홈(Westerholm)이 구약성경의 다양한 본문들을 통해 "의"(righteousness)의 개념은 "마땅히 해야 하는 바"(what one ought to do)이며, "의롭다"(righteous)라는 용어는 이것을 행하는 사람에게 수식되는 것임을 논증[19]한 것과 맥락을 같이하고 있습니다.

그러므로 라이트가 "의롭다고 여기다" 혹은 "의롭다고 선언하다"의 개념(칭의의 개념)을 단순히 하나님의 언약 백성의 회원 자격(covenant membership)으로 이해하는 것은, 성경에서 말하는 "의"의 개념을 제대로 반영하고 있지 못합니다.

바울이 "의롭다 함을 받는다"(justified)는 용어를 사용했을 때, 바울은 사실상 이 선언을 받는 대상자가 마치 하나님의 모든 요구 사항(도덕적 기준)을 이룬 것처럼 하나님께서 여기신다는 것을 언급하고 있는 것입니다(필자의 각주를 반드시 읽으십시오).[20]

---

[17] 신명기 본문은 하나님의 율법을 지키는 것이 백성들의 의(righteousness)가 된다는 것을 분명하게 언급하고 있다.

[18] Simon Gathercole, "The Doctrine of Justification in Paul and Beyond", in *Justification in Perspective*, ed. Bruce L. McCormack (Grand Rapids: Baker Academic, 2006), 237.

[19] Westerholm, *Justification Reconsidered*, 58-64.

[20] Gathercole, "The Doctrine of Justification in Paul and Beyond", 237. 라이트, 『톰 라이트 바울의 복음을 말하다』, 161-3은 칭의(의)의 법정적 의미를 지적하면서, 그것은 도덕적 성질과는 상관이 없으며 법정에서 재판장의 판결로 인해 피고나 원고가 "얻게 되는 상태"라고 주장한다. 그러나 Schreiner는 도덕적 성질과 법정의 "의"의 선고가 분리될 수 없다는 것을 지적하며(신 25:1), 라이트의 주장이 성경의 증언과는 일치되지 않는다는 것을 분명히 보여 주고 있다. Schreiner에 따르면, 하나님의 도덕 기준에 대한 개인의 성취 여부에 의해 "의"를 얻을 사람은 없는 것은 분명하지만, 도덕적 성질이 분명히 "의"의 선고에 작용한다는 것이다. 즉 칭의(의)의 선고에 기능하는 것은 우리의 도덕적 성취가 아니라 그리스도의 도덕적 성취인 것이다. Schreiner, *Faith Alone*, 259-60. 사실상 "의"의 기본적 의미가 도덕적 개념이라는 것이 분명하다면 "의"의 선고와 관련하여 "의의 전가" 개념이 논리적으로 도출될 수밖에 없다. 필자가 창세기

● 라이트의 갈라디아서 2장 11-21절 안디옥 사건에 대한 이해와 그 비판: 라이트는 갈라디아서 2장 11-21절의 안디옥 사건을 통해서, "의롭다 하다"는 "하나님의 언약 백성의 일원"으로 선언하다는 의미임을 역설하고 있습니다.

과연 갈라디아서 본문에 대한 라이트의 이해는 옳은 것일까요?

라이트는 안디옥 사건은 식탁에서의 교제를 두고 일어난 사건이라는 것을 지적합니다. 예루살렘에서 내려온 유대인들로 인해, 이방인과 함께 식사를 하던 베드로가 자리에서 물러난 것은, 이방인 신자들에게 그들이 하나님의 백성들과 함께 식사할 수 있는 자격을 갖춘 동등한 사람들이 아니라는 메시지를 보낸 것이라고 라이트는 지적합니다.

이런 맥락에서, 바울은 다음과 같이 언급하면서 베드로를 책망합니다.

> 우리가 율법의 행위로써가 아니고 그리스도를 믿음으로써 의롭다 함을 얻으려 함이라 (갈 2:16).

라이트에 따르면 여기서 분명한 것은, 칭의를 받는다는 것은 하나님 앞에서 의인의 신분을 받는다는 것을 의미하는 것이 아니라, "하나님이 그를 하나님의 가족의 진정한 일원으로 간주하는 것, 따라서 식탁 교제를 함께 누릴 수 있는 권리를 가지는 것"을 의미한다는 것입니다.[21] 이러한 해석을 통해서, 라이트는 구원론과 교회론이 서로 분리되는 것 같은 인상을 남기고 있습니다. 왜냐하면, 라이트는 안디옥 사건에서 나타나는 칭의를 구원론적인 관점에서가 아니라 사회학적인(교회론적인) 관점에서 이해하고 있기 때문입니다.

라이트는 본질(칭의가 내포하는 구원론적 의미)은 간과하고 그 본질에서 나오는 적용점(믿는 유대인과 믿는 이방인은 하나님 앞에서 동등하다)으로 칭의를 이해하고 있는 것입니다. 그러나 구원받은 사람은 당연히 교회의 동등한 일원이 되는 것입니다. 즉, 구원론은 교회론으로 당연히 적용되는 것입니다.[22]

15장 6절에서 설명한 바와 같이, 어떤 사람이 하나님의 도덕 기준에 부합할 때만 그 사람이 법적으로 의롭게 선포되어야 하며, 이 원칙이 지켜지지 못하는 것이 죄라면(출 23:7; 사 5:23; 잠 17:15; 18:5), 하나님께서 어떻게 그 도덕 기준을 충족시키지 못한 사람을 의롭다고 선언하실 수 있는가[바울은 로마서 4장 1-5절에서 아브라함을 설명하면서 아브라함은 하나님 앞에서 자랑할 것이 없었으며(롬 4:2), "경건하지 아니한 자"(롬 4:5)였으나 믿음을 통해 의롭다 함을 받았다고 이야기한다]? 어떤 사람이 죄인(하나님의 도덕 기준을 충족시키지 못함)임에도 불구하고 의인(하나님의 도덕 기준을 충족시킴)으로 선포되는 모순은 결국 다른 이의 "의"가 이 죄인에게 돌려질 때 해결될 수 있는 것이다. 바로 "의의 전가" 개념이 이 모순을 해결하는 것이다.

21 라이트, 『톰 라이트 칭의를 말하다』, 152-5.
22 Schreiner, 『오직 믿음』, 438-9.

[사실 베드로의 문제는 그가 이방인들과의 식탁의 교제에서 물러남으로써] 이방인 신자들에게 그들은 오직 믿음으로 말미암아 구원받은 것이 아니고, 진정으로 구원받은 자들이 되기 위해서는 모세 율법을 지켜서 하나님의 백성의 지체들이 되어야 한다는 메시지를 보낸 것이었습니다.[23]

그러므로 갈라디아서 2장 16절의 "의롭다 함을 받다"는 구원론적으로 해석하는 것이 타당합니다. 즉 "의롭다 함을 받다"는 죄 용서를 받고 하나님 앞에서 법적으로 의인의 신분을 얻는 뜻으로 이해되어야 합니다.[24]

이방인들(안디옥 교인들)이 오직 믿음으로 의롭다 함을 받았으므로(구원론) 이들은 유대인들과 동등하게 식탁에서 교제할 수 있는 자격을 가지고 있는 것입니다(교회론, 사회학적 관점). 그러므로 안디옥 사건에서 구원론과 교회론이 분리되는 것이 아닙니다. 오히려 구원론이 토대이며 그 적용으로서 교회론이 나옵니다.

안디옥 교인들은 오직 믿음으로 구원받았으므로, 당연히 믿음으로 구원받은 유대인들과 동등한 하나님의 백성입니다. 그러므로 이들은 동등하게 유대인과 한 식탁을 공유할 수 있는 것입니다 따라서 구원론과 교회론을 분리하는 듯한 모습을 보이고 오히려 교회론에 초점을 맞추어 칭의를 해석하는 라이트의 주장은 합당하지 못합니다.

(3) 로마서 2장 17-27절을 읽어 보십시오. 라이트에 따르면, 이스라엘이 아브라함의 언약의 축복을 이방인들에게 가져다주는 데 실패한 데서 유대인들의 문제점이 있습니다. 이스라엘은 하나님이 주신 사명을 감당하지 못했으므로 이스라엘 자신이 난장판이 된 세상을 위한 해결책이라고 자랑할 수 없다는 것입니다.[25] 당신이 직접 성경 본문을 읽어 보고 본문에 나타나는 유대인의 문제점을 말해 보십시오.

---

23 Schreiner, 『오직 믿음』, 439. Moo, *Galatians*, 163-73, F. F. Bruce, *The Epistle to the Galatians, The New International Greek Testament Commentary* (Grand Rapids: Eerdmans, 1982), 133, John R. W. Stott, *The Message of Galatians, The Bible Speaks Today* (Downers Grove: InterVarsity, 1968), 54-5와 Timothy George, *Galatians, The New American Commentary* (Nashville: Broadman & Holman, 1994). 180-1을 참고.

24 Moo, *Galatians*, 161-2; Schreiner, *Galatians*, 155-7; A. Andrew Das, *Galatians, Concordia Commentary* (Saint Louis: Concordia, 2014), 243-5; Gordon D. Fee, *Galatians, Pentecostal Commentary Series* (Blandford Forum: Deo, 2007). 83; Bruce, *Galatians*, 138; Witherington, *Grace in Galatia*, 174-5; Stott, *Galatians*, 60; Timothy George, *Galatians, The New American Commentary* (Nashville: Broadman & Holman, 1994), 191-2.

25 라이트, 『톰 라이트 칭의를 말하다』, 261-5.

정답과 해설

바울은 본문에서 유대인들을 기소하고 있습니다. 바울은 율법을 소유하고 하나님의 뜻을 알고 있으면서도 율법을 범하는 유대인들의 죄를 지적하고 있는 것입니다. 이를 통해서 알 수 있는 것은 유대인들도 이방인들과 마찬가지로 하나님의 은혜를 절대적으로 필요로 하는 죄인이라는 것입니다.

로마서 2장 17-27절은 이스라엘도 이방인들과 똑같은 죄인이며 따라서 하나님의 진노를 피할 수 없는 존재라는 것을 부각시키고 있습니다.[26] 모두가 죄인이며 행위로는 구원을 얻을 수 없으므로(롬 1:18-3:20), 믿음의 길이 강조되고 있는 점을 고려하면(롬 3:21-4:25), 본문은 (롬 2:17-27) 이스라엘의 존재론적인 죄의 문제를 지적하고 있는 것이 틀림없습니다.

그러므로 이스라엘이 자신의 사명(아브라함의 복을 온 세계로 가지고 오는 것)을 완수하지 못함으로 인해서, 그리스도가 이스라엘을 대신해서 이 사명을 이루신다는 점에서 그리스도가 신실하시며(faithfulness of Christ), 이스라엘이 그 사명을 이루지 못했지만 하나님께서 신실하셔서 결국 아브라함의 복(죄와 죄의 문제로 인한 인간의 분열이 해결됨)이 이루어졌다고 생각하는 라이트의 기본적 이해는 옳지 않습니다.[27]

오히려, 이방인들은 물론 유대인들까지도 모두 하나님의 진노 아래에 있으므로, 하나님께서 유대인은 물론 이방인들을 위해서 예수 그리스도를 보내시고 인간의 존재론적인 문제인 죄를 처리하셨고, 인간이 이 은혜를 누리기 위해서는 예수 그리스도를 믿어야 한다(faith in Christ)고 이해하는 것이 옳습니다(롬 1:18-3:31).

⟫⟫⟫⟫ 더 깊게 생각하기

(1) 라이트는 칭의를 정의하면서 다음과 같이 분명히 법정적 이미지를 사용하고 있습니다.

---

26 Schreiner, 『오직 믿음』, 449; Moo, Romans, 157-77.
27 라이트, 『톰 라이트 칭의를 말하다』, 261-93. 이러한 이해 속에서 라이트는 "하나님의 의"를 하나님의 아브라함의 언약에 대한 신실함으로 이해하고, "피스티스 크리스투"를 예수 그리스도의 신실함(십자가에서의 죽음)으로 생각하는 것이다.

'의롭게 하다'는 그들을 도덕적으로 올바르게 만들거나 윤리적으로 만든다는 의미가 아니라, 그들의 손을 들어주는 판결이 내려지는 백성으로 만든다는 의미이다(라이트, 『톰 라이트 칭의를 말하다』 288).

그들에게 의는 도덕적으로 올바르다는 의미가 아니다. 오히려 법정이라는 맥락 안에서 성경의 의미로 피고나 원고가 의롭다는 것은 그 재판의 판결의 결과로 그들이 얻게 되는 상태를 말한다(라이트, 『톰 라이트 바울의 복음을 말하다』, 162).

그러나 라이트는 다음과 같이 의가 전가된다는 개념을 부정합니다. 라이트가 의의 전가를 부정하는 글에서 나타나는 오류를 지적해 보십시오. 그가 삼위일체 하나님의 사역에서 간과한 부분이 그 오류입니다. 그 오류를 구체적으로 말해 보십시오.

우리가 법정 언어를 사용한다면, 판사가 자신의 의를 원고나 피고에게 전가하거나, 나누어준다거나, 증여한다거나, 전달한다거나 또는 건넨다고 말하는 것은 전혀 이치에 맞지 않는다. 의는 법정이라는 공간에서 이동 가능한 구체적인 물질 혹은 기체가 아니다. …피고가 재판관의 의를 전해 받는다고 생각하는 것은 단지 범주 오류일 뿐이다. 언어는 이런 식으로 작용하는 법이 없다.[28]

정답과 해설

라이트는 의의 전가에서 하나님의 "본질적의 의"가 전가되는 것으로 이해하고 있습니다. 그러므로 이러한 하나님의 "본질적인 의"가 죄인인 인간에게 전가될 수 없다고 말하고 있습니다. 그러나 성경이 증언하고 있으며, 개혁가들이 증언하고 있는 전가된 의는 "하나님의 본질적인 의"가 아닙니다.[29]

예수 그리스도께서 하나님의 법에 완벽하게 순종하심으로써 이루신 그 의가 신자에게 전가되는 것입니다. 하나님께서 그 그리스도의 의가 신자에게 속하는 것으로 여겨 주시는 것이 전가된 의의 개념인 것입니다. 그러므로 라이트는 의의 전가에 대해서 오해하고 있습니다.

---

28 라이트, 『톰 라이트 바울의 복음을 말하다』, 163. 라이트, 『톰 라이트 칭의를 말하다』, 278을 참고.
29 Michael Horton, *The Christian Faith* (Grand Rapids: Zondervan, 2011), 632.

라이트가 전가된 의라는 개념에서 간과하고 있는 것은 예수 그리스도라는 것이 아래의 글에서 정확하게 지적되고 있습니다.

> 라이트의 법정적 맥락에서 실종된 것은 제3자이신 중재자이다. 이분은 대표로서 율법을 성취하시며 자신과 그분의 언약 상속자들을 위해서 하나님 앞에서 의로움의 판결을 획득 하신다. 비록 종으로서 율법 언약의 조건들을 성취하신 그분이 하나님이요, 주님이시지만 믿는 자에게 전가되는 것은 하나님의 의의 본질이 아니고 그분의 능동적인 순종이다.[30]

(2) 라이트가 말하는 칭의의 조건(근거)에 대해서 탐구해 보도록 합시다.

① 라이트는 칭의에 대해서 이중적 구도로 이해하고 있습니다. 즉, 현재의 칭의는 "믿음에 근거("on the basis of faith")합니다.[31] 그러나 라이트는 미래의 칭의(종말론적 칭의)는 "행함에 근거("on the basis of works")하고 있다고 주장합니다.[32] 이렇게 이중적 구조로서 칭의를 이해하는 라이트의 문제점에 대해서 당신의 생각을 말해 보십시오. 지금까지 우리가 배운 칭의론을 상기해 보십시오.

정답과 해설

라이트가 주장하는 칭의의 이중적 구도는 믿는 순간에 이루어지는 칭의와 최종 심판에서 이루어지는 칭의 간에 불일치가 있을 수 있음을 상정하고 있습니다. 특히, 라이트는 미래의 칭의가 행위에 토대("on the basis of")를 두고 있다고 이야기함으로써, 신자가 최종 심판에서 하나님 앞에 받아들여지느냐의 여부가 행위에 달려 있는 것으로 이해하도록 이끌고 있습니다.

그러나 우리가 이미 학습한 바에 따르면, 믿는 순간에 이루어지는 최초의 칭의이든, 마지막 심판에서 이루어지는 최종 칭의이든 그것은 믿음을 통해 얻게 된다는 것입니다. 최

---

[30] Michael Horton, *The Christian Faith*, 632; Michael Horton, "전통적 개혁파", 『칭의 논쟁』, 문현인 역 (서울: 새물결플러스, 2015), 138-9.

[31] 라이트, 『톰 라이트 바울의 복음을 말하다』, 215; 라이트, 『톰 라이트 칭의를 말하다』, 255, 340; 라이트, 『바울과 하나님의 신실하심』, 하권, 624.

[32] Wright, *Romans*, 354, 357; 라이트, 『톰 라이트 바울의 복음을 말하다』, 215; 라이트, 『바울과 하나님의 신실하심』, 하권, 494-6, 623-4; 라이트, 『톰 라이트 칭의를 말하다』, 341.

종 칭의는 믿는 순간에 이루어졌던 칭의의 공개적인 확인입니다. 그러므로 칭의는 사실상 단회적이며, 믿는 순간에 얻는 신자의 칭의는 확실하며 완성되는 것이었습니다.

만약 라이트가 토대("basis")라는 말을 구원의 근거 혹은 조건이라는 의미로 사용했다면, 라이트의 칭의론은 명확하게 가톨릭교회의 이중칭의론(부록을 참고)과 아주 흡사한 것입니다.

② 라이트는 자신이 믿음 더하기 행위(공로)를 칭의의 조건으로 두지 않는다는 것을 변호하기 위해서, 다시 말해서 칭의는 하나님의 은혜로 되는 것임을 주장하기 위해서 다음과 같은 말들을 합니다. 즉, (신자들의 최종 칭의는 행함에 근거하지만)신자들의 행함은 성령의 산물이므로 인간의 공로가 아니며[33] 은혜의 원리에 부합한다고 합니다. 아울러 라이트는 이러한 행함이 완벽할 필요는 없다고 합니다.[34] 그러므로 라이트는 믿음에 근거한 현재적 칭의(하나님의 은혜임)와 행함에 근거한 미래적 칭의(하나님의 은혜임)는 서로 상응(조화)한다고 주장합니다.[35] 이러한 라이트의 주장이 지니고 있는 문제점에 대해서 말해 보십시오.

정답과 해설

라이트는 마지막 심판에서의 칭의는 행함에 근거하고 있다고 말했는데, 이 행함이 성령의 산물이라고 하였습니다. 그러므로 최종 칭의는 은혜이며 인간의 공로가 아니라는 것입니다. 그러나 최종 칭의의 근거가 행함이고 성령의 산물이라면, 라이트는 성령의 사역, 즉 성화에 의해서 최종 칭의가 이루어진다고 말하고 있는 것입니다. 그러나 조동선이 정확하게 지적하는 것처럼, 최초의 칭의든 최종적 칭의이든, 그것은 예수 그리스도의 십자가에서의 죽으심과 그분의 완벽한 순종에 근거하고 있는 것입니다(조동선 외 3인, 「침례교 신학 총서」, 347, 각주 78 참고). 우리는 믿음을 통로로 하여 이러한 칭의를 얻는 것입니다.

이러한 점에 대해서 우리는 이미 사도 바울이 말하고 있는 칭의에서 학습하였습니다. 그러므로 최종 칭의를 성령의 사역에 근거를 두고자 하는 라이트의 시도는 온당하지 못합니다. 다음의 라이트에 대한 비판을 참고 하십시오.

---

33 라이트, 「톰 라이트 칭의를 말하다」, 253-55.
34 라이트, 「톰 라이트 칭의를 말하다」, 257, 320.
35 라이트, 「톰 라이트 칭의를 말하다」, 250-60, 304-24, 340-1.

> 칭의를 성령의 내적 사역에 근거시키려는 라이트의 시도는 옳지 않다. 비록 성육신이 성부, 성자, 성령 하나님의 공동 사역이지만 오직 성자만이 사람이 되셔서 대속의 죽음을 담당하셨다. 마찬가지로 칭의의 근거를 마련하기 위해서 성령이 아니라 그리스도께서 율법에 순종하셨고 죽으시고 부활하셨다(조동선 외 3인, 「침례교 신학 총서」, 347, 각주 78).

라이트는 최종 칭의가 행함에 근거하고 있으나 이는 성령의 산물이며, 그 행함에 있어서 완벽이 필요하지는 않다고 말했습니다. 그러나 라이트는 행함을 칭의의 근거로 둘 때, 하나님께서는 완벽함을 요구하신다는 것을 간과하고 있습니다. 갈라디아서 3장 10절과 야고보서 2장 10절을 참고하십시오.

이 본문들은 행함에 있어서 완벽을 요구하시는 하나님을 증거하고 있습니다. 아울러 우리가 사도 바울이 말하는 칭의에서 학습한 것처럼, 로마서 2장 6-11절은 하나님의 심판에 대한 행위 기준을 말하고 있는 것이라는 것을 배웠습니다. 행위로 의롭다 함을 받으려면 하나님께 완벽하게 순종해야 한다는 것이었습니다.

그러나 이러한 기준을 충족시킬 수 있는 사람은 아무도 없습니다. 로마서 2장 6-11절은 행위에 입각하고 있는 구원을 인정하는 것이 아니었습니다. 바울이 주장하는 유일한 칭의의 길은 믿음의 길이었습니다(롬 3:21-4:25). 그러므로 최종 칭의를 행함에 근거를 두려는 라이트의 주장은 옳지 못하며, 최종 칭의의 근거로서 행함이 완벽할 필요가 없다고 말하는 라이트의 입장도 온당하지 못합니다.

● **라이트가 이해하는 최종 칭의에서 작용하는 행함의 모호함과 그 행함의 비판**: 라이트의 단서 조항 때문에(행함은 성령의 산물이다. 행함의 완벽함이 요구되지는 않는다) 그가 실제적으로 신자들의 행함을 최종 칭의의 근거로 보는 것인지 아니면 증거로 보는 것인지 다소 모호한 점이 있습니다.[36] 그런데도 라이트는 그의 저술들을 통해서 행함이 최종 칭의의 근거 혹은 토대(basis)라는 표현을 포기하지 않고 견지함으로써(필자의 각주를 반드시 참고),[37] 행함을 구원의 증거의 의미로 쓰고 있지 않는 것으로 보입니다.

---

36 Schreiner, 「오직 믿음」, 428을 참고. 조동선은 라이트의 이중 구도적 칭의론은 가톨릭교회의 칭의론과 일치하는 것이라고 평가한다. 조동선 외 3인, 「침례교 신학 총서」, 347.

37 N. T. Wright, *What Saint Paul Really Said* (Grand Rapids: Eerdmans, 1997), 129는 "on the basis of the entire life"(전 생애에 근거하여)라는 표현을 사용한다. Wright, *Romans*, 354는 "on the basis of works"(행함

특히, 최종 칭의가 "(신자의)전 생애에 근거하고 있다"(on the basis of the entire life)³⁸라는 라이트의 표현은 결국 행위가 최종 칭의의 근거 혹은 조건이라는 것을 강하게 시사하고 있는 것으로 보입니다. 라이트가 현재 칭의에서와 마찬가지로 최종 칭의에서도 믿음이 그 근거(정확한 표현은 아님, 방편 혹은 수단이 정확한 표현임)³⁹라고 했거나, 혹은 최종 칭의에서 행함은 그 증거라고 분명히 표명했다면 좋았을 것입니다. 그러나 라이트는 그러한 노선을 취하지 않았으며 행함이 최종 칭의의 근거(basis)라는 점을 견지하였습니다.

라이트에게 있어서, 신자의 행함이 성령의 산물이며 완벽할 필요는 없다고는 하지만, 사실상 행함이 최종 칭의의 조건(근거)으로 작용하는 것으로 생각됩니다(필자의 각주를 꼭 참고).⁴⁰ 결국, 라이트에게 있어서 성령의 은혜에 의한 성화(완벽할 필요는 없음)가 최종 칭의의 조건 혹은 근거 역할을 하는 것입니다(필자의 각주를 꼭 참고).⁴¹

에 근거하여), 357은 "on the basis of performance"(행함에 근거하여)라고 표현하고 있다. N. T. Wright, *Justification: God's Plan and Paul's Vision* (London: SPCK, 2009), 188은 "on the basis of the entire life"(전 생애에 근거하여), 223은 "in accordance with the life that the believer has then lived"(신자가 살아 온 삶에 따라)라고 표현하고 있다. N. T. Wright, "New Perspectives on Paul", in *Justification in Perspective*, ed. Bruce L. McCormack (Grand Rapids: Baker Academic, 2006), 253은 "according to works"(행위에 따라), 260은 "on the basis of the entire life"(전 생애에 근거하여)라고 표현하고 있다. 이상에서 알 수 있는 것은 라이트가 최종 칭의와 관련하여 때로는 "행위에 따라"라는 표현을 사용하기도 하지만, "행위에 근거하여"라는 표현을 그가 견지하고 있다는 점이다.

38 Wright, "New Perspectives on Paul", 260; Wright, *What Saint Paul Really Said*, 129; Wright, *Justification: God's Plan and Paul's Vision* (London: SPCK, 2007), 188.

39 엄밀히 말해서, 믿음은 칭의의 근거가 아니라 칭의를 얻는 통로(방편)이다. 그러므로 믿음을 현재 칭의의 근거로 표현한 라이트의 표현이 정확한 것은 아니다.

40 최종 칭의의 조건 혹은 근거는 행함이 아니다. 신자가 최종적 칭의를 얻게 되는 통로 혹은 방편은 믿음이라는 것이 갈라디아서 5장 5절("우리가 성령으로 믿음을 좇아 의의 소망을 기다리노니")에서 명확하게 드러난다. 여기서 "의의 소망"은 분명히 최종 칭의를 말하고 있으며, 신자는 성령에 의해서 (πνεύματι) 믿음으로(ἐκ πίστεως) "의"라는 소망을 기다리는 것이다. 즉 신자들은 율법에 대한 순종(행위)에 의지하는 것이 아니라, 성령에 의지해서 믿음으로 최종 구원을 기다리는 것이다. Schreiner, *Galatians*, 315-6; Moo, *Galatians*, 327-9. Witherington, *Grace in Galatia*, 369-70, Moisés Silva, *Interpreting Galatians*, 2nd ed. (Grand Rapids: Baker Academic, 2001), 181-2, John M. G. Barclay, *Obeying the Truth: Paul's Ethics in Galatians* (Vancouver: Regent College Publishing, 1988), 93-4 및 김영호, "톰 라이트의 미래 칭의 개념의 주석적 근거에 관한 고찰",「신학정론」 34권 2호 (2016), 243을 참고. 아울러 필자가 바울의 칭의론의 "행위에 따른 심판"에서, 행위는 최종 칭의의 근거가 아니라 진정한 믿음의 증거로서 작용하는 것임을 보여 준 바와 같이, 행함은 최종 칭의의 근거나 원인이거나 조건이 아니라는 것이 강조되어야 할 것이다.

41 라이트에게 있어서 하나님의 언약 백성의 자격(membership)으로서의 "칭의"(의)는 구원을 보증하는 것이 아니다. 박동근이 지적하는 것처럼, "현재 칭의는, 한 사람이 입문하여 구원받을 가능성 안에서 구원을 추구할 자격을 얻는 것을 의미"하는 것이다. 박동근,『칭의의 복음』(수원: 합동신학대학원 출판부, 2012), 98-9. 그러므로 라이트에게 있어서 최종 칭의는 믿음을 방편으로 얻어 지는 것이 아니라, 신자의

라이트가 성령의 사역인 성화를 최종 칭의의 조건으로 요구하고 있다는 점에서, 예수 그리스도의 죽으심과 부활이 칭의를 확정한다는 성경의 증언과는 모순됩니다(롬 3:21-26; 4:25. 참고, 롬 5:1, 17-19; 8:1, 30, 33-34; 고전 1:30; 고후 5:21).

그뿐만 아니라 라이트의 칭의론은 결과론적으로 사람들로 하여금 구원을 위해 선한 행위에 매달리도록 유도하는 부작용을 초래합니다. 선한 행위가 완벽할 필요는 없다고 하더라도 사람들은 최종 심판에서의 칭의를 위해 쉼 없이 경주해야 할 필요성을 느끼게 될 것입니다. 그런데도 사람들은 구원의 확신을 가질 수가 없을 것입니다. 이 점에 대해서 고려신학대학원의 박영돈 교수는 다음과 같이 정확하게 지적했습니다.

> 신자가 성령을 따라 얼마나 의롭고 거룩하게 살아야 마지막에 의롭다 함을 얻을 것이라고 지금 확신하겠는가?
> 그것을 가늠하는 척도는 무엇인가?
> 어느 정도 신실한 삶을 살아야 그런 확신이 가능한가?
> 우리의 변화무쌍한 삶의 상태에 따라 그 확신은 요동칠 수밖에 없지 않겠는가?
> 사람마다 성화의 수준은 천차 만별일 텐데 무엇을 기준으로 최종 칭의의 판결이 내려진다는 말인가?
> 우리가 마지막 심판을 통과할 수 있는 거룩함의 경지에 이를 수 있다고 무엇이 보장하는가?
> 단순히 하나님의 사랑과 성령의 은혜가 그것을 보장한다고 말할 수는 없지 않은가?
> 그 성화의 수준까지 이르는 것은 성령의 도움이 있어야 하지만 결국 우리가 감당해야 할 몫이 아닌가?
>
> 성령이 한결같이 자신의 역할에 신실하다는 것은 얼마든지 확신할 수 있다. 하지만 성령께 반응해야 하는 우리도 과연 끝까지 신실할 수 있는지는 전혀 확신할 수 없다. 그것이 아직도 죄성을 가진 신자의 고민이고 갈등이다. 라이트의 견해는 이런 신자의 실존적 고뇌와 불안을 해소하기보다는 증폭시킬 수 있다.[42]

성화가 완전하지는 않을지라도 그 성화에 의해서 최종 칭의가 좌우되는 것이다.

42 박영돈, 『톰 라이트 칭의론 다시 읽기』, 203-4.

● 라이트의 1세기 유대교에 대한 이해: 라이트는 샌더스를 따라 유대교를 기본적으로 은혜의 종교로 간주하고 자신의 칭의론을 전개하고 있습니다.[43] 그러나 웨스터홈(Westerholm)은 바울 당시의 유대교가 철저히 은혜의 종교는 아니었으며, 그 유대교 속에 공로의 개념이 포함되어 있었고 랍비들은 은혜와 행함이 서로 대립적 관계에 있다고 생각하지 않았음을 정확하게 지적했습니다.

아울러 웨스터홈은 바울이 동시대의 유대교와 달리 그 어떤 공로도 배제하고 철저히 은혜를 주장하였다는 점에서 당시 유대교의 은혜 개념과 바울의 은혜 개념이 다를 수밖에 없다는 것을 정확하게 보여 줍니다.[44] 결국, 샌더스가 주장하는 유대교가 은혜의 종교라는 관점은 오류가 있는 것이며, 바울이 동시대의 유대교를 행위에 의지한다고 비판한 것은 적절한 것입니다.

바울 당시의 유대교에 은혜의 측면이 있었던 것도 사실이지만 실질적으로는 행위의 종교로 기능하고 있었다[45]는 것은 다른 학자들도 그 연구를 통해서 보여 주고 있습니다. 예컨대, 바울 당시의 유대교는 신인 협력적인 종교였으며 최종 심판의 관점에서 보면 행위가 필수적인 구원의 요소였다는 것입니다(필자의 각주를 참고).[46]

---

43 라이트, 『톰 라이트 칭의를 말하다』, 95-7.
44 Westerholm, *Justification Reconsidered*, 24-34. Westerholm은 바울 당시의 유대교가 은혜를 알았다고 해서 곧 그것이 바울이 생각하는 것과 똑같은 은혜의 종교인 것은 아니라는 것을 다음과 같이 분명하게 언급하고 있다: "유대교는 하나님의 은혜에 대해서 무지하지 않았다. 그러나 그러한 점 때문에 바울이 동시대의 유대인들에게는 낯선 방식으로, 순전한 은혜의 관점에서 칭의를 이해했을 것이라는 점을 부인할 수는 없다." Westerholm, *Justification Reconsidered*, 34.
45 Waters, 『칭의란 무엇인가』, 98.
46 Robert L. Reymond, 『바울의 생애와 신학』, 원광연 역 (고양: 크리스챤다이제스트, 2003), 559. Simon J. Gathercole도 바울 당시의 유대교에 행함에 기반하고 있는 구원론적 요소가 상당히 있었음을 지적하고 있다. Simon J. Gathercole, *Where Is Boasting?* (Grand Rapids: Eerdmans, 2002), 58-85, 135, 264. A. Andrew Das는 쿰란 문서의 분석을 통해서, 1세기 유대교에는 마지막 심판과 관련하여 하나님의 은혜의 요소도 있지만 율법에 대한 철저한 순종을 강조하는 모습도 있었음을 지적하고 있다. A. Andrew Das, *Paul, the Law, and the Covenant* (Grand Rapids: Baker Academic, 2001), 17-23. 샌더스의 팔레스타인 유대교에 대한 이해는 충분하지 못했으며, 실제 팔레스타인 유대교에는 다양한 형태의 율법주의가 있었으며, 구원과 관련하여 율법을 강하게 강조하는 유대 문헌들도 상당히 있었다는 것을 보여 주는 자료를 보려면 D. A. Carson, Peter T. O'Brien and Mark A. Seifrid, eds. *Justification and Variegated Nomism*, vol. 1 (Grand Rapids: Baker Academic, 2001)을 참고하라. Schreiner는 유대교를 기본적으로 은혜의 종교로 이해한 샌더스를 다음과 같이 비판하고 있다. "샌더스는 제2성전 유대교에 있는 은혜의 주제를 지나치게 강조했으며, 행함의 중요성은 제대로 강조하지 않았다." Thomas R. Schreiner, "An Old Perspective on the New Perspective", *Concordia Journal* vol. 35, no. 2 (Spring, 2009): 143. Schreiner와 유사한 맥락에서, Timo Laato도 구원의 과정에 있어서 인간의 순종이 샌더스가 생각하는 것보다 훨씬 크게 작용하였다는 것을 지적하고 있다.

아울러 성경 자체의 증언은 바울 당시 유대교의 구원관에 있어서 행위가 결정적 역할을 했음을 보여 주고 있습니다. 예컨대, 마태복음 19장 16-22절(막 10:17-27; 눅 18:18-27)에는 부자 청년이 예수님께 와서 "무슨 선한 일을 하여야 영생을 얻으리이까" 하고 질문을 합니다. 이 청년의 질문에서 알 수 있는 것은 바울 당시의 유대교에 율법주의적 구원관이 분명 존재했다는 것입니다. 이러한 율법주의적 구원관은 누가복음 18장 9-14절에 등장하는, 자신을 의롭다고 여긴 바리새인과 자신을 죄인으로 여긴 세리의 비유에서도 동일하게 나타나고 있습니다.[47]

> 또 자기를 의롭다고 믿고 다른 사람을 멸시하는 자들에게 이 비유로 말씀하시되 두 사람이 기도하러 성전에 올라가니 하나는 바리새인이요 하나는 세리라 바리새인은 서서 따로 기도하여 이르되 하나님이여 나는 다른 사람들 곧 토색 불의 간음을 하는 자들과 같지 아니하고 이 세리와도 같지 아니함을 감사하나이다 나는 이레에 두 번씩 금식하고 또 소득의 십일조를 드리나이다 하고 세리는 멀리 서서 감히 눈을 들어 하늘을 쳐다보지도 못하고 다만 가슴을 치며 이르되 하나님이여 불쌍히 여기소서 나는 죄인이로소이다 하였느니라 내가 너희에게 이르노니 이에 저 바리새인이 아니고 이 사람이 의롭다 하심을 받고 그의 집으로 내려갔느니라 무릇 자기를 높이는 자는 낮아지고 자기를 낮추는 자는 높아지리라 하시니라(눅 18:9-14).

- 제2성전 시기의 유대교에 나타나는 심판에서 행위를 강조하는 문헌의 실제 예: 지혜서는 구약의 외경으로 1세기경 쓰여 진 것으로 이해되고 있습니다. 본문에서 행함을 통해서 영생을 확신할 수 있다는 것이 드러나고 있습니다.

> 그녀(지혜)를 사랑하는 것은 그녀의 법들을 지키는 것이다. 그녀의 법을 지키는 것이 불멸을 확신하는 것이다(지혜서 6:18, Good News Translation with Deuterocanonicals에서 인용).

Timo Laato, *Paul and Judaism: An Anthropological Approach* (Atlanta: Scholar's Press, 1995), 60. 김세윤도 바울 당시의 유대교에는 율법에 대한 완벽한 순종이 강조되고 있었다는 것을 지적하고 있다. Seyoon Kim, *Paul and the New Perspective* (Grand Rapids: Eerdmans, 2002), 143-52.

[47] 신약의 증거 자체에서 바울 당시의 유대교가 율법주의적 구원관을 가지고 있었다는 것을 알 수 있다는 점은 박재은, 『칭의, 균형 있게 이해하기』(서울: 부흥과개혁사, 2016), 97-8도 지적하고 있다.

그(하나님)의 처벌은 그의 자비만큼이나 심대하다. 그는 사람들이 행한 것에 의해서 심판하신다. 그 어떤 죄인도 그가 훔친 것을 가지고 달아나지 못한다. 주께서 경건한 사람들의 인내에 대해서 보답할 것이다. 모든 의로운 자들은 보상을 받을 것이다. 모든 이는 자신이 당연히 받아야만 할 것을 받게 될 것이다(시락 16:12-14, Good News Translation with Deuterocanonicals에서 인용).

시락서(집회서)는 구약의 외경으로 B.C. 180년경에 저술된 것으로 생각됩니다. 본문에는 사람이 행한 것에 따라서 심판 받는다는 개념이 분명히 드러나고 있습니다.

(3) 라이트는 유대교를 은혜의 종교로 이해하고 있으므로 바울이 은혜의 종교인 유대교에 대해서 율법주의적인 종교라고 비판할 이유는 없다고 봅니다. 그러므로 라이트는 바울이 비판하는 율법의 행위(works of the law, 롬 3:20, 28; 갈 2:16; 3:2, 5, 10)에 대해서 단지 "유대인의 경계 표지"인 할례, 음식 법, 안식일로 축소하여 해석합니다.[48] 유대인들은 이런 경계 표지를 통해서 이방인들과 담을 쌓고 그들을 차별했다는 것입니다. 그러므로 바울은 이런 유대인들의 행태를 비판했다는 것입니다. 바울이 비판하는 율법의 행위가 이러한 단순한 유대인의 경계 표지인지 아니면 율법의 모든 규정을 행하는 것을 의미하는지 당신의 생각을 말해 보십시오. 갈라디아서 3장 10절을 참고하여 답하십시오(롬 3:19-21도 참고).

율법의 행위에 근거하여 살려고 하는 사람은 누구나 다 저주 아래에 있습니다 기록된 바 율법책에 기록된 모든 것을 계속하여 행하지 않는 사람은 다 저주 아래에 있다 하였습니다(갈 3:10, 새번역).

✿ 정답과 해설

바울은 갈라디아서 3장 10절에서, "율법 행위에 속한 자들은 저주 아래 있다"고 언급하며, 이 언급에 대한 근거를 신명기 27장 26절에 두면서 "누구든지 율법책에 기록된 대로 모든 일을 항상 행하지 아니하는 자는 저주 아래 있다"고 선언하고 있습니다.

---

48 Wright, *Romans*, 375.

갈라디아서 3장 10절의 문장의 흐름은 "율법 행위"가 율법의 모든 규정과 관계된 것임을 지지해 주고 있습니다.[49] 갈라디아서 3장 10절 자체를 보십시오. "율법의 행위"와 "율법책에 기록된 모든 것"은 밀접하게 관련되어 있습니다. 그러므로 "율법의 행위"는 단순한 경계 표지가 아니라 모세 율법들을 지키는 행위임에 틀림없습니다. 아울러 로마서 3장 19-21절의 율법은 모세 율법 전체를 의미하는 것이 분명합니다(문맥을 살펴보십시오). 그러므로 로마서 3장 20절의 율법의 행위도 전체로서의 모세 율법을 지키는 행위를 말하고 있는 것입니다.

📌 삶에 적용하기

(1) 지금 당신이 삶에서 겪고 있는 어려움은 무엇입니까?
당신이 하나님의 순전한 은혜로 구원을 받은 것이 사실이라면 이 어려움을 어떻게 대해야 할까요?

(2) 오늘 학습을 통해서 당신이 발견한 하나님의 은혜나 진리를 다른 사람들과 나누십시오. 또한, 오늘 당신이 깨달은 하나님의 은혜나 진리와 관련하여 이번 한 주간에 당신의 삶에서 실천이 필요하거나 변화가 필요한 부분을 적어 보고 나누어 봅시다.

(3) 이 시간 깨달은 하나님의 은혜나 진리와 관련하여 하나님을 향한 기도문을 적어 보십시오.

---

49 Thomas R. Schreiner, "Justification: The Saving Righteousness of God in Christ", *Journal of The Evangelical Theological Society* vol. 54, no. 1 (March, 2011): 26.

요약과 정리

새관점의 대표적 주창자인 라이트의 칭의론은 지금까지 우리가 학습한 성경의 칭의론과 비교해 보면 온당하지 못한 점들이 있습니다. 칭의를 "구원론"에 관한 것이라기보다는 "교회론"과 관련된 것으로 본 점은 칭의의 본질을 주변부로 밀어 내는 것입니다.

라이트는 바울의 칭의론을 교회론에 초점을 맞추고 개인 간의 수평적 관계에 집중함으로, 바울 칭의론의 핵심인 개인과 하나님과의 수직적인 관계를 축소시키는 결과를 초래하였습니다.

"하나님의 의"를 "하나님의 언약적 신실함"으로 이해하고 "칭의"를 "하나님의 언약 백성의 회원 자격"으로 이해하는 라이트의 관점도 성경적으로 옳지 않은 해석이었습니다. 우리가 이미 학습한 바에 따르면, "하나님의 의"(롬 1:17; 3:21-22; 10:3)는 의인의 지위를 선언하시는 하나님의 행동이자 인간의 측면에서는 의롭다고 선언받는 선물인 것입니다.

바울이 "의롭다 함을 받는다"(justified)는 용어(칭의)를 사용했을 때, 바울은 사실상 이 선언을 받는 대상자가 마치 하나님의 모든 요구 사항(도덕적 기준)을 이룬 것처럼, 하나님께서 여기신다는 것을 언급하고 있는 것입니다.

라이트는 하나님의 "본질적 의"가 전가될 수 없다고 말하면서 의의 전가를 부정하는데, 이는 그리스도께서 완벽한 순종을 통해서 이룩한 "의"가 전가된다는 것을 간과한 것이었습니다. 라이트가 주장하는 칭의의 이중 구도에서는 최초의 칭의는 믿음에 근거하며, 최종 칭의는 행함(성령의 산물)에 근거하는 것이었습니다. 그러나 이러한 칭의의 이중 구도는 성경이 증언하는 신자가 가진 칭의의 확실성을 담보하지 못합니다.

라이트에 따르면, 최종 칭의는 결국 성화에 달려 있는 것이고, 이는 칭의의 근거가 예수 그리스도의 죽으심과 완벽한 순종, 부활이라는 성경의 증언과 합치하지 않습니다. 마지막 심판 때의 칭의는 성화에 따른 것이므로 신자가 구원의 확신을 가지는 것은 어렵습니다. 라이트가 바울 당시의 유대교를 은혜의 종교로 파악한 것도 성경의 증언과는 일치하지 않습니다(막 10:17-27; 눅 18:18-27).

에필로그

성경을 한 단어로 요약한다면, 은혜라고 말할 수 있습니다. 받을 만한 자격이 없음에도 불구하고 상대방을 위해 베푸는 선한 것(좋은 것)이 은혜입니다. 성경은 아담의 죄와 타락한 속성을 그대로 물려받은 인간 스스로가 탈출구를 만들 수 없다는 것을 들려줍니다. 하나님께서 선택한 민족인 이스라엘만 보더라도 그렇습니다. 다른 사람들과 마찬가지로, 이스라엘도 철저히 타락했으며 하나님께 불순종했습니다. 사람에게 죄의 문제를 해결할 수 있는 자구책(自救策)이 없는 것이 절망이며, 절체절명(絶體絶命)의 위기입니다. 이러한 절망 가운데 성경은 은혜를 들려줍니다. 하나님은 예수 그리스도를 보내셨습니다. 그분을 믿는 자는 죄 문제를 해결 받고 구원받습니다. 죄의 문제 해결은 인간 안에, 인간의 힘에 있지 않고, 인간 밖에, 하나님의 힘에 있습니다.

사람이 의롭다 함을 받는 데 인간이 기여하는 것이 없음을 성경은 역설합니다. 인간은 단지 빈손을 들고, 믿음으로 하나님이 베푸시는 칭의(稱義)라는 은혜를 받습니다. 그러나 이 믿음은 살아 있는, 꿈틀거리는 믿음입니다. 진정한 믿음을 가진 사람은 하나님을 향한 순종의 발을 내딛습니다. 이 사람이 때로는 순종에 실패할 수도 있습니다만, 다시 일어서서 하나님께 순종하기를 자원합니다. 그러므로 믿는다고 말하면서도 순종이라는 열매가 없는 사람은 자신의 믿음이 진정한 믿음인지 점검해 보아야 합니다.

필자의 교리 책은 인간의 영적 구원과 관련된 하나님의 은혜를 다루고 있습니다만, 이 은혜라는 주제는 코로나19 시대를 살아가며 고통받는 우리들에게 적용점이 있습니다. 즉, 고통 가운데 하나님의 은혜를 기억하는 것이 필요합니다. 성경에 나오는 가장 감동적인 스토리 중의 하나는 요셉의 이야기입니다. 요셉의 형들은 요셉을 이집트에 노예로 팔았습니다. 그것은 요셉에게 고통이며 위기였습니다.

요셉은 이 고통으로부터 스스로 탈출할 수 있는 힘을 갖지 못했습니다. 그러나 하나님은 요셉을 구원하시고 이집트의 총리가 되게 하셨습니다. 그뿐만 아니라 하나님은 야곱의 전 자손들을 흉년의 시기에 구원하시는 은혜를 베푸셨습니다. 요셉의 이야기가 들려주는 주제는 요셉의 입신양명(立身揚名)이 아니며, 인간의 불의(不義)로 겪게 되는 요셉의 고통과 고난이 아닙니다. 이 이야기의 주제는 하나님이 베푸시는 은혜입니다. 인간의 불의(악함), 고통, 고난, 위기, 출세는 요셉 스토리의 배경일 뿐입니다. 이 모든 배경은 하나님의 은혜를 보여 주는 소품입니다.

우리는 코로나19로 인해 고통과 위기의 시대를 살고 있습니다. 그러나 이 고통과 위기가 우리 인생의 주제는 결코 아닙니다. 요셉의 이야기와 마찬가지로, 모든 믿는 사람들에게도 인생의 주제는 하나님의 은혜입니다. 다른 모든 것은 배경이며 소품입니다. 우리에게 주어진 배경과 소품은 때때로 우리에게 고통과 고난을 줍니다.

그러나 결국 우리 인생의 이야기는 하나님의 은혜로 마무리될 것입니다. 하나님의 은혜로 끝맺음은 성경 전체가 우리에게 들려주는 내용입니다. 절망과 고통이라는 비극적 상황을 비극으로만 바라보는 것은 또 다른 비극입니다. 성경 전체의 주제인 하나님의 은혜에 우리의 시선을 맞추는 것이 지혜입니다. 필자는 하나님의 은혜가 우리의 희망이며 우리의 길을 비추는 빛임을 믿습니다.

어두운, 끝이 없어 보이는 긴 터널을 지나가고 있는 모든 분에게 새로운 힘이 부어지고 소망의 빛이 비쳐지기를 기도합니다. 하나님의 은혜로, 오직 믿음을 통해 의롭다 함을 받는다는, 필자의 작은 교리 책이 하나님의 은혜를 기억하고 이야기하고 묵상하는 데 조금이나마 도움이 되기를 간절히 바랍니다.

> 누가 우리를 그리스도의 사랑(그리스도의 우리를 향한 사랑)에서 끊을 수 있겠습니까 환난입니까 곤고입니까 박해입니까 굶주림입니까 헐벗음입니까 위협입니까 또는 칼입니까 성경에 기록한 바 우리는 종일 주님을 위하여 죽임을 당합니다 우리는 도살당할 양과 같이 여김을 받습니다 한 것과 같습니다. 그러나 우리는 이 모든 일에서 우리를 사랑하여 주신 그분을 힘입어서 이기고도 남습니다 나는 확신합니다 죽음도 삶도 천사들도 권세자들도 현재 일도 장래 일도 능력도 높음도 깊음도 그 밖에 어떤 피조물도 우리를 우리 주 예수 그리스도 안에 있는 하나님의 사랑(하나님의 우리를 향한 사랑)에서 끊을 수 없습니다 (롬 8:35-39, 새번역).

부록: 로마가톨릭교회의 칭의론

로마가톨릭교회의 칭의론은 프로테스탄트(개신교)의 칭의론과는 상이하다. 사실 가톨릭교회에서 사용하는 Justification(라틴어로는 *justificatio*)은 의화(義化)로 번역되는 것이 정확하고 실제 한국 가톨릭교회는 의화라는 용어를 사용하고 있다. 편의상 용어를 통일하기 위해서 본 교재에서는 칭의라는 단어를 사용하고 있을 뿐이다.

가톨릭교회에서는 16세기의 종교개혁에 대항하여 트렌트 공의회(1545-63)[1]가 개최되었다. 이 트렌트 공의회의 내용은 현재까지도 가톨릭교회에서 권위적인 가르침으로 수용되고 있다. 교재에서는 트렌트 공의회에서 결정된 칭의의 가르침을 중심으로 가톨릭교회의 칭의론을 비판한 루이스(Lewis)와 데머리스트(Demarest)의 통합신학(Integrative Theology)을 중심으로 가톨릭교회의 칭의론을 살펴보기로 한다.[2]

가톨릭교회에서 칭의는 일평생 진행되는데, 이 칭의는 신자를 실질적으로 의롭게 만드는 과정이다.[3] 그러므로 하나님께서 신자를 의롭다고 선언해 주신다는 개신교의 칭의 개념과는 사뭇 다르다. 칭의는 세례에서 처음 시작되고 그 후로 칭의는 계속 성장하는데, 이 세상에서 칭의가 완성되면 신자는 하나님의 심판대에서 수치를 당하지 않고 영생을 얻게 되는 것이다. 그러나 칭의가 완성되지 않은 자들은 연옥을 통해서 죄를 정화한 후에 천국에 이르게 된다.[4]

가톨릭 신자들에게 칭의는 중생과 성화를 아우르는 개념으로서, 믿는 자들은 세례를 통해서 과거의 죄들을 모두 용서받고 하나님께서는 이들에게 그리스도의 의를 주입하신다.[5] 이 그리스도의 의는 하나님께서 주시는 은총(은혜)이며 신자는 이 은총에 협력하여

---

1 가톨릭교회는 이 공의회를 통해서 교황의 무오류성을 확립하였으며, 개신교회를 이단으로 정죄하고 "오직 믿음으로"(*sola fide*)라는 종교개혁의 핵심 원리를 부정하였다.
2 필자는 Lewis and Demarest, *Integrative Theology*, 3:126-9의 도움을 많이 받았음을 밝혀 둔다.
3 Lewis and Demarest, *Integrative Theology*, 126-7.
4 Lewis and Demarest, *Integrative Theology*, 126-8.
5 Lewis and Demarest, *Integrative Theology*, 126-7. 이러한 칭의의 은혜는 이후 신자의 삶의 과정에서 죄로 인해서 상실될 수 있다. 가톨릭교회의 고해성사는 칭의의 은혜를 회복시키는 수단으로 작용한다.

자신의 내부에 의(righteousness)를 만들어 낸다. 신자 안에서 신자가 하나님의 은혜와 협력하여 만들어 내는 의는 내재적 의(Inherent righteousness)이며, 이 내재적 의가 영생을 얻을 수 있는 근거가 된다.[6]

쉽게 말해서 신자는 세례를 받음으로 칭의를 얻는데 이 칭의는 미완성의 칭의이다. 세례를 통해서 신자는 죄와 싸워서 승리할 수 있는 능력(은혜)을 공급받으며, 하나님께서 주신 이 은혜와 협력하여 신자는 선한 행실을 산출함으로써 칭의가 증대되는 것이다. 계속 성장하여 완성되는 칭의가 이 사람의 최종 구원을 결정하는 것이다. 결국 가톨릭교회에서는 "그리스도의 의의 전가" 개념은 설 자리가 없는 것이다. 그러나 개신교회에서 칭의는 신자에게 그리스도의 의가 전가됨으로써 이루어지는 단번의 사건이다.

그러므로 가톨릭교회의 칭의론과 개신교회의 칭의론은 확연히 다르다는 것을 알 수 있다. 살펴본 바와 같이, 가톨릭교회에서는 성화(聖化)가 칭의의 개념 속에 포함되며 최종 칭의를 결정하기 때문이다.

결국, 가톨릭교회에서는 개신교회가 받아들이는 "오직 믿음으로 의롭다 함을 받다"라는 성경의 원리를 부인하고 있는 것이다. 주의할 점은 가톨릭교회도 "믿음으로 의롭다 함을 받다"는 것은 인정하고 있다. 『가톨릭교회 교리서』(*Catechism of the Catholic Church*, 1992년 공포)[7]에 따르면, "칭의는 믿음의 성례인 세례 때에 수여된다."[8] 트렌트 공의회의 칭의 항목도 『가톨릭교회 교리서』와 동일한 내용으로 칭의를 다루고 있다. 다만, 트렌트 공의회는 "그 누구도 믿음이 없이는 칭의를 받은 적이 없었다"라는 내용을 부가하고 있으며, 세례가 칭의를 얻는 수단(instrumental cause)임을 분명히 밝히고 있다.[9]

아울러 트렌트 공의회는 믿음이 "모든 칭의의 기초요 뿌리"라고 서술하고 있다.[10] 이러한 진술들로 판단해 볼 때, 가톨릭교회에서 믿음은 분명히 칭의에 중요하게 작용하고 있다. 그러므로 가톨릭교회에서 "오직 믿음으로"는 아니지만 "믿음으로 의롭다 함을 받다"(be justified by faith)라는 진술을 할 수 있는 것이다. 다시 말해, 가톨릭교회에서 칭의는

---

6   R. C. Sproul, 『오직 믿음으로』, 안보헌 역 (서울: 생명의말씀사, 1999), 127을 참고하라.

7   『가톨릭교회 교리서』는 제2차 바티칸 공의회(가장 최근의 공의회, 1962-65년)에서 확립된 가톨릭교회의 신앙을 정리하기 위해서 교황 John Paul II에 의해서 1992년에 공포되었다. 이 교리서는 1992년에 프랑스어와 라틴어로 출간되었으며, 영어판은 1994년에 출간되었다.

8   http://www.vatican.va/archive/ENG0015/__P9.HTM, Catechism of the Catholic Church Part III, Section One, Chapter Three, Article 2, 2020년 7월 28일 접속.

9   http://www.thecounciloftrent.com/ch6.htm. Chapter VII, 2020년 7월 28일 접속.

10 http://www.thecounciloftrent.com/ch6.htm. Chapter VIII, 2020년 7월 28일 접속.

세례를 통해서 받지만 믿음은 세례(칭의의 수단)에 앞서 있는, 칭의를 얻기 위한 중요한 요인인 것이다. 가톨릭교회에서는 믿음이 칭의에서 중요한 역할은 하지만, 이들이 "오직 믿음으로"는 부인하며 칭의가 세례를 통해서 수여된다고 서술하는 것은 루터 이후 전통적인 개신교회의 가르침과 조화되지 않는다.

A.D. 2000년에 들어서기 직전에 개신교인 일부와 가톨릭교회의 내부에서 칭의에 대해서 서로 합의하는 내용을 문서로 남긴 것들이 있다. 이 문서들을 살펴보면 합의된 칭의론의 내용이 가톨릭교회의 전통적인 칭의론과 달리 개신교회의 칭의론에 좀 더 가까워지는 진일보한 측면이 있어 보이는 것은 사실이다.[11]

예를 들어, 1994년에 발표된 "복음주의자들과 가톨릭교도들이 함께"(Evangelicals and Catholics Together)라는 문서에는 "우리는 우리가 은혜로, 믿음을 통해서, 그리스도 때문에 의롭다 함을 받는다는 것을 함께 공표한다"라고 분명하게 표명하고 있다.[12] 그러나 이 문서에 "오직 믿음으로"라고 표현되지 않았다는 것은 이 합의문의 칭의론 내용이 가톨릭교회의 전통적인 칭의론을 벗어나지 않았다는 것을 암묵적으로 보여 주는 것이다.[13] 이 합의 문서는 가톨릭교회의 공식적인 입장이 아니라는 것도 주목해야 할 점이다.[14]

1999년에는 루터교 세계 연맹과 가톨릭교회가 "칭의 교리에 관한 공동 선언"(Joint Declaration on the Doctrine of Justification)에 합의하였는데[15], 이 선언은 상당히 놀라운 내용을 담고 있다. 예를 들어, 선언문의 15문단(19문단도 동일함)에는 사람이 "오직 은혜"로 구원받는다는 내용이 서술되어 있다.[16]

---

[11] 자세한 내용은 Schreiner, 『오직 믿음』, 376-86을 참고하라.

[12] 이들이 합의한 내용에 대해서 상세하게 확인하려면 아래 웹페이지를 참고하면 될 것이다. https://www.firstthings.com/article/1994/05/evangelicals-catholics-together-the-christian-mission-in-the-third-millennium. 2020년 7월 29일 접속. 원문은 다음과 같다. "We affirm together that we are justified by grace through faith because of Christ."

[13] "오직 믿음으로"는 종교개혁가들과 가톨릭교회에서 칭의론과 관련한 첨예한 대립의 원인이었다. 이들이 합의한 문서를 개신교도들이 수용하기 위해서는 "오직 믿음으로"라는 내용이 표현되어야만 하는 것이다.

[14] Schreiner, 『오직 믿음』, 385.

[15] Schreiner에 따르면, 이 선언문에 대해서 240명 이상의 독일 루터교 신학자가 비복음적이라는 이유로 반대했다고 한다. Schreiner, 『오직 믿음』, 379. 아울러 Schreiner는 이 선언서가 교황청의 공식적인 문서이기는 하지만 가톨릭교회의 신학을 공식적으로 대표하는 것은 아니라는 것을 지적하였다. Schreiner, 『오직 믿음』, 377. 즉 이 선언서의 내용이 가톨릭 교인들이 배우고 따라야 하는 표준은 아닌 것이다.

[16] 보다 구체적인 내용을 파악하기 위해서는 다음의 웹페이지상의 문서를 참고하면 되겠다. https://www.vatican.va/roman_curia/pontifical_councils/chrstuni/documents/rc_pc_chrstuni_doc_31101999_cath-luth-joint-declaration_en.html. 주요한 표현들을 한글로 번역하면 그 내용은 다음과 같다. 즉 "하나님은 우리

이러한 선포는 공동 선언을 통해 표명된 칭의론이 개신교회의 칭의론에 근접해 있다는 것을 보여 주는 듯하다. 그러나 전체 선언문의 내용을 살펴보면, 공동 선언문은 가톨릭교회와 루터교 세계 연맹이 일정한 선에서 화해를 위한 타협점을 찾으려고 한 노력일 뿐, 공동 선언문에서 드러나 보이는 가톨릭교회 측의 칭의에 대한 이해는 루터 이후 개신교회가 수호하고 있는 칭의론과는 다르다는 것을 간파해야 한다.

왜냐하면, 이 공동 선언문에서 가톨릭교회 측은 "오직 믿음으로"라는 표현을 사용하지 않고 있기 때문이다(공동 선언문의 27문단). 반면, 루터교 연맹은 이 표현을 쓰고 있다(26문단). "오직 은혜로"라는 명제가 참이라면 "오직 믿음으로"라는 원칙은 함께 가는 것이어야 한다. "오직 믿음으로"라는 명제는 구원에 있어서 그 어떤 인간의 행위(성령에 의해서 산출된 행위일지라도)도 구원의 수단이나 근거가 될 수 없다는 것을 강조하는 종교개혁의 슬로건이다. "오직 믿음으로"와 "오직 은혜로"는 동전의 양면과 같은 것이다. "오직 믿음으로"는 칭의의 수단(방편)이며, "오직 은혜로"는 칭의의 원천으로 서로 분리될 수 없는 것이다. 공동 선언문의 26문단에서 루터교 측은 명시적으로 "오직 믿음으로"(*sola fide*)를 선포하고 있다.[17]

그러나 가톨릭교회 측은 공동 선언문의 27문단에서 믿음과 관련하여 아주 모호한 태도를 보인다. 가톨릭교회는 다음과 같이 표명한다.

> 가톨릭교회의 이해(칭의에 대한 이해) 역시 믿음을 칭의에서 본질적인 것으로 간주한다. 왜냐하면, 믿음이 없이는 칭의가 발생할 수 없기 때문이다.[18]

여기서 우리는 "오직 믿음으로"를 부인하더라도 믿음이 칭의에서 본질적이라고 표현할 수 있다는 것을 기억해야 한다. 왜냐하면, 가톨릭교회의 전통적인 가르침에 따르면, 믿음은 칭의의 기초이며 뿌리이기 때문이다. 믿음이 칭의의 기초라는 관점에서 믿음이 칭의에서 본질적으로 작용한다고 말할 수 있는 것이다. 진정으로 가톨릭교회가 "오직 은혜로"라는 명제를 인정한다면, 이들은 루터교의 사람들과 마찬가지로 공동 선언문의 27문단에서 명확하게 "오직 믿음으로"를 표명했어야 했다. 그러나 이들은 이러한 노선을 취하지 않았으며 "본질적"이라는 모호한 용어로 중요한 쟁점을 희석시켰다.

를 받아들여 주신다. 그것은 오직 은혜로, 그리스도의 구속사역에 대한 믿음으로 되는 것이며 인간 측의 그 어떤 공로로 인한 것이 아니다." 2020년 7월 30일 접속.

[17] https://www.vatican.va. "루터교의 이해에 따르면, 하나님은 오직 믿음으로 죄인을 의롭다 하신다."

[18] https://www.vatican.va.

그뿐만 아니라 가톨릭교회측은 공동 선언문의 27문단에서 개신교회가 용인하기 어려운 표명을 계속하고 있다는 것도 지적되어야 할 것이다.

> 사람은 말씀을 듣고 믿는 자로서 세례를 통해 의롭다 함을 받는다. 죄인의 칭의는 죄 용서이며 또한 의롭다 하는 은혜에 의해서 의롭게 만들어지는 것이다(being made righteousness by justifying grace).[19]

여기서 가톨릭교회는 세례라는 성례전을 통해 의롭게 된다는 전통적인 가르침을 견지하고 있는 것이 확인된다. 아울러 칭의가 죄사함과 성화를 아우르는 개념이라는 전통적인 가톨릭교회의 가르침도 재확인되고 있다. 그러나 종교개혁 이후 전통적인 개신교회의 가르침은 칭의와 성화를 구별하고 있다는 것을 기억해야 할 것이다.

이 공동 선언문에서 칭의와 관련하여 그리스도의 의의 전가가 언급되지 않음으로써, 로마가톨릭교회와 개신교회의 핵심 쟁점이 다루어지지 않았으며 결국 칭의의 근거가 무엇인지 불명확하다.[20] 의의 전가를 인정한다면 이것은 명백하게 의의 근거가 우리 안에 있는 내재적 의(전통적인 가톨릭교회의 입장)가 아니라 우리 밖에 있는 "낯선 의"(alien righteousness)임을 주장하는 것이다. 결국 의의 전가를 긍정하는 것은 칭의의 근거가 순수하게 하나님의 은혜라는 것을 강조하는 것이다. 그러나 공동 선언문은 이러한 핵심 쟁점을 회피하였다.

이상에서 가톨릭교회의 칭의관과 최근에 발생한 로마가톨릭교회와 일부 개신교회의 칭의론에 대한 합의의 노력을 살펴보았다. 이를 통해서 우리가 알 수 있는 분명한 것은, 로마가톨릭교회는 화해와 일치라는 시대의 흐름에 조응하여 칭의에 대한 교리를 보완하려고 애썼지만, 그들은 가톨릭교회의 전통적인 칭의론의 가르침에서 벗어나지 않았다는 것이다. 개신교회들도 칭의론과 관련하여 가톨릭교회와 화해의 길을 모색하였지만 그것은 상당히 위험한 모험이었다는 것을 확인할 수 있다. 루터와 칼뱅의 전통을 이어받은 개신교회들은 "오직 믿음으로"와 그리스도의 의의 전가라는 명제들을 명확하게 지지하지 않는 칭의론과 양립할 수 없다는 것을 기억해야 한다.

---

[19] https://www.vatican.va. 강조는 필자의 것임.
[20] Schreiner, 『오직 믿음』, 383-4.